石垣が語る風土と文化

―屋敷囲いとしての石垣―

漆原和子 編著

古今書院

カバー写真の全景．坂本旧竹林院入口の石垣．左端中央部および中央下部に，江戸時代か，またはそれ以前に用いられていた，ノミの跡がみられる．

Ishigaki, Landscape Reflected Climate and Culture

— Stone Walls Protecting Houses against Strong Wind —

Kazuko URUSHIBARA - YOSHINO

Kokon Shoin, Publishers, Co., Ltd. Tokyo

2008 ©

まえがき
──もう一つの石垣文化──

勝又　浩

　旅行してきて，石垣を見てきましたというと，たいがいの人から，へえ，お城巡りですか，と聞き返されてしまう．石垣は何もお城と限ったことではないはずだが，日本では大方の人の石垣イメージはお城に代表されるらしい．もっとも，これは私が文学に関わる人間であり，話す相手もおおむねそういう領域の人だから，ということがあるかもしれない．確かめたことはないが，地理学関係の人たちならもっと別な反応があるだろうか．

　それで私はこんなふうに言うことになる．お城なんかじゃありません．石垣島があるでしょう，あの石垣ですよ．台風の通るところには石垣で家や畑を守る独特な民俗があるんです．石垣島も昔はきっと，沖を通る船から，そんな特徴ある景色がみえたので石垣島と呼ばれたのだと思いますよ，と．

　この，石垣がみえたから石垣島と呼ばれたのだろうというのは私の推測に過ぎないが──奈良時代には「信覚国（しがのくに）」と書かれた記録もあるのだそうだから──，家々がみな珊瑚石灰岩による厚い石垣によって囲まれていたのは，今も残っている事実である．現在の石垣市の繁華な街部からはほとんど消えているが，少し内陸部に入れば，家の廂に接するほどの石垣が連なっていて，まことに素朴で清閑端麗な美しさをみせている．天文台までつくって宣伝している町が石垣を観光スポットとして宣伝しないのが不思議なくらいだが，むろんこんなのは部外者の無責任な感想にすぎない．漆原和子教授の喜界島調査にもあるように，土地の人たちにとってはあまりにも当たり前すぎる景色である他に，今や生活のうえでさまざまに厄介な問題もついて回っているのが実際である．

　話が少しそれたが，われわれ「風土が作る文化」プロジェクトがテーマとするのは，こういう石垣である．城郭の石垣ではなく，人々の生活のなかから生まれ──したがってまた廃されもするわけだが──発達展開されてきた，さまざまな石垣である．それは屋敷囲いであり，耕地作りであり，畑囲いであり，道路作り

のためでもあった石垣，生活を確保するための石垣であって，城郭のように戦争に備えたり，権力を誇示するための石垣ではない．だから，その用材も規模も，たとえば江戸城のための石が，その大部分が伊豆から運ばれ，全国の技術者を集めて作られたような大掛かりなものではなく，その土地土地で調達できる範囲での，いたってローカルなものである．城郭の石垣は明らかに一つの日本文化を表象するであろうが，それに対してわれわれの注目する石垣は地域性は表象するであろうが，日本を代表するようなことはないかもしれない．あるいは，城郭の石垣を日本の技と美と科学を尽くした芸術品だとすると，われわれの取り上げる石垣は，単に一地方の民芸品にすぎないかもしれない．城郭は日本というローカルな風土に発して，しかしそのローカル性を超えた文化にまで昇華しているであろうが，われわれの言う石垣は土地土地の固有な風土に生れて，遂にそれを超えないかもしれない．しかし，そういうところにこそ，「風土の作る文化」の根源，基本的な性格があるのではないかというのが，われわれの考えである．

たとえば，これは田淵実夫(1975)『石垣』にも一部引用されているが，井伏鱒二(1946)に『石垣』というエッセイがある．

　　私のいる村には石垣が多い．ことに私の住んでゐる家の付近には，ほとんど奇怪だと思われるほどたくさん石垣がある．ここは私の生れ故郷だが，去年からここに疎開定住するやうになつて，今さらのやうにそのことに気がついた．どこの家でも石垣なしに敷地を区切つてゐない家はない．畑もみな石垣をひかへた段々畑である．水田もみな石垣をひかへた棚田である．細い道も往還も左右に石垣をひかへ，谷川も溝川も両岸を石垣で工事されてゐる．川の底さえも或る部分は石だたみになつてゐる．

これは井伏鱒二の故郷，当時の広島県深安郡加茂村粟根（現福山市加茂町）のことである．井伏鱒二は大正6 (1916) 年，19歳のとき上京して早稲田大学に入学するが，以後東京に住んだ．しかし昭和19 (1944) 年5月，戦火を逃れて山梨県甲府市に疎開し，さらに翌20年8月，郷里加茂村に再疎開を余儀なくされて22年6月までの約2年間を過ごすことになる．そこで彼は，東京ではほとんど見ることのなかった古里の石垣を再発見したわけである．私はまだ写真でみるば

かりだが，山に向かって緩やかに登る道の両側に，ここに描かれたような花崗岩の野石や樵石を積んだ，高い所は人の背丈ほどの土留めの石垣が連なっている．また，その石垣の上にさらに漆喰塗りの土塀を築いている家もある．石垣のなかはそれぞれかなり広い前庭になっていて，元来は農作業に使われたのであろう．現在の井伏家も石垣の上に漆喰塀を築いているが，なかは亭もあるような立派な庭につくってある．平坦地は田畑に使い，居住は傾斜地に取った狭い農業国日本では，こういうつくり，こういう景色の村が日本中にかなり広く存在したことは改めていうまでもないであろう．

井伏鱒二のこのエッセイは，続けて村の「石工屋」の老人の話を伝えている．

　　一昨日，私が谷川へ鮠釣りに出かけると，橋のたもとのところで一人の老人が石垣の崩れをなほしてゐた．同じ部落の石工屋の隠居である．石をすわりのいいやうに工夫しながら据えてみて，また向きを変えて据えなほしてみて，また向きを変えて据えなほしている．「案外，骨の折れる仕事ですなあ」と私が驚くと「いやあどうも」と石工屋の隠居が云つた．「石垣をとるにも，上手と下手があるでせう．どんなのが上手といふのですか」とたづねると「そりや，出来上りが早くて，みる目に調子がよくて，頑丈に仕上げることですがな」と隠居は答へた．隠居の説明によると「みる目に調子のよい」石垣といふものは，必ずしも石の表面を滑らかに削つてあるものとは限らない．また石と石の接触部分に隙間がないやうに仕上げてあるものが調子がよいとは限らない．石垣は古ければ古いほど滋味があるが，どういふものか諸所方々のお城の石垣には，滋味の感じられるものは割合ひに少ないやうな気持がする．これは「みてくれ」があるからかもわからない．たまたま見ず識らずの村へ結婚の聞合わせなどに出かけたとき，何ともいへない調子のよい石垣をみることがある．ひつそりとしているやうで，朝露にまだ濡れているやうにも見え，いつかどこかでこの石垣はみたことがあるやうな気持もする．じつくりとした風采の古めかしい石垣である．かういふ石垣は，ほんの通りすがりにみるだけでも，いつまでも忘れられないものだと石工屋の隠居は云つた．

村の石工は，当然のことながら他の村の石垣をみて批評し，また自分の仕事の

反省もしているわけである．そうして村々の石垣をさして「石垣は古ければ古いほど滋味がある」というのは，まさに"民芸石垣"の味と美しさをいって絶妙であるが，この作家にして初めて表現し得たことばに違いない．全国の村々の石垣には，こういう専門家，石工の手の入っていない，伝えられた技術を古老などの指導のもとに共同で築いてきたような場合もあるが，また，こうした石工屋が，ちょうど村の鍛冶屋がいたように，一定の人口比率のもとに存在していたのであろう．われわれの調査の間でも，種々の石工道具を保存し，先代，先々代までは石工であったという人に出会っている．誰々の家に行けばわかるよと，村の人がすぐ教えてくれたのである．現代ではこういう人の出番がどんどんなくなっているのであろうが，しかし絶えてしまったわけではなく，隠れた石工がいまもいて，何かあったときには村人を先導してことにあたるに違いない．

　ところで，井伏鱒二の紹介している石工屋の隠居が，おそらくは誰の所有というのでもない，つまり村の共同の管理であり，責任でもあろう，橋のたもとの石垣の崩れをなおしていたとあるのも，なるほどと思う．たとえば河をいつも見張っていて，堤防の小さなほつれも見逃さず補修して大水に備える，村々にはそういう役割を暗黙のうちに引き受け，また村人も任せていたような人がいたが，この石工屋の隠居もそういう人物の一人なのであろう．村の共有物である，そしておそらくは彼自身の先祖がその構築に関わった川の石垣を黙って補修していたのに違いない．政治は必要悪だという言い方があるが，昔の村々にはいろいろな方面にこういう人たちがいておのずから治まっていたのであろう．そういうところに軍隊だの国家だのといったものは必要ないわけだ，と思う．

　そしてそんな感想に誘われて読めば，この石工屋の隠居が，お城の石垣には，「滋味の感じられるものは割合に少ない」と言い，「これは『みてくれ』があるからかも分からない」と言っているのも，なかなか含蓄が深いのである．こう言われてみるとなるほど，あまり知られていない小規模な古い山城の石垣などには確かに「滋味」に通ずるものもあるが，写真集には必ず登場するような著名なお城には，美しさはあっても，ここに言う「滋味」のようなものは感じられない．それはやはり「みてくれ」，どこかに"どうだい"というような意識，人を威圧する力が働いているからなのであろう．ひとたび民芸品のよさを知ってしまうと高級品顔している美術品には素直に従えないのである．

そしてこれは美意識の問題であるとともに，また間違いなく思想の問題でもあるだろう．そのことは，井伏鱒二がここで続けて，村の「ばか石垣」のエピソードを紹介している事実からも充分うかがえる．それは村で唯一の巨大な石垣で，しかも石の表面を滑らかに仕上げてあって，石と石との間は隙間がないように組みあげてある．つまり先の石工屋の隠居が感心しないと言った城作りの石垣なのである．この石垣をつくった屋敷の主人は「石ひとつ築くのに米一俵の代金をかけて石工に請負はせた」のだそうだが，完成しないうちに家の方が滅びてしまったのだという．分不相応な石垣を作ろうとして破産してしまった「ばか石垣」というわけであるが，どんなときにも庶民・生活者の目線を失わなかったこの作家らしい，何気ないなかにも鋭い批評を含んだエピソードである．たとえ美しいとしても権威的威圧的な石垣は庶民には不必要なのである．

　石垣についてもこんなふうに見識のあった井伏鱒二に，われわれの調査した高知県の沖の島の石垣や，済州島の強風が来ると揺れる，ユーモラスでもあり壮観でもある畑囲いの石垣をみせたらなんと言っただろうかと想像したくなるが，かく言う私の方もそれを知ったのは最近のことなのだから偉そうなことは言えない．

　こんなふうに城郭作りとはまったく別系統の石垣，人々の生活のなかから生まれ，育ってきた石垣が全国いたるところにあるわけだが，それがみな，方言のように土地土地の顔，それぞれの個性を持っているところが面白く，また大切なところである．

　A．ベルクはその『風土』（1986，篠田勝英訳，ちくま文庫版）のなかで，社会と環境（空間，自然）との関係，つまり文化事象を分析分類して次の 5 項目の要件を挙げている．

　　生態学的関係（呼吸する空気，等）
　　技術的関係（農業による居住区の整備，等）
　　感覚的関係（環境の認知と表象）
　　価値的・認識的関係（環境に関する諸価値，諸概念）
　　政治的関係（整備・開発における社会の選択を決する権力のはたらき）

こうあげたうえでベルクは，これらの要件が個々ばらばらにあるのではなく，それぞれが分かちがたく繋がりあっているのであるし，「むしろ強調したいのは，これらの関係の全体が単一であることだ」ともことわっている．それを承知で，いま説明の便のために借用するならば，土地土地に残る石垣は前ページの「生態的関係」「技術的関係」「感覚的関係」のなかで作られた，風土と生活にもっとも密着した文化だといえよう．それに対して城郭石垣は「価値的認識的関係」「政治的関係」要件の強い文化に違いないのである．それゆえわれわれの石垣研究は，できることなら全国のこうした石垣を限なく訪ね，それぞれの地域的性格を明らかにして，なろうことなら『日本石垣事典』を作るところまで行きたいが，むろん5年や10年で実現できる仕事ではない．

　そこでわれわれは今回の調査対象を「生態学的関係」性，風土性の反映のより顕著だと思われる「屋敷囲いとしての石垣」に絞ることにした．それは大邸宅を侵入防御のために囲う石垣ではなく，初めにも言ったように，頻繁に通る台風から家を守るために工夫された独特な石垣，家にもう一つどてらを着せたような石垣の様式である．われわれの調査によって明らかになったこと，その詳細は本文をみていただきたいが，台風の通り道に特有な様式の石垣だから，日本だけに限られた物ではなく，広く東アジアの太平洋沿岸に共通した様式である．しかし，用材たる石も技術もすべて地元調達，さらに基盤たる地形に支配されるから，共通でありながらそれぞれに明瞭な個性を持っている．それぞれの個性を持っているが，しかし全体としては，その地域を包む大きな文化圏のなかにあることも打ち消しがたい．言い換えると，日本型（本州様式）系とアジア型（琉球様式）系，さらにその混交系という分類ができ，その分布の大きな境界線が浮かび上がってきた．

　もとよりわれわれの調査地域はまだ充分とはいえないから，今後もっと調査を拡げれば，これらの分類のさらに細分化なども可能になるであろうが，屋敷囲いの石垣文化圏の大局的把握はできたと考えている．これらの結論はわれわれの今回の調査が初めて実証した結果であるが，次の段階としては，これらの成果を民俗学や歴史学，アジア文化交流史のなかにおいて，相互に見直したり補強しあったりする機会を作りたいと考えている．

目　次

　　　まえがき　―もう一つの石垣文化―　　　勝又　浩　i

1章　屋敷囲いとしての石垣を築く文化　……………　漆原和子　1

　　1.　はじめに　1
　　2.　文化領域と文化圏　1
　　3.　本研究で取りあげた現象　3

2章　喜界島における屋敷囲いとしての石垣を作る文化(1)
　　　―阿伝集落の例―　……………………………　漆原和子　7

　　1.　はじめに　7
　　2.　屋敷囲いの役割とその素材　8
　　3.　喜界島の自然条件　8
　　4.　屋敷囲いとしての石垣の必要性　15
　　5.　喜界島の歴史　17
　　6.　石積みの技術の伝承　20
　　7.　阿伝集落の屋敷囲い　23
　　8.　まとめ　28

3章　喜界島における屋敷囲いとしての石垣を作る文化(2)
　　　―小野津集落の屋敷囲いとしての石垣―　………　漆原和子　32

　　1.　はじめに　32
　　2.　地域の概要　32
　　3.　調査結果　35
　　4.　喜界島の石垣からみた文化　43
　　5.　まとめ　44

4 章　渡名喜島における屋敷囲い ・・・・・・・・・・・・・・・・・・・・・漆原和子　46

　　1．はじめに　46
　　2．地域の概要　46
　　3．渡名喜村の特色　54
　　4．まとめ　69

5 章　九州南部と坂本における石垣の様式 ・・・・・・・・・・・・・漆原和子　71

　　1．日本の風土が作る文化景観　71
　　2．文化景観の一例としての石垣　73
　　3．石垣景観の日本・アジアにおける意義　83

6 章　対馬における屋敷囲いとしての石垣 ・・・・・・・・・・・・・漆原和子　88

　　1．はじめに　88
　　2．地域の概要　89
　　3．対馬における屋敷囲いとしての石垣の分布　96
　　4．まとめ　108

7 章　四国宇和海沿岸における石垣 ・・・・・・・・・・・・・・・・・・漆原和子　112

　　1．はじめに　112
　　2．地域の概要　112
　　3．歴史　116
　　4．調査結果　118
　　5．まとめ　125

8 章　高知県宿毛市沖の島における石垣
　　　　　　　　　・・・・・・・・・・・・・・・・・・漆原和子・勝又　浩・藤塚吉浩　127

　　1．はじめに　127
　　2．地域の概要　127
　　3．沖の島の石垣の分布　133

  4. まとめ 142

9章 室戸岬における屋敷囲いとしての石垣
     ‥‥‥‥‥‥‥‥‥‥‥‥‥‥‥‥漆原和子・藤塚吉浩 145
  1. はじめに 145
  2. 調査方法 145
  3. 地域の概要 146
  4. 調査結果 152
  5. まとめ 158

10章 紀伊半島における屋敷囲いとしての石垣
     ‥‥‥‥‥‥‥‥‥‥‥‥‥‥‥‥‥‥‥‥漆原和子 161
  1. はじめに 161
  2. 地域の概要 161
  3. 屋敷囲いとしての石垣の分布 166
  4. まとめ 174

11章 澎湖列島と金門島における防風のための石垣
     ‥‥‥‥‥‥‥‥‥‥‥‥‥‥‥‥漆原和子・陳　国彦 176
  1. はじめに 176
  2. 台湾の概要 176
  3. 台湾の気候 179
  4. 澎湖列島 183
  5. 金門島 190
  6. まとめ 194

12章 済州島における石垣の屋敷囲い
     ‥‥‥‥‥‥‥‥‥‥‥‥‥‥‥‥漆原和子・勝又　浩 197
  1. はじめに 197

2. 地域の概要　　197
　　3. 済州島の石垣　　201
　　4. 北海岸の石垣　　206
　　5. まとめ　　211

13章　まとめ ……………………………………漆原和子　215
　　1. 文献にもとづく防風石垣の分布　　218
　　2. 防風のための石垣の強度　　219
　　3. 日本文化としての石垣の様式の違い　　222
　　4. 調査地における風　　224

　　用語解説　　漆原和子　　232
　　あとがき　　漆原和子　　242
　　謝　辞　　244
　　事項索引　　249
　　地名索引　　256

1章　屋敷囲いとしての石垣を築く文化

漆原和子

1. はじめに

　文化が人々の生活から生まれ，発展していくものだとすれば，精神的なものや，物質的なものにその型をとどめるであろう．本書では，日本文化が物質や形として現れているものの一つについて検討を加えてみたい．物質的には，衣，食，住に関するものがまずあげられる．ここでは住のうち，民家の屋敷囲いを取り上げ，その民家がどういう理由で屋敷囲いを作るのか，また，屋敷囲いをなぜ石材に限定するのか，また時代の変遷とともに屋敷囲いとしての石垣がどのように変化していくのかを明らかにしようと考えた．

2. 文化領域と文化圏

2.1 これまでの研究

　日本・アジアにおける文化的広がりをあつかう場合に，二つの異なった用語を用いている例について，これまでの研究の中から以下のように紹介したい．
　大林（1986）は，文化領域を「多くの文化要素を共有していて，他の領域と違うことが明らかになるような領域」と規定し，文化圏とは異なるものとし，次のように規定した．
　「文化圏という用語は使わないことにしたい．文化圏は民俗学においては，かつてのドイツ，オーストリアの歴史民俗学において用いられた特別の意味内容があり，それを避けるためである．文化圏とは特定地域に特徴的に見出され，かつ文化のすべての分野にわたっての諸文化要素が集まってできた複合体のことである．……"文化領域"とは culture area の訳語なのである．この意味での文化領域には，その領域内の多数の社会が多く類似した文化要素を共有していることが，他の地域と比べた時に明らかになるような領域である．……この領域内に

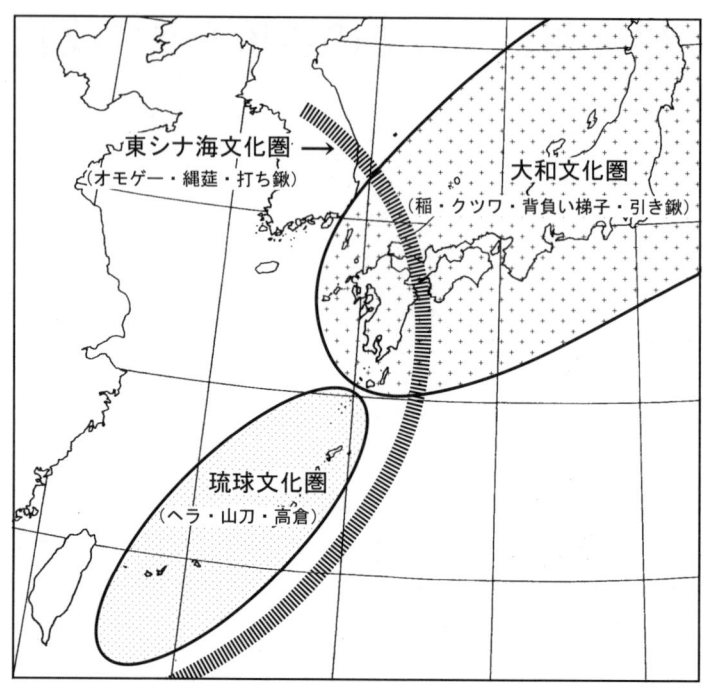

図1　琉球文化圏, 大和文化圏と東シナ海文化圏の範囲
下野 (1980) を一部編集

特徴的な文化要素を共有していればよい.」

　一方, 下野 (1980) は南西日本, 南西諸島の地域を図1 (簡略化して示した) のように, 民俗学的事象から検討し, 琉球文化圏, 大和文化圏の二つに分けている. 大和文化圏と琉球文化圏の下野の定義は以下のようである.「大和文化圏が冬正月であるのに対し, 琉球文化圏は夏正月 (新節, 収穫祭) であり, また大和文化圏は稲作を基礎に置き, 箕, ひき鍬, クツワ, 背負い梯子, 櫓などの民具を使用するのに対し, 琉球文化圏は芋作, 粟作に基礎を置き, サンバラ (非箕), 打ち鍬, オモゲー (クツワと馬の頭を結ぶ紐と馬の鼻の上に八の字型にかけた2本の制御棒), ティル (額帯運搬背負龍) (背負い梯子欠如), 櫂 (櫓は使わない) などの民具を使用するという明白な対比をみることができる.」さらに, 九州, 南西諸島から朝鮮半島に至るまでを, オモゲー, 打ち鍬の分布から, 東シナ海文化圏とし, その範囲を描いている.

2.2 本書における定義と研究目的

下野の述べる文化圏は，農具からみた文化的広がりであり，大林の述べる文化領域とは特徴的な文化要素をもっていればよい，とあるので，極めてよく似た事象を定義しているように思われる．本研究では，屋敷囲いとしての石垣の分布と，その様式の違いや特徴をもつ一定のまとまりのある分布範囲を，文化領域と呼ぶことにしたい．

したがって，屋敷囲いとしての石垣の特色から，地域差を明らかにし，その分布領域を見出そうとする本研究は，文化要素のうち一つを取りあげるものであり，最終的には他の文化要素と合わせて，文化領域を総合判断する一つの基礎となるものと考える．

3. 本研究で取りあげた現象
3.1 屋敷囲いの役割

西欧では石壁を用いた石造りの民家が多く分布するが，民家の周りを石垣でめぐらす例は多くない．しかし，日本や済州島，台湾では，民家の周りを石垣でめぐらすことが多い．このことは強風域において，屋根が軽い素材で作られていたことと無関係ではないだろうと思われる．藁屋根を用いた強風域が石垣を屋敷囲いとして必要としていたことと強く関連しているように思われる．日本の屋敷囲いの役割は次のようにまとめることができるであろう．

日本における屋敷囲いの役割は，1) 母屋を風雨や降雪から守ること，2) 母屋と屋敷囲いを含めて住居として外へ示すこと，3) 周囲の家々との調和をはかり，家並みの景観をみださないようにそろえること，4) 母屋への外からの視線をさえぎること，などが考えられる．民家の場合，屋敷囲いの素材は手近に得られる安価なものであり，強固で，長持ちするものであることが第一条件である．しかし，経済的に高価なものであっても，家主の趣味に合うものであり，支払い能力があれば，その素材が国外からのものであっても選ぶであろう．

日本の民家の多くは，戦前は石垣か土塀，またはその地方の植物を利用した生垣や板塀が選ばれてきた．戦後はブロックやコンクリート塀などが時代の先端を示すファッションとして，一時的に好まれた．一方，労働力が最も高価になった

今日，石垣を築くのは経済力を必要とする．したがって，安価な素材としてブロックやコンクリート塀が選ばれるようにもなっている．さらに，地価が上昇すると，石垣のように幅が必要な屋敷囲いはさけ，用地をあまり必要としないブロックやコンクリート塀が好まれるようになった．だが一方，近年エコシステムに関心がもたれ，再度自然素材である石垣が見直されつつある．

3．2　石垣の形式

　日本における石垣の技法や歴史については，田淵（1975）や北垣（1987）等のすぐれた研究がある．また，琉球の民家の石垣については栄（1979），鶴藤（1995）や，日本民俗建築学会（2005）に紹介がある．石垣の形式は，田淵（1975）にしたがい，記述と写真をもとに，漆原が図2を作成した．田淵は用材の加工の程度にもとづいて，樵石(こりいし)と野石(のいし)と雑石（乱石）に3区分し，次に石の積み方をもとに以下のように分けている．野石の一部をかち割った時に生じる雑石や，樵石を採石する時生じた雑石を積む場合があり，これを乱石積みとした．さらに構築方法から整層積みと乱層積みに分けて，これらの組み合わせから総合的な区分をした．これらを整理し，図2のようにまとめた．図2のⅠとⅡは樵石積みである．Ⅰは整層樵石積み，Ⅱは乱層樵石積みである．ⅢとⅣは野石積みで，ⅤとⅥは乱石積

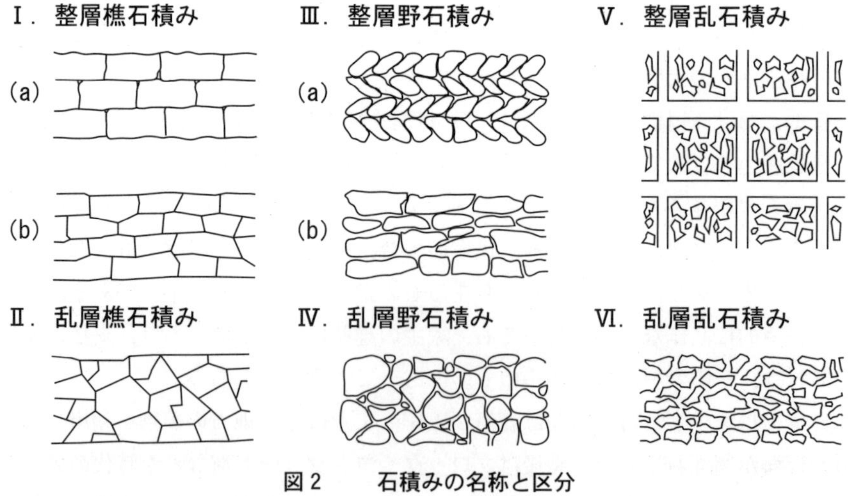

Ⅰ．整層樵石積み
(a)
(b)

Ⅲ．整層野石積み
(a)
(b)

Ⅴ．整層乱石積み

Ⅱ．乱層樵石積み

Ⅳ．乱層野石積み

Ⅵ．乱層乱石積み

図2　石積みの名称と区分

田淵（2001）を編集

みである．この本の 2 章以降では，この用語にしたがって記述することとする．
　石積みの分類は，この名称にしたがい，さらに屋敷囲いに用いる石材と，採石地の検討や，石積みをする石工や集落の人々の労働力の提供方法，石積みの様式の違いなどを検討し，地域的な広がりや，文化の違いに注目していきたい．

3.3　門の形式とヒンプンからみる文化領域

　石垣の屋敷囲いを持つ家の門の形式にも一定の地域差があるように思える．後述の喜界島において，多様な様式を持つ門を計測した．門の様式による名称は，この本の 2 章以降で用いる名称と統一し，図 3 のように整理した．屋敷囲いとしての石垣を調査する中で，喜界島で障子垣と呼ぶ門の形式は地域的な広がりに境界があることがわかった．すなわち，障子垣 b 型と c 型の分布は，喜界島を南限として，九州南部の武家屋敷や坂本でみることができた．また，門を入った正面に屏風のようなヒンプンと称する塀を作る障子垣 a 型の形式は琉球の文化であるとされているが，ヒンプンの分布は，九州南部では石垣で築いたものや，生垣に

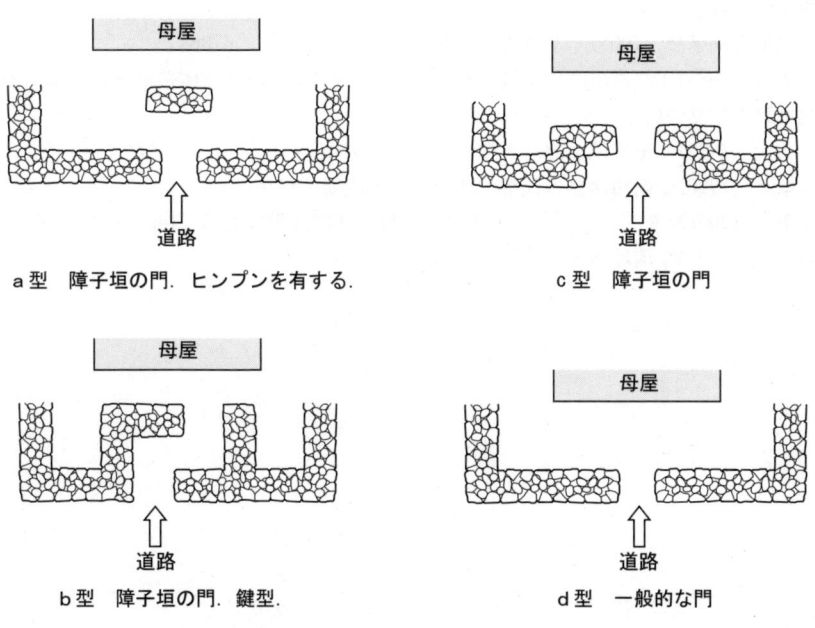

図 3　喜界島にみられる石垣の門の名称と型式

おきかえたもの，石垣と植生を組み合わせたものなどの変化に富む例が出現することがわかった．まとめの章（13章）にはヒンプンの分布を示したが，この分布限界は下野（1980）の琉球文化圏より北までのび，九州南部までである．障子垣b型とc型の分布は，現在までの調査では喜界島を南限としている．下野が示した琉球文化圏，大和文化圏の境界と完全には一致しない．屋敷囲いとしての石垣は，明瞭な境界をもつものではなく，境界付近では技術や，形式を一部応用しつつ，他地域のそれを取り入れて応用していくものではないかと考える．

本研究では，下野の提案した東シナ海文化圏も視野に置き，台湾や，朝鮮半島の石垣の技術や形式との比較が必要であると考えた．したがって，2章以降では，南西諸島と，本州のみではなく，台湾や済州島の屋敷囲いとしての石垣についても論じる．

参考文献

北垣聰一郎（1998）：ものと人間の文化史 58・石垣普請．法政大学出版局，415p.（初版1987年）

日本民俗建築学会（2005）：写真でみる民家大事典．柏書房，470p.

大林太良（1986）：日本の文化領域．谷川健一編，『日本民俗文化体系第一巻　風土と文化＝日本列島の位相＝』，小学館，177-228.

栄喜久元（1979）：奄美風土記．大和学芸図書，271p.

下野敏見（1980）：南西諸島の民俗．法政大学出版局，547p.

田淵実夫（2001）：ものと人間の文化史，15・石垣．法政大学出版局，214p.（初版1975年）

鶴藤鹿忠（1995）：琉球地方の民家．明玄書房，389p.

2章 喜界島における屋敷囲いとしての石垣を作る文化（1）

―阿伝集落の例―

漆原和子

1. はじめに

　南西諸島の多くの島々，とりわけ屋久島以南においては，完新世の隆起サンゴ礁が海岸に沿って分布する．この地域では，サンゴ石灰岩を石垣の材料とし，屋敷囲いを作ってきた．今日でも，民家の屋敷囲いに石垣がよく残るのは，竹富島や渡名喜島，与論島，奄美大島，喜界島である．石垣島や沖縄本島は，都市化が進むにつれ，すでにその多くがブロック塀やコンクリート塀に変わってしまい，今日では古い石垣の家並みが続くところは少なくなってしまった．栄 (1979) は，石垣からブロック塀に変わっていく1977年の奄美の生活を記述している．

　本章では，民家の屋敷囲いの石垣が今も残る数少ない島の一つであり，歴史的に薩摩と琉球の文化の接点であった喜界島を取り上げ，阿伝集落と小野津集落において，石垣の現状調査を試みた．2章では阿伝集落，3章では小野津集落の石垣の分布を述べる．特に，聞き取り調査の結果によって，戦後の屋敷囲いとしての石垣の歴史的変遷を明らかにした．

　喜界島は本州の文化圏の南西端であり，琉球文化圏の北東端にあたり，両文化圏の接点であった．これまで漆原は，南西諸島の気候 (漆原, 1980, 1986)，土壌 (漆原, 1987 ; Urushibara - Yoshino, 1987)，サトウキビと気候条件 (漆原, 1990) などの研究を行い，喜界島の1970年代から1980年代初めの美しい石垣が生活の中で生きている景観をみてきた．しかし，今日では人が住むことがなく，空き家のままの屋敷囲いの石垣が崩れていく家が多くなっている．

　今回の調査では，石垣を築いてきたお年寄り達に聞き取りを行ったが，屋敷囲いとして石垣を築き，使用してきた人達を対象として聞き取りができる良い機会であった．喜界島の屋敷囲いとしての石垣が日本文化の中でどのように位置づけられるのかについて考察し，以下にその結果を述べた．

2. 屋敷囲いの役割とその素材

　喜界島は，第二次世界大戦中飛行場があったため，多くの集落が戦火を受けた．戦後，喜界島の多くの集落では，戦災で焼かれた石垣の屋敷囲いを修復し，再度海岸から採石し，石垣を積み直した．しかし，昭和30年代には，生活様式が急激に変化し，馬から車への転換が急速に行われた．ⅰ) 道路幅を広げて車が入れるようにする，ⅱ) 排水路の確保をするなどの理由から石垣の積み直しを余儀なくされ，その際コンクリート塀やブロック塀に一部変えられた．しかし，近年，再び石垣の良さが見直され，道路工事の際に一旦取り壊しても，石垣を再構築することが行われている．

3. 喜界島の自然条件

3.1 喜界島の地理的位置

　喜界島の位置は，図1に示すようにほぼ28°20′N，130°E，面積56.9km²で

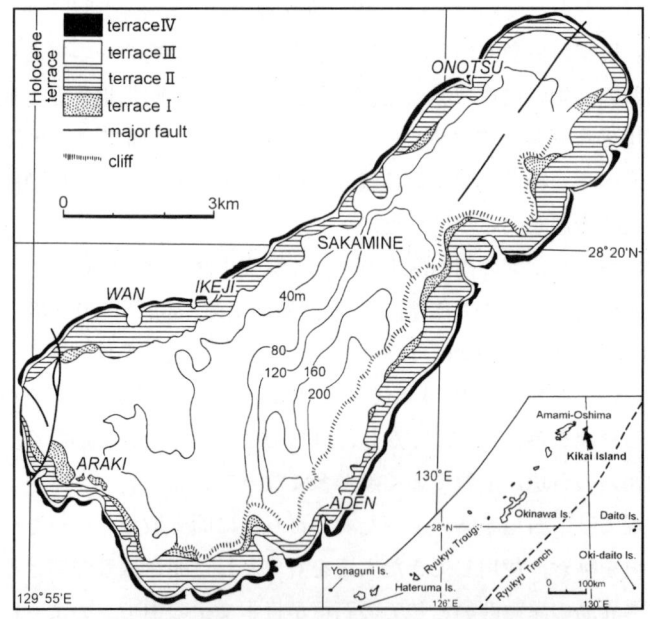

図1　喜界島における完新世海成段丘の分布図と調査地域
太田ほか (1978) による

ある．「2002喜界町町勢要覧」（喜界町，2003）によれば，2002年の喜界島の人口は8,978人であり，世帯数4,119戸である．その中で屋敷囲いとその石垣が最もよく残るのは，北西の海岸に位置する小野津（世帯数220戸）と南東の阿伝（世帯数50戸）である．両地区とも，集落は海岸線から直線距離で約100mから500m以内にあり，多くの母屋が密集している．

3.2 喜界島の気候

南西諸島の気候特性は，年による乾湿の変動が激しいことである（漆原，1980，1986，1990）．また，台風の影響は本州よりはるかに強い．

屋敷囲いとしての石垣を設置するのは，防風が主要な目的とされているので，年間の風速と風向を考慮し，風配図（2004年）を作成した．観測記録はアメダスの池治（28°19.2′N，129°55.7′E）の値を用いた．図2には年間の風向頻度と風速5m/s以上の風向頻度を示した．5m/s以上の風はN, NNW, NWが極めて多く，この3方向のみで33％に達する．これを季節別にみると，2月に風速5m/s以上の風はN～NWが卓越する．8月から9月は，SE～ESEの5m/s以上の風の比率が増す．2月と8月から9月のこの傾向は，冬と夏のこの島の季節風の特色を示している．

屋敷囲いをしなければならないほどの強風は，季節風以外に台風がある．そこで，2004年の喜界島に影響を及ぼした台風をすべて点検した．全台風29個のうち12個が喜界島に強風をもたらした．そのうち，台風の中心が島の東側を通った台風は5個で，西側を通った台風は7個である．東側を通った一例として，中心気圧が低く，風速が強い台風16号を取り上げ，8月28日17時から8月30日6時までの風向と風速を図3に示した．台風の中心が喜界島に接近し始め，

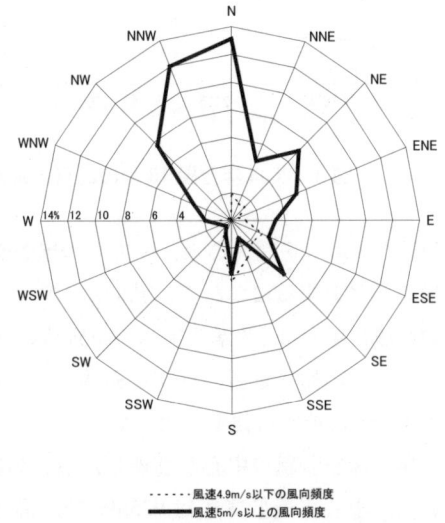

図2 喜界島における2004年の風配図

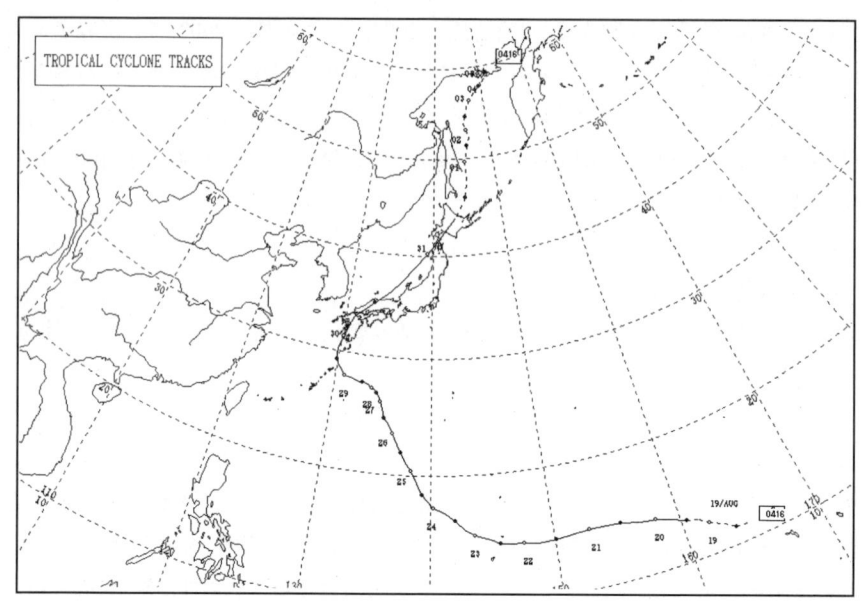

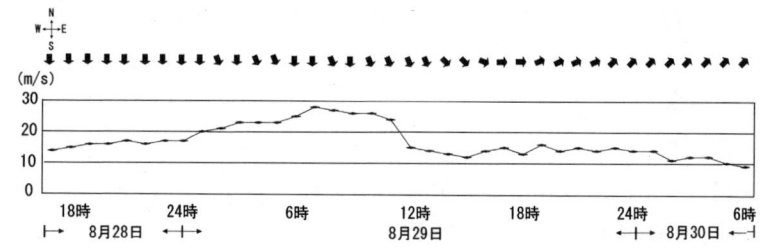

図3 2004年台風16号の経路と喜界島における風速,風向の変化

　風速が10m/sを超えると,N方向の風が吹き,最大風速28m/sを示した.台風の中心が北上するにつれて,風向はNWからWへ,そしてSWへと変化した.この台風の場合は,3章で述べる小野津の集落は,風と海水飛沫が直撃する位置にある.この他にも島の東側を通過する台風6号においては,N～NW～Wの最大19m/sに達する強風が吹いた.

　島の西を台風の中心が通過した場合の例として,図4に台風18号の場合を示した.中心の最低気圧は925hPaで,最大風速は18m/sに達した.図4の10m/s以上の風が吹いたときの風向は,9月4日20時よりNEからEに変わり,17時

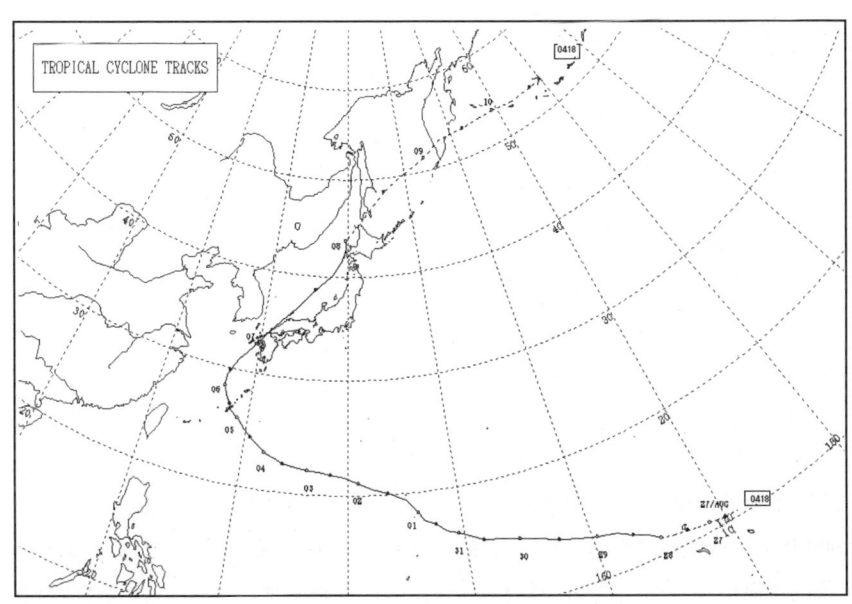

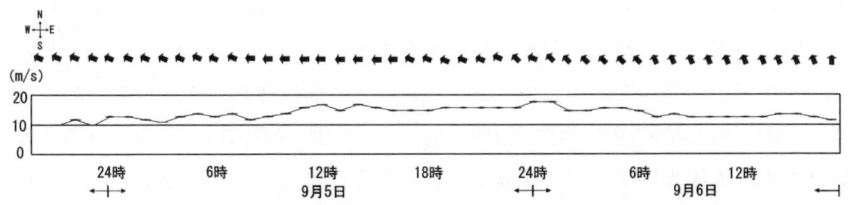

図 4　2004 年台風 18 号の経路と喜界島における風速，風向の変化

ごろから SE に変わり，9 月 6 日 16 時には S に変わった．この方向の台風の風は，3 章で述べる小野津の集落の位置では更新世段丘の風下になり，海水飛沫の影響は少ない．しかし，阿伝集落では E ～ SE の強い塩風を受ける．

　台風時の強風が吹く際は，台風が接近する前から高波がたち，そのため海水飛沫が集落に及ぶ．しかし，台風の強風時の阿伝や小野津の観測記録はない．聞き取りによると，台風通過直後，植生が塩害を受け，葉が茶褐色になり，落葉し，2 ～ 3 年回復できない．このことから，海水飛沫の影響を知ることができる．

3.3 喜界島の段丘と集落立地

　喜界島は南西諸島の中では最も隆起率の高い島で，約 1.8m/1,000 年（Ota and Omura, 1992）で隆起を続けている．喜界島には，島の周囲を取り囲むように現成のサンゴ礁が裾礁として発達している．この完新世のサンゴは，ほとんどが 7,000 年前以降から盛んに生育を続けてきたものを基盤としている．喜界島の更新世段丘は A，B，C，D，E，F の 6 段に分けられる（Ota and Omura, 2000）．その他に 4 段の完新世海成段丘が島を取り囲んでいる．完新世段丘の段丘面の分布は図 1 に示した．完新世段丘の古い方から I 面，II 面，III 面，IV 面に区分されている（太田ほか，1978）．完新世段丘の段丘面形成年代は，^{14}C 年代測定やウラン系列年代測定法でサンゴの年代測定をした結果から推定されている（大村・太田，1992；太田ほか，2000）．I 面は完新世高海面期にあたる 6,800 〜 6,000 年前（高度約 10 〜 13m），II 面は 5,200 〜 3,500 年前（高度 5 〜 7m），III 面は 3,500 〜 3,000 年前（高度約 2.5 〜 5m），IV 面は 2,500 〜 1,500 年前（高度約 1.5 〜 2m）の年代測定値が得られている．これらの段丘は，海面変動と度重なる地震性隆起によって形成されたと考えられている．I 面形成期は，海面が現在より約 3m 上昇していた時代であるが，まだサンゴの生育は勢いを増さず，面的な広がりをもたなかった．したがって，当時のサンゴが構成する面は極めて限られていた．これは，基盤である早町層群（第三紀泥岩層）から砂泥が流出し，当時の海に供給されたため，太陽光線を必要とするサンゴの生育には適さなかったことが一つの理由であろう．I 面形成時には，島の数ヶ所に更新世サンゴ石灰岩の崖に旧海水準を示すノッチが残っている．また，喜界島の高い隆起率に，7,000 〜 6,000 年前のまだ生育の勢いのないサンゴの成長が追いついていけなかったことが要因として考えられている（太田・大村，2000）．

　次に，多くの集落が位置する II 面では，他の段丘面に比べて広い幅をもった隆起サンゴ石灰岩が分布している．太田ほか（2000）は，志戸桶の海岸でボーリングを行い，I 〜 III 面のデータから，完新世段丘の内部構造を明らかにした．その結果，完新世段丘の下層には，厚い早町層群からの再堆積物があることがわかった．また，I 面形成時には成長が追いつかなかったサンゴが，II 面形成期以降の時代になると生育が増長し，幅の広い面を構成するようになった．したがって，その後隆起した II 面は，他の段丘面と比べて広い面をなしている．また，III 〜 IV

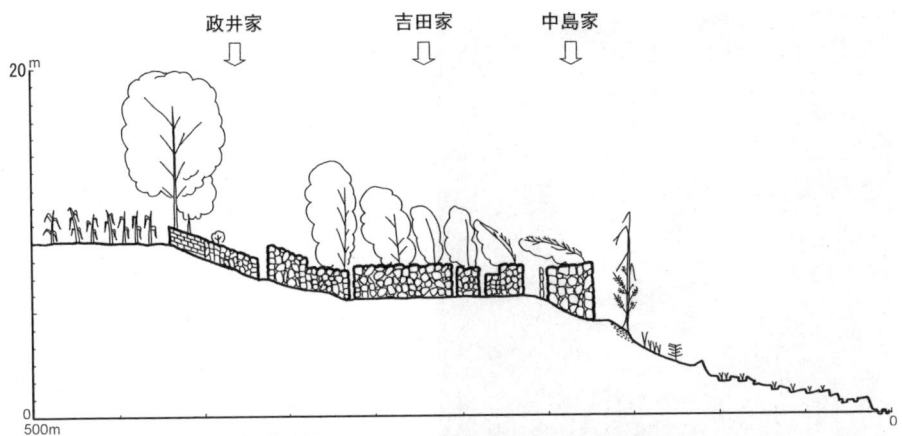

図5 阿伝集落の地形断面に沿った石垣の分布図
風による植生の偏形と典型的な屋敷3ヶ所の位置

面は段丘面の幅が狭い．これはⅢ及びⅣの時代に，サンゴ礁前面の急傾斜面にサンゴがわずかに生育し，面を構成したためである（佐々木ほか，1998；太田ほか，2000）．

　海岸沿いの多くの集落が立地する位置は次の通りである．隆起サンゴ礁段丘のうち，5,200〜3,500年前頃のサンゴ礁が隆起した幅の広いⅡ面か，3,500〜3,000年前頃に発達したサンゴ礁が作るⅢ面のいずれかに位置する．小野津集落はⅡ面とⅢ面の上にあり，阿伝集落はⅡ面の上を覆う砂丘上に分布している．

　阿伝では，海岸線からの地形断面図を作成し，その断面図上に石垣と，その高さ，石垣と組み合わせた防風林を示した（図5）．ただし，この集落のA-B基線の位置は図7に示す．阿伝集落で海岸にもっとも近い民家は，海岸線から180mの距離で，標高約5mに立地する．最も内陸の民家は，海岸から約400mの距離で，標高は約10mである．それより内陸はサトウキビ畑として利用されている．また，海岸を走る循環道路の外側は，モクマオウの防風林やトベラに覆われたⅢ面と，植生がわずかにつくⅣ面，および現成のサンゴ礁が分布する．

　現在，この島の海岸は部分的に国定公園の指定を受け，全島の海岸が喜界町の自然保護区に指定されている．国定公園は，1974（昭和49）年2月15日に指定された．海岸は第1種，第3種と普通地域に指定された．これ以降，現在の海岸の景観をいじることが禁止され，サンゴ礁と海域の風致保護がされている．喜界

写真1　阿伝集落の北側に残る最も古い石垣と道路
戦前の道幅をそのまま保持しており，乱層野石積みの石垣がすでに植生で覆われている．

島の自然保護条例による自然保護区は，1973年6月30日に景勝保護区，遺跡保護区，植物保護区，海中保護区が定められた．この自然保護区のうち海中保護区は，町内の海岸のサンゴ礁全域が対象であり，今日では海岸からサンゴ石灰岩を自由に採石してくることができなくなった．

しかし，戦前戦後は，台風で打ち上げられたサンゴ石灰岩を，どの海岸からでも自由に採石してくることができた．また，樵石を海岸から切り取ってくることもできたという．阿伝の政井平進氏によると，戦争中は，阿伝の集落は戦火で焼かれた．阿伝では約130戸のうち，焼け残ったのは10戸であった．喜界町誌編纂委員会（2000）によると，当時の焼失戸数は，総戸数146戸のうち，被災戸数128戸で，80%の被害率であると推定している．当時の屋根はほとんどが藁屋根だったので，母屋が焼けて，さらに石垣に火がかかった場合は，サンゴ石灰岩はボロボロになり，生石灰となって崩れてしまうので，石垣としての用をなさなくなった．ボロボロになった生石灰は，道路に敷いた．したがってほとんどの家は，戦後あらためて海岸から採石をし，石垣を積み直した．戦前の石垣が残っている幅の狭い道路と石垣を写真1に示した．この石垣は集落の北にあり，風情のある風景をつくっているが，今ではほとんど通る人がいない．

4. 屋敷囲いとしての石垣の必要性
4.1 喜界島に分布する石垣と門の形式

喜界島には，1章で示した石垣の区分の他に，整層樵石積みの亜型として次の型がある．樵石の約30cm角の石を間知石といい，これを，くの字型に積んでいく方法を間知積みと呼んでいる．しかし，この積み方は崖くずれ地などに用いており，阿伝の集落には，樵石間知積みはみられなかった．1章に示したⅠとⅡともにほとんど阿伝の集落でみることができないが，門の付近にⅠ (b) のタイプが部分的に使われる場合がある．

ⅢとⅣは野石積みであり，Ⅲ (a) は極めて強固であるが，技術を要するので，阿伝ではごくわずかの家で石垣の一部に利用されているのみである．また，サンゴ石灰岩は自由な形状をしているので，Ⅲ (b) の形にしにくいためと思われる．したがって，この形状の石積みは阿伝に存在しなかった．Ⅳは阿伝の集落では極めて一般的であり，これらは，海岸から集めたサンゴ石灰岩の天然の石灰岩塊を用いて乱積みにしたものである．そして，阿伝の石垣の約95%は，Ⅳのタイプであった．

Ⅴは整層乱石積みで，コンクリート枠などで雑石を囲わねばならない．道路や河岸の工事で用いられるが，民家では一般に用いない．Ⅵは乱層乱石積みである．この型は阿伝では存在しなかった．阿伝では，樵石の雑石は，ほとんど野石積みの間に雑石として詰めてしまうためと思われる．また，海岸から近い阿伝の石垣は十分な高さを必要とするため，雑石では高度を高くすることができないことも理由の一つと思われる．

喜界島の用材は前述の通り，樵石を海岸で切り取るか，または，台風などで海底から打ち上げられた手ごろな大きさのサンゴ石灰岩をかち割らずに，野石として利用するものがほとんどである．戦後はどの海岸からも，サンゴ石灰岩を採石することができた．当時は，台風時に打ち上げられた適当な大きさの野石を馬に背負わせるか，人間が4人組または6人組で運んだ．阿伝集落の石垣は，いずれの住宅もこれらの野石を用いている．

阿伝の門の形式を1章の図3に示したので参照されたい．a, b, c, d 型に区分した．阿伝集落では，d型の他に，段々になっているb型，またはカギ型に曲

写真2　c型障子垣の例
すでに空き家になって久しいと思われる．門の部分のみ樵石である．

がって入るc型の門か，あるいは，沖縄でみられるヒンプンの形式a型を用いる家も若干ある．この島ではa，b，c型は，いずれも区別せず，"障子垣"と呼んでいる．この障子垣は多くの民家で，門部分のみ樵石を積んで作っている．写真2にはc型の障子垣の例を示した．すでに空き地になっているが，門の角の部分を整層樵石積みにしている．

カギ型のc型は，鹿児島県の知覧や出水の武家屋敷でもみられる．これらの門の形式から，薩摩藩の文化の影響が強かったと思われる．したがって，石垣の門の形式からも，この島は薩摩藩と琉球王国の両文化の影響を色濃く残すところといえる．

4.2　集落立地と石垣の必要性

この島で，海岸に近接した風の強いところに集落を立地せざるを得ない理由と，石垣が必要とされた理由は，以下のように考えられる．1) 7,000年前以降に隆起を続けてきた完新世段丘が，平坦な広い地形面として海岸線に沿って分布しているから．2) サンゴ石灰岩の地表では水が得られないが，海岸近くでは地下水として海面下に向かって流れていく地下水流があるので，それをみつけて，井戸を掘って飲料水を得ることができるから．3) 海岸に民家を建てた場合は，地下水から飲料水が得られる一方で，藁屋根の民家は防風効果の強い屋敷囲いを必要とした．戦前は藁屋根であり，戦後はトタン屋根を用いるようになった．藁屋根は軽いので，強風で飛ばされないように，海岸部の軒の高さより石垣を高くする必

要があった．さらに，補強の意味もこめて，内側に生垣として樹木（ガジュマルとアカテツ）を植えた．4）海岸で得られるサンゴ石灰岩は軽く，軟らかくて加工しやすいので，これを屋敷囲いの素材として選んだ．

　こうした理由が海岸部に集落を作り，かつ石垣を導入し，防風効果を高めた．屋敷囲いとして手ごろな大きさのサンゴ石灰岩が選ばれた理由は，1)この島には，幅の広い裾礁が分布すること．2）隆起率が高いために，Ⅰ〜Ⅳ面の 7,000 年前より若い隆起サンゴ石灰岩の段丘が広く分布する．3）台風などで打ち寄せられた手ごろなサンゴ石灰岩が得られやすく，馬や人力で運んでくることができた．4）サンゴ石灰岩が若いために，岩石の固結度が低く，軟らかくて加工しやすい．かつ，手ごろな大きさの石灰岩があるので，ユイによって技術を習得し，素人の人々でも習いながら積むことができた．これらの理由が考えられる．

5. 喜界島の歴史

　屋敷囲いとしての石垣が形成されてきた歴史に関わる事項を主とし，喜界町誌編纂委員会（2000）から以下のようにまとめた．

5.1　古代の集落立地

　喜界町誌によると，これまでの本格的な考古学研究は 1931 年に荒木貝塚が発見されたことから始まる．また，1932 年には南島式土器と貝塚が発見され，湾貝塚と名付けられた．1952 年には湾貝塚，中里貝塚，ケンドンガ崎貝塚群，伊佐根久遺物散布地が報告され，喜界高校校庭で赤連式土器が出土した．この土器は南九州系列とされている．

　1955 年から 3 年間，九学会連合の共同研究で，荒木農道遺跡，荒木小学校遺跡，湾天神遺跡，伊実久厳島神社貝塚，七城の遺跡の分布が確認されている．その後，1985 年，1986 年にはハンタ遺跡が発掘された．以上のように，貝塚や土器を中心とする海岸に沿った完新世段丘上の遺物が多数あり，先史時代から南九州との直接的な文化交流もあったことがうかがえる．

　興味深いのは，ハンタ遺跡（西目字半田）は標高 147m にあり，その地点は 3 ヶ所湧水跡（ミンガー，カーネンカー，ウィッカー）があったとされていることである．竪穴式遺構群が，サンゴ石灰岩の中を流下してくる地下川が湧水として

湧き出てくる位置を選んでいたことは，集落立地のための先見の明があるといってよい．しかし，今日では，そのいずれも枯れているとされている．これは，近年の開発による環境の変化や，繰り返される隆起で地下水系が変化したことを裏付けるものであり，興味深い．また，土器などから縄文晩期相当とされており，この頃には建築材としてアデクが用いられている．植物の学名はフトモモ属アデク（*Syzygium buxifolium*）である．

また，町誌は本土産須恵器や特徴的なグスク土器が出土していることから，この島が沖縄と本島との交流点としての役割を担っていたであろうと示唆している．このような記述からも，喜界島はすでに古代から本州域と沖縄の文化の接点であったことがうかがえる．

5.2 古代から近世に至る居住地の変化

喜界町誌にまとめられている古代から近世に至る居住地の変遷を自然地理的視点から見直すならば，次のように説明できるであろう．

島の西部の水天宮付近には大型の砂丘が分布し，現在の標高は約20mである．7,000年前の海岸線は，図1の完新世段丘がすべて海面下にあった状況を考えねばならない．したがって，貝や魚に頼る生活をする限り，当時の微高地である砂丘地に住むしか方法はなかったと思われる．これは当時の旧海岸線と縄文前期～縄文後期の遺跡が砂丘上にあったこととは矛盾しない．たとえば，赤連遺跡が9mの砂丘上にあったとされているのは，その当時まだ前面に広がる完新世段丘は十分に隆起していなかったために砂丘が居住地として選ばれたものと思われる．

その後の縄文晩期から弥生，古墳時代，12～13世紀までの遺跡は内陸の標高の高い位置に分布する．それらは坂嶺の前田遺跡（25m），川堀遺跡（40m），柏毛遺跡（60m）とされている．これらの遺跡は，標高が高いが，当時の湧水のある位置に立地していたと思われる．高位の段丘は古いサンゴ石灰岩で覆われているので，地下川が形成され，段丘崖には湧水が出てくる可能性がある．弥生～古墳時代は，本州域では冷涼で長雨が続いていたとされている．喜界島の気候変化については当時を推定する根拠は何も見つかっていないが，地下川からの湧水は豊かで，この水を利用し，稲作が行われた可能性を否定できない．

喜界町誌によると，その後12～13世紀までの遺跡は再び海岸にもどったとさ

れている．現在の完新世段丘の分布は図1に示すように，6,800～6,000年前の面（I面）はわずかに分布し，5,200～3,500年前の面（II面）は幅広く分布する．その後の3,500～3,000年前の面（III面）はその前面に広がる．すなわち，3,000年前以前に居住できる空間はII面までであり，3,000年前以後の隆起ではじめてIII面も居住の対象になったと思われる．したがって，3,000年前以降にはじめて，現在のようなII面とIII面を主体とする集落の位置に居住することができたはずである．しかし，完新世の隆起サンゴ礁段丘の上で生活することは，次のような問題点がある．雨水や地表水によって石灰岩が溶食を受け，カルスト地形が形成される．すなわち，地表水は地下に吸い込まれ，地下川として流れる．飲料水を得るためには，どうしても地下川を探り当てるか，または海岸付近で湧水として湧き出ている場所をみつけて，そこを集落とする必要があった．

　古代の遺跡の位置がそのまま地下川を利用できる場合は，そこに集落が存在し続けたであろう．また湧水が地震性隆起などで干上がった場合は，これまでの住居を捨て，新たな湧水の出る所を求めて移動したことがうかがえる．古代は，今日よりも，より自然条件に支配された集落の立地であったことが推定され，大変興味深い．

　喜界町誌から近世までの喜界島の変遷をまとめると次の通りである．1466～1609年までの143年間は喜界島は琉球王国の支配下にあり，その後，薩摩藩の支配下に移った．これが石垣の文化にも影響を及ぼしていると思われる．特に今日でもヒンプンの形式が石垣の門に残ることから，琉球文化の影響が今も残ると考えてよいだろう．一方障子垣のうち1章図3で示すようにb，c型で表した二つの形式は，琉球にはみられず，むしろ薩摩藩の武家屋敷に，この形式がよく残る．したがって，二つの文化の様式がこの島に残っていると考えられる．

　城久(グスク)の地名が標高約100～140mの見晴らしのよい位置に残る．喜界町誌によると，城久という地名に関して，次のように英友一郎氏は語ったと記されている．「昔，城久を拠点にして童城(ワラビグスク)（島中），中城(ナークス)（大朝戸），ウチムスク（坂嶺），大城(ウフヌスク)（伊砂）にはそれぞれ遠見番が配置されていた」という伝説がある．これは，琉球王国軍が喜界島に侵攻していた15世紀中期頃と推定している．またこの城久にはノロの伝説も残る．伝説の信憑性については不明ではあるが，グスクの地名やノロの伝説はいずれも琉球の影響を強く示すものであろう．

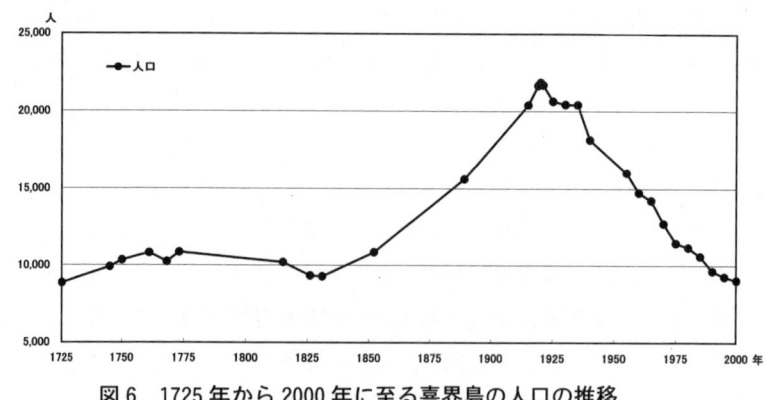

図6 1725年から2000年に至る喜界島の人口の推移
喜界町誌編纂委員会(2000), 喜界町(2003) 人口のデータによる

　人口の推移は喜界町誌の人口をもとに，図6に示した．1725年から2000年までを図化した．1745年には約9,000人でその後増加したとみられるが，1800年代は約1万人である．人口増の伸びがわずかであり，凶作が続くのは小氷期の影響があったためと思われる．本州の東北では冷夏で多湿であったが，喜界島は干ばつにみまわれたと思われる．しかし，"小氷期（little ice age）"も終わったころの1889年には，人口は15,000人余りに増加，1920年には，21,858人にまで増加した．この人口が島の歴史時代における最高人口である．1935年までは2万人を上回った．しかし，その後人口は減り続け，2000年には9,041人となり，2003年には9,000人弱となり，1745年を下回った．18〜19世紀前半の周辺地域も含めた気候変化と人口（世帯数）の詳細な考察は今後の課題である．明治，大正期の世帯数の増加は屋敷囲いとしての石垣構築の拡大につながったと考えられる．

6. 石積みの技術の伝承
6.1 歴史時代
　歴史時代において，この島への石積み技術の伝播については，考証するべき文書は何も残されてはいない．しかし，喜界町誌の記述を要約すると，以下のように述べられている．
　琉球国に支配された後に，首里城では尚清王が1544年から1546年までの2ヶ年あまり，首里城南面の石垣を二重にするという大工事を行った．この時に喜界

島からも夫役として，労働力が動員された．碑文には，沖縄，八重山地区ばかりでなく，奄美地域からも人々がこぞって参加したとある．喜界島を含む奄美地域にはこの時，城壁の石垣の組み方が琉球王国から伝わったと考えてもよいであろう．

一方本州域では，城の構築が安土，桃山時代から頻繁になり，短時間で，堅固な石垣を構築することが求められた．1576（天正4）年，織田信長が近江の安土山に築いた安土城の石垣普請がその始まりだとされている．このために多くの人集めがされた．石垣を積む人々を「衆」と呼んだ．城の石垣の構築は，穴太衆（あのうのものしゅう）に任された．その後文禄期には「三河」「駿河」「出雲」といったリーダーが出現し，技術的な発展をしていった．一方，城郭石垣が必要とされなくなってから，多くの穴太衆は全国に散り，土木用石垣や，民家の石垣の構築にあたり，石積みの技術を広めたとされる．歴史的な経緯については，「石垣普請」（北垣，1998）及び「石垣」（田淵，1975）に詳しい記述がある．

6.2 喜界島の石垣の技術

江戸期以降の喜界島の民家の屋敷囲いに，どれほど本州域の石積みの技術が伝わったかは不明である．しかし，戦後この島の石垣を積み続けたという故保科三蔵氏は，神戸で石積みの技術を修得したと語っている．保科氏が石積みをする前は，大島から職人を呼んで石を積んでいたという．保科氏はこの島の土留め用の石垣から，小学校や民家に至るまで石を積んだ．大工事の場合，30cm角の樵石で積み，個人の家は代々使用した石垣のサンゴ石灰岩の野石を積み直すことが多かったという．小野津では，もと石工職人だった小野津，前金久地区の吉沢成典氏から話を聞くことができた．ハンマーの道具作りのため，前田商店を通じて鹿児島から材料を取り寄せたり，グミの木の枝を用いることを教えられたという．氏によれば「グミの枝をつけたしなやかなハンマーで割ると，海岸のサンゴ礁石灰岩はあまり力を入れず割れた．また手首も痛くならなかった．しかし，山の石灰岩は硬くてかち割るのが大変だった．」という．すなわち，"山の石灰岩"は，10～12万年前の更新世段丘面を構成するサンゴ石灰岩であり，多くは結晶化が進んで硬くなっているので，経験にもとづいた吉沢氏の意見は以上の岩石の特色を表していると思われる．吉沢氏が用いたハンマーとハツリノミは写真3に示し

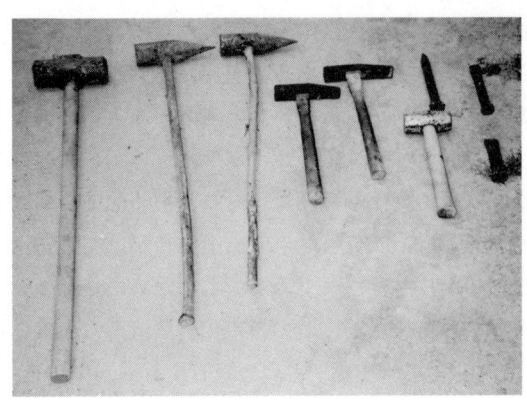

写真3　採石と樵石作りの道具
左からセットウハンマー，グミの枝の柄のハンマー2本（円錐形），石の細かい加工のためのハンマー3本，ハツリノミ（尖頭型），右2つはハツリノミ（平型）．道具は吉沢成典氏の提供．

た．写真3に示した道具は小野津の吉沢成典氏の提供による．左からセットウハンマー，グミの枝で柄を作ったハンマー（円錐型）2本，普通の柄を持つハンマー，ハツリノミ（尖頭型），ハツリノミ（ヒラ型）である．これらの聞き取り結果から，戦後は本州の石切りや石積みの技術が喜界島にも伝わっているものと思われる．

石垣の積み方は，阿伝の故保科三蔵氏によると，家屋に面した内側は約3分の勾配をつけた．道路に面した外側は垂直にした．石垣は大きな石を幅広に積むが，間にも大きい石を入れ，すき間に細かい石を詰めた．最も大事なのは，最下部に入れるくさび石である．くさび石は，本州域では根石と呼んでいるものに相当する．昭和30（1955）年頃までは，各戸に馬がいて，サトウキビのカラで編んだ袋を馬に掛けて，海岸から石を運んだ．また，適当な平たい野石を馬で運ばせた．大きい時はハンマーで割った．石垣に草が入ると石垣が崩れてくるので，草をとり，風が通るように手入れをしておく必要がある．

小野津の守内悦造氏は，前金久地区には100年以上を経た石垣もまだ残るという．石垣の中にコンクリートを流し込んで強度を高めた時代もあるが，風通しが悪くなり，石垣としての特性を失うので，今は行わない．約30年前から国定公園に指定されたため，海岸から石を取ってくることができなくなった．戦後は，ユイで茅葺きをしたり，石垣も協力して積んだが，今はユイは石積みには使われないという．石工に石積みを依頼し，代金を支払うように変化した．

7. 阿伝集落の屋敷囲い
7.1 阿伝における屋敷囲いの分布

　阿伝の集落の民家と石垣の分布は図7に示した．石垣はほとんどが乱層野石積みで，門のみ乱層樵石積み，または整層樵石積みであった．（i）石垣のみの屋敷囲い，（ii）石垣の上にブロックを積んだ屋敷囲い，（iii）ブロック塀またはコンクリート塀のみの屋敷囲いの3つに区分して，示した．阿伝には2003年7月現在居住している民家が42戸あるが，現地で石垣の高さ，石垣の種類を確認し，図7に示した．古い石垣がそのまま残る地域は道幅が狭い．戦前は馬を使用していたために馬が通ることを想定した道幅であった．昭和30（1955）年頃までは馬が使われていた．その後，消防車が入れるような道幅を確保する，排水路を設置するなどの必要が生じ，石垣の積みかえを余儀なくされた．この時，敷地面積

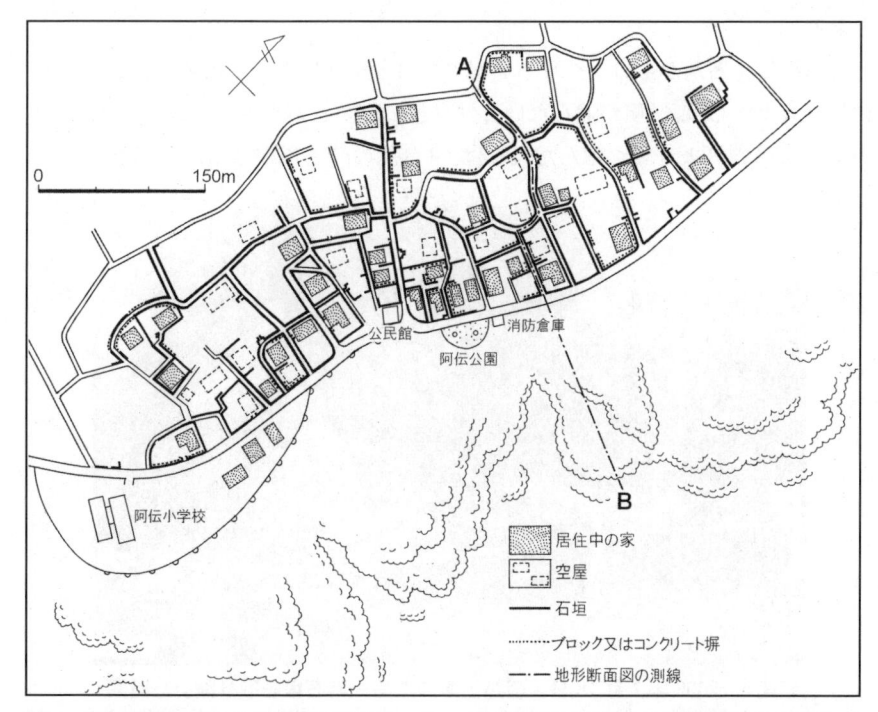

図7　阿伝集落のサンゴ石灰岩，ブロック，コンクリートを用いた屋敷囲いの分布
2003年7月4〜17日の調査結果

を確保するために，用地幅の広い石垣から用地幅の狭いブロック塀にしたり，コンクリート塀にした．ブロック塀は昭和30（1955）年代のファッションでもあったという．また，石垣を一部積んで補強のために，ブロックを石垣の上に積み重ねる方式もとられた．昭和40（1965）年代以降には再び石垣の良さが見直され，石垣を大事にする傾向が市民にでてきたという．

図7には，3種類の屋敷囲いを区分して示したが，この他に敷地内の家屋の位置も示した．しかし，居住している家屋42戸の他に，空き家となっている家屋が19戸あり，空き家があまりに多いので区別をして示した．また，すでに敷地内には母屋はなく，立派な石垣のみが残されている屋敷跡も多く目立った．石垣が崩れてすでに屋敷の境がわからなくなっている場合もあった．それぞれの屋敷囲いの高度を計測したが，海岸側は高く，母屋の軒の高さよりも石垣を高く積んで，風に対し完全に防備していることがわかる．内陸側の石垣は低く，1m前後となる．

分布図に，石垣からコンクリート塀やブロック塀に替えた家を示したが，そこに住む人々からは，「風が通らない」，「息苦しい」という感想が聞かれた．一方，石垣で母屋の軒より高く積んだ人々は，「台風の時も風が通るが，弱まる．風を

写真4　2003年7月18日　道路工事のため一時石垣を取り除いた断面
　　Ⅱ面を覆う砂丘の上に石垣を2.0m積み，さらに上方にブロックを0.9m積んだ石垣．循環道路に面した基井氏宅．

完全にふさぐのではなく，弱める.」という．また，夏の高温な時も風が通るという．高温多湿な南西諸島にあって石垣が風を通し，強風を和らげるのは，風土に適した知恵であり，文化であるといえよう．

7.2 阿伝集落の地形断面に沿う屋敷囲いの特色

　阿伝集落の地形断面図と，屋敷囲いは図5に示した．集落は，主として島の循環道路より内側に分布する．阿伝集落は現在家屋数42戸であるが，石垣の調査の対象としたのは，循環道路より内陸側に分布する家屋38戸である．阿伝集落の民家が集中する地区は標高5mから10mの間である．完新世段丘の分布図（図1）に示した完新世段丘のうち，この集落はⅡ面に相当する．隆起したサンゴ石灰岩の上に，海岸に近い循環道路沿いは砂丘砂が覆っているが，その砂層の厚さは少なくとも2mある．2003年7月18日に撮影した道路工事の写真（写真4）で，砂丘砂と石垣の構造をみることができる．しかし，内陸側にむけて砂層は薄くなっていると思われる．

　図7の測線A-Bに沿って測定した石垣の高度を断面図（図5）上に示した．循環道路沿いには，防風林として7～8mのモクマオウの林があるが，台風による枝折れが目立つ．海岸に最も近い中島家は，海岸からの距離は180m弱で，石垣の高さは2.4mである．図8には，断面に沿った典型的な3家屋の断面と，平面図を示した．屋敷の断面にみるように，中島家の石垣の内側にさらに防風効果の高いモクマオウやガジュマルを植えている．ガジュマルは偏形して，偏形のグレードは4に達している．写真5には中島家と同じ位置にあたる，海岸に最も近

写真5　海岸に最も近い乱層野石積みの石垣
　　　ガジュマルは偏形を受け，グレード4に達している．

中島家

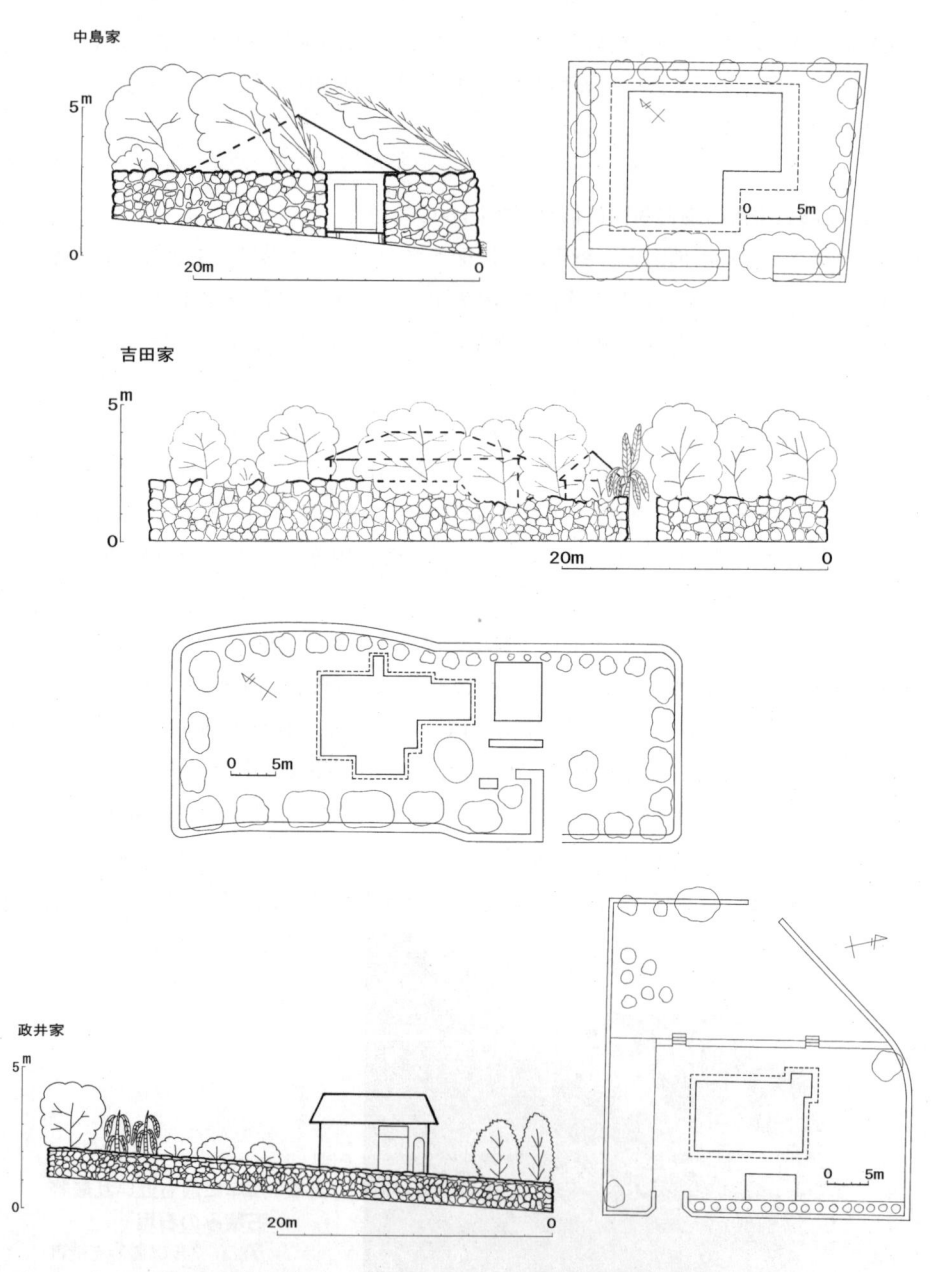

吉田家

政井家

図8　阿伝の海岸から内陸に向かう3家屋の断面と平面図

2 喜界島における屋敷囲いとしての石垣を作る文化 (1) 27

写真6　阿伝集落で最も北側の古い乱層野石積みの石垣
手前（海側）高さ 2.2m から，集落の中心の高さ 1.2m の石垣をのぞむ．

写真7　海岸から約 400m の位置にある政井平進氏宅の北側の石垣
高さ約 1.0m の乱層野石積み

い石垣を示した．中島家と同様に，強風でガジュマルが偏形している．しかし，さらに内陸の海岸から 250 〜 300m の間に分布する民家では，石垣の高度が 1.8 〜 1.6m となる．図 8 には吉田家の例を示した．さらに内陸では，石垣の高さは 1.2m となる（写真 6）．防風用の植生も石垣の内側に入れてあるが，アカテツとガジュマルがほとんどである．海岸から 300m ではこれらの防風林のほとんどの樹木に，風による偏形はみられなくなる．例として，図 8 に政井氏宅の断面を入れた．また写真 7 に政井氏宅の北側の石垣を示した．海岸から 380 〜 400m に達

すると，石垣の高度は急に低くなり，1m前後となる．防風林も7～8mに達するガジュマル，アカテツばかりではなく，防風効果の低いイスノキも入る．また，石垣や防風林の内側にはバナナやケラジミカンが植えられている．台風時の風も，海岸に近接した民家においては，高い石垣を必要とするが，内陸側は全く異なる．海岸からの距離が400mあることと，石垣による屋敷囲いが十分にめぐらされた家屋が海側に多くあり，防風用の植生も入っていることが台風の風を十分に弱めるため，バナナやケラジミカンの栽培を可能にしていることがわかった．A-B断面図と同じ方向にこの集落を横切った場合，どの断面もほとんど同じ石垣の高さの変化がみられた．すなわち，海岸近くで2.4～2.2m，集落の中心で1.6m前後，最も内側で1m前後の石垣が分布することである．

8. まとめ

歴史時代に琉球王国と薩摩藩の両文化領域の接点にあった喜界島には，屋敷囲いとしての石垣の型式に，その証拠をみることができた．数100年を経てもなお，両文化領域の接点であり続けていることがわかった．石垣は，この島の台風時の強風を防ぐためであることが第一の構築理由であった．さらに，外観を美しく飾り，門は樵石を用いるなど，美観も重視する．一方，馬に乗って通る人に食事を見られたくないという理由で石垣を高くした（政井氏談）．このことから，視線を防ぐための方策であったこともわかった．家の中を見せたくないという，日本人固有の意識が住の様式にも表れている．今後このような日本人の屋敷囲いに対する意識を，海外のそれと比較して検討する必要がある．

調査を通して判明した重要な点を以下にまとめた．

1) 阿伝は背後の第三紀層の上に載った完新世の隆起石灰岩からなるⅡ面（推定年代5,200～3,500年前）の上に，砂丘が覆っている地形面の上に立地している．少なくとも3,500年前以降に成立した集落である．地下水系が発達しており，井戸を掘り約6m深の地下水系に達すると，必ず飲料水が得られるという好条件であった．したがって，海に近く台風時の強風の害があっても集落が立地することになった．

2) しかし，強風をどう防ぐかが第一の問題点であり，とりわけ喜界島の太平洋側を通る台風の際は，30m/s以上の強風が頻度高く吹く．防風は生垣のみ

では効果が十分ではない．幸い隆起サンゴ礁に台風の度に打ち寄せる手ごろな大きさのサンゴ石灰岩を野石として採石できた．これを石垣の材料として用いた．

3) 石垣を積む技術は，琉球と薩摩から導入されたと思われる．戦後は本州（鹿児島，神戸）の影響を受けている．屋敷囲いとしては野石積みが基本で，くさび石が大事である．樵石は門にしか用いない．

4) 第二次世界大戦時に，阿伝の民家も石垣もほとんど焼けてしまって，サンゴ石灰岩は生石灰になった．戦後，海から野石として採ってきて，馬や人力によって運び，ユイで石垣を積んだ．しかし，戦後時間を経るにしたがって，職人に依頼し，一部を持ち家の人が手伝う方式に変わり，ユイの組織は石垣積みに生かされなくなった．

5) 1960〜1970年代には道路拡張のため，当時のファッションだったブロック塀やコンクリート塀に一部替えられた．しかし，1973（昭和48）年頃から海岸の保護条例や，一部国定公園の指定を受けたため，海岸からの採石が自由にできなくなった．

6) 1970年代末〜1980年代には，エコシステムに国民の関心が移り，この島でも石垣の良さの見直しが行われるようになった．近年，古い崩れた石垣を積み直すことが行われるようになった．2003年夏に，道路工事のため集落の石垣の一部が撤去されていたが，石垣をもう一度元のように積み直すことが町の方針であるという．

7) 2003年7月の調査の結果，分布図の範囲では戦中130戸だった集落が，現在居住中の家屋は42戸である．空き家が19戸残存しており，さらに石垣のみ残る空き地が極めて多い．放置された石垣に植物が入り込むことによって，石垣が自然に崩れはじめている．

8) 強い防風効果が必要とされる海岸では，石垣の高さは高く，内陸では低い．海岸に沿う地域では，石垣を母屋の軒よりも高く築き，屋根が台風で吹き上げられることを防いでいる．

これまでの経緯と現状は以上のようにまとめられる．
　人々の生活があり，そこから文化が生まれ，石垣が作る風景が生じる．そして，

その風景が人々の手で受け継がれていくものであるとするならば，人口減の著しいこの集落で，どのようにこれまでの文化を活用し，この風景を保存していくべきかが今，問われているといえよう．

　石垣の屋敷囲いが作る風景を美しいと思い，台風の強風をしのぎ，夏の暑さを涼風でしのぐのどかな風景を保存するために，将来の方策をいかにすべきか．現在居住している方々も多くが高齢に達しておられ，「息子や娘は，大阪，神戸，東京と多方面で生活していて，帰島は見込めない」という言葉を多くの家々で聞いた．将来的にこの風景を保存していくには，現在の阿伝集落の人手と戸数では困難なように思える．

　「鍵なしに過ごせる平和なこの集落に，外の人が入り込むことはあまり集落の人たちは望んではいない」と政井平進氏は語る．石垣を維持していくには労力を必要とし，持続的な管理が必要となる．今後，この地が生んだ文化の遺産である石垣をどう守るか，良策が必要となるであろう．

参考文献

喜界町（2003）：2002 喜界町町勢要覧．喜界町，28p.

喜界町誌編纂委員会（2000）：喜界町誌．喜界町，1010p.

北垣聰一郎（1998）：ものと人間の文化史　58・石垣普請．法政大学出版局，415p.（初版1987年）

太田陽子・町田洋・堀信行・小西健二・大村明雄（1978）：琉球列島喜界島の完新世海成段丘－完新世海面変化へのアプローチ－．地理学評論，51，109‐130.

Ota, Y. and Omura, A. (1992) : Contrasting styles and rates of tectonic uplift of coral reef terraces in the Ryukyu and Daito islands, southwestern Japan. Quaternary International, 15/16, 17‐29.

太田陽子・大村明雄（2000）：南西諸島．喜界島サンゴ礁段丘の研究小史と問題点－シンポジウムの序論として－．第四紀研究，39，45‐53.

Ota, Y. and Omura, A. (2000) : Review of coral reef terrace stidies at Kikai Island, Ryukyu Islands, southwestern Japan. The Quaternary Research, 39 (1), 45-53.

太田陽子・佐々木圭一・大村明雄・野沢香代（2000）：喜界島東岸，志戸桶付近の完新世サンゴ礁段丘の形成と離水過程－ボーリング資料に基づく再検討．第四紀研究，39 (1), 81‐95.

大村明雄・太田陽子（1992）：サンゴ礁段丘の地形層序と構成層の^{230}Th/^{234}U 年代測定からみた過去 30 万年間の古海面変化．第四紀研究，31，313‐350．

栄喜久元（1979）：奄美風土記．大和学芸図書，271p．

佐々木圭一・大村明雄・太田陽子・村瀬隆・吾妻崇・小林真弓・伊倉久美子（1998）：南西諸島喜界島の志戸桶北海岸における完新世海退サンゴ礁段丘の形成過程．第四紀研究，37（5），349‐360．

田淵実夫（2001）：ものと人間の文化史 15・石垣．法政大学出版局，214p．（初版 1975 年）

漆原和子（1980）：年候からみた南西諸島とその周辺地域の気候特性について．東北地理，32（3），110‐119．

漆原和子（1986）：南西諸島の気候変化．河村武編，『気候変動の周期性と地域性』，古今書院，194‐207．

漆原和子（1987）：石灰成赤色土の土壌特性と気候について．駒沢地理，23，15‐31．

Urushibara‐Yoshino, K. (1987): The problems of red soils in limestone area of Nansei Shoto, Southwest Japan. Endins, Spain, 13, 127‐131.

漆原和子（1990）：石垣島のサトウキビ収穫と気象の関係―時代による変化―．駒沢地理，26，1‐12．

3章 喜界島における屋敷囲いとしての石垣を作る文化（2）
—小野津集落の屋敷囲いとしての石垣—

漆原和子

1. はじめに

　本章では，南西諸島の一例として，よく石垣が残っている喜界島の小野津集落を取り上げた．なお，喜界島は2章でも述べたように，1466年から1609年までの143年間にわたって琉球王国の支配下にあったところである．

　喜界島の南東に位置する阿伝集落における屋敷囲いとしての石垣については，すでに2章に詳しく述べた．日本文化における石垣の景観としての意義や価値と，石積みの様式から検討した喜界島の位置づけについては，まとめの章で考察する．今回は，喜界島の北東の東シナ海側に位置する小野津集落の例を挙げ，島の南の太平洋側に位置する阿伝集落（2章参照）と比較しながら日本における石垣の文化を考察する．

2. 地域の概要
2.1 調査地域

　喜界島は，太田ほか（1978）により，すでに海成段丘区分がされ，サンゴ石灰岩のウラニウムシリーズによる数多くの年代測定も行われた（大村・太田，1992；Ota・Omura，1992；太田ほか，2000）．その結果にもとづき，完新世段丘の4段の編年も正確に行われている島である．その分布図は2章の図1に示した．更新世段丘については佐々木ほか（1998），太田ほか（2000），Ota・Omura（2000）により，6段に分けられている．完新世段丘は，この島の多くの集落が立地するところであり，I面は標高10～13mで，7,000～6,000年前，II面は標高5～7mで，5,000～4,500年前のサンゴ石灰岩からなる段丘である．この島の多くの集落は完新世段丘のII面に位置している．しかし，地形面の高度はそれほど高くはなく，かつ，海岸からの距離が近い．このために，防風と海水飛沫の塩害に対して母屋を守るために，何らかの工夫をしなければならない位置にある．戦前は母屋が藁

屋根であったこともあり，どの集落にも屋敷囲いとしてサンゴ石灰岩を積んだ石垣が多数あった．しかし，第二次世界大戦時に火災にあった集落では石灰岩の石垣が生石灰になってしまい，戦後新しく石垣を積み直さねばならなかった．また，空港に近い集落では，爆撃を受けた空港の補修のために，急遽多量の石材を必要としたので，民家の屋敷囲いの石垣を崩して，その石を供出したという．

2章で述べたように，阿伝の集落には戦前の石垣がそのまま残る場所がある．その道幅は狭いが，植生と石垣の調和した風景は，住み心地のよさをうかがわせる．2章の阿伝における石垣の写真を参照されたい．

阿伝との比較のために取り扱った小野津集落は，集落の規模を戸数のみで比較すると，約5倍大きい．この集落でもIV面は居住地域にはならないが，III面の上端とII面は，居住のための主要な地形面として用いられている．阿伝に比較して小野津集落はII面の発達がよく，幅が広いことが小野津集落の面積を広げ，集落として拡大していくのに好適であったと推定される．

2.2 時代による石垣の変遷

喜界島の周囲に裾礁型のサンゴ礁が分布する．このサンゴ礁では，台風の高波によって破壊されたサンゴ片が波打ち際に打ち寄せられる．こうした天然のサンゴ石灰岩の礫を家屋の周囲に積んで，強風や，海水飛沫の害を防いできた．聞き取りと，役場の広報などの記事から（喜界町役場企画観光課，1991；喜界町誌編纂委員会，2000），昭和30年代前半までは喜界島の多くの集落では，屋敷囲いとしての石垣が多数あったことがわかった．

この島には，島の東側（太平洋）を通過する台風と西側（東シナ海）を通過する台風があり，台風による風向は，島のどの方位にあっても強風を受ける島である．しかし，1）藁屋根からトタン屋根に変化したこと，2）集落の中の道路を消防車が入れるように拡大する必要があったこと，3）道路の側方に排水路を設ける必要があったこと，などから，昭和30年代後半には，集落内の多くの石垣を積み直し，道路の拡幅工事が行われた．この際，既存の石垣を利用し，石を積み直した家と，ブロック塀にかえた家が生じた．阿伝では多くの家屋が石を積み直した．また，戦前からの石積みがそのまま残された区画もある．阿伝に比較すると小野津の集落では，このような時代の流れに対し，昭和30年代に道路の拡幅

に伴ってブロック塀や樵石の石垣にかえた家の比率が高い．昭和30年代から40年代には，野石積みの石垣の間をセメントで埋めて補強する方法もとられた．しかし，風が通らず，住み心地がよくないという理由から，昭和50年代以降，この方法はとられなくなった（故守内悦造氏談）．

小野津集落は，阿伝とは違う二つの特色がある．第一に小野津集落内に今も高倉が7基残ることである．高倉は4本の太いイジュの大木を必要とするが，喜界島ではこの木材が入手できない．サワラの1本釣りで現金を得た際，大島から1本ずつ購入し，4本になる

写真1　小野津集落の高倉

と高倉を建てたという．本来藁屋根であったが，火災に対処するため，昭和30年代から高倉の屋根をトタンにかえていった．かつては，食糧保存用の倉として用いられたが，今はほとんどの家で，用具の保管場所として利用している（写真1）．

第二に石敢當が多数見受けられることである．中国由来であるが，琉球では魔除けの意味を込めて，集落のT字型の道路の石垣の中に，「石敢當」の文字を刻んだ石を埋め込んである．阿伝の集落には，石敢當は1ヶ所しか存在しなかったが，小野津集落では12ヶ所でその存在を確かめることができた．小野津は東シナ海側に面して立地する集落として，「湾」についで良湾としての条件を備えた深い入江がある．背後の更新世段丘面からの湧水が豊富に得られることから集落立地に適しており，サワラの1本釣りの漁港として栄えた港町である．東シナ海側の海岸に立地する集落の中で，最も屋敷囲いとしての石垣がよく残っている集落である．集落の位置から阿伝と小津野では防がねばならない風の方向が違うであろうと考え，本章では小野津で，そのこともあわせ，考察してみた．

3. 調査結果

　小野津は漁港であり，地区の中心に小学校がある．これを中心に西側を前金久地区，東側を神宮地区と呼ぶ．それぞれの地区ごとに調査結果を以下に述べる．

3.1　前金久地区

　調査は2003年と2004年の2回にわたって行ったので，図1に示す石垣とブロック塀の分布は調査時のものである．小野津は阿伝よりも，コンクリート塀とブロック塀の比率が高くなる．平面図の他に，基線に沿って海岸から山の手側に断面図（E-F）を作成し，図2に示した．この地区の集落は，ほとんどが標高約6m

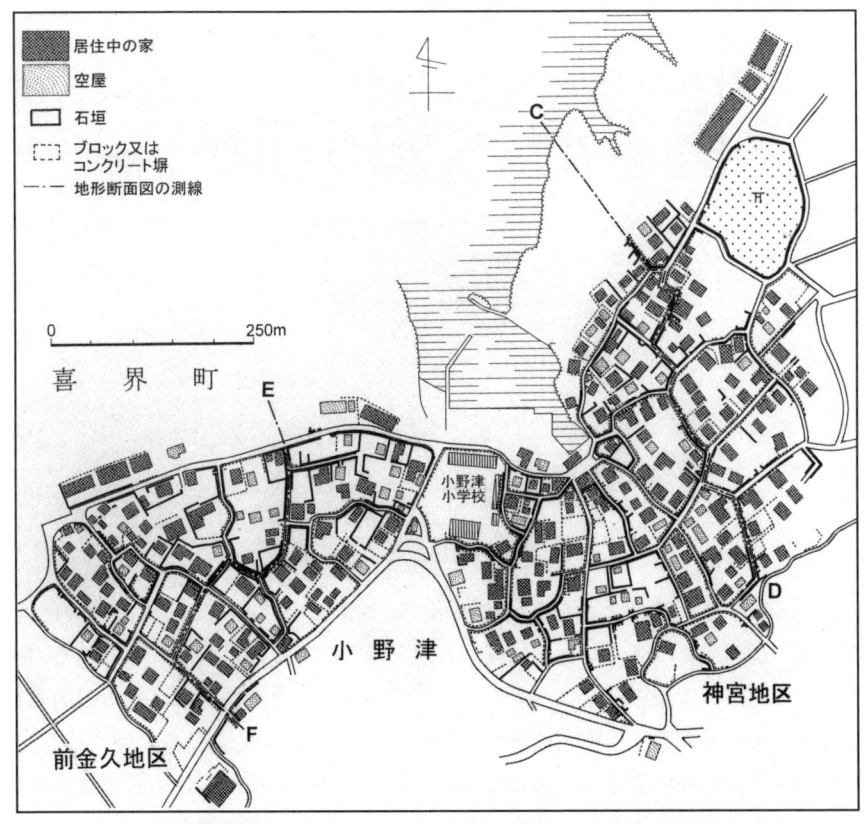

図1　小野津集落，前金久地区と，神宮地区における石垣の分布図
2003年7，8月，2004年9月調査

図2 小野津集落E-F断面に沿う石垣の高度分布

図3 西家の石垣断面図と平面図

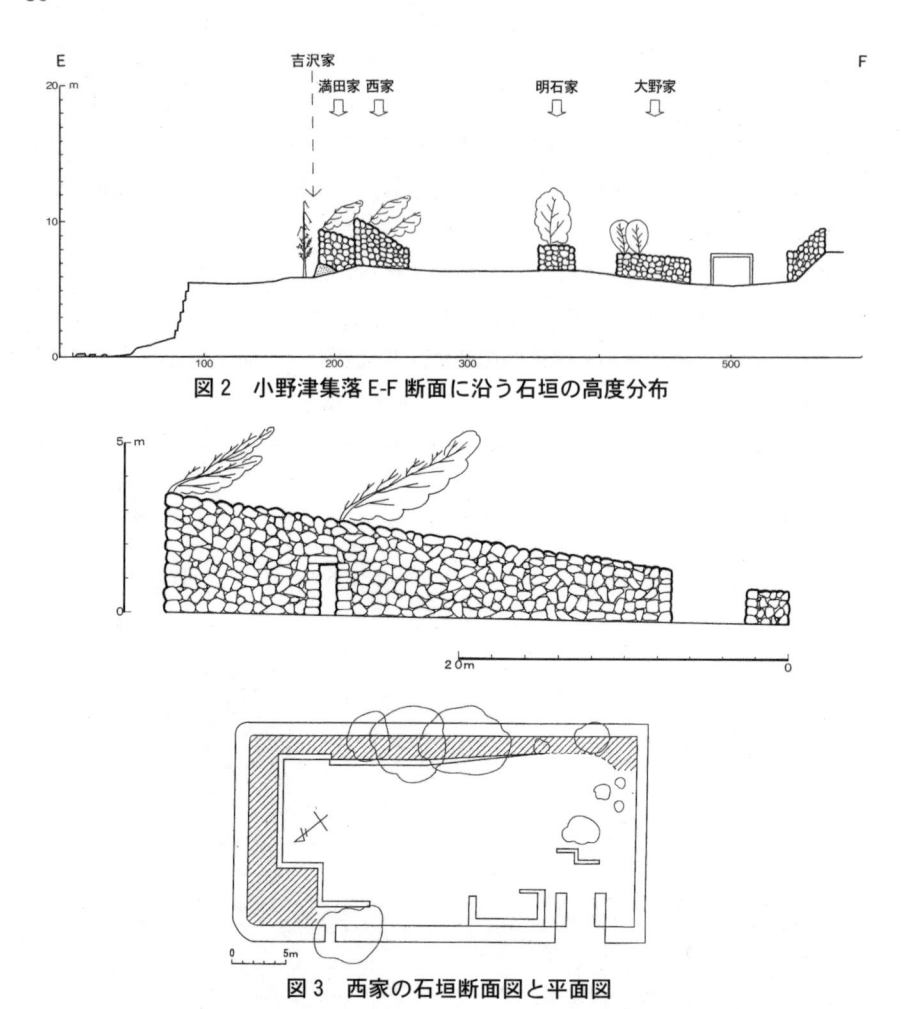

に立地している．完新世段丘Ⅱ面に相当する地形面上にあるこの地区の特色は，海岸部の最前線には高さが極めて高い石垣を積んだ家屋が目立つことと，その多くが石垣を残して空き地になっていることである．また海岸部は，石垣の内側をガジュマルやアカテツの植え込みで覆っていることである．これらの植え込みは，石垣の高さより高い部分は，強い塩風により偏形している．この集落で最も高い石垣は西家のものであるが，住宅の部分はなく，現在は空き地となっている．図3にその断面図と平面図を示し，石垣を写真2に示した．写真2は海側の隅角に

3 喜界島における屋敷囲いとしての石垣を作る文化 (2) 37

写真2 小野津集落前金久地区の西家の石垣
高さ3.7m

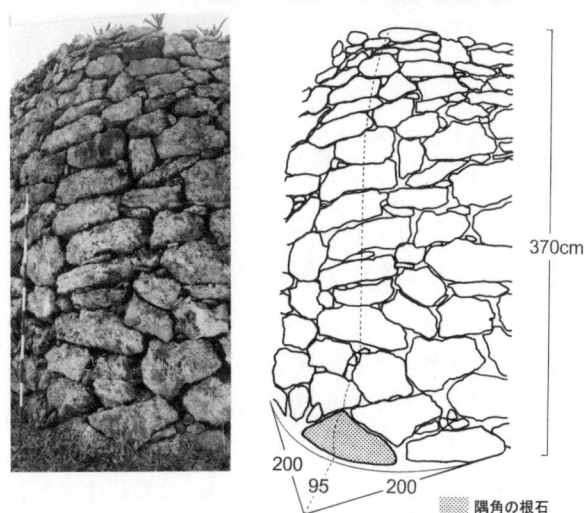

図4 西家の石垣の隅角の見取り図
左側写真，右側図面

相当し，野石を曲線上に積んでいる．図4には隅角の写真（左）と，図面（右）を示した．隅角には，大きなサンゴ石灰岩の根石が入っている．また隅角は曲面状に積んでいるのが特徴である．この石垣は，家屋側は2段の構成になっている．すなわち，外側は3.7mであるが，内壁側は石垣の頂上から1.5m下に一段平坦面をとり，畑にしている．それから，もう1段の石垣（2.2m）で屋敷の地面に降りる構成になっている．母屋への門は，海岸と直角な位置に相当する母屋の西側の石垣にあって，ヒンプンの形式を整えている．石垣の隅角は直角ではなく，曲線でとってあることが大きな特色である（写真2）．

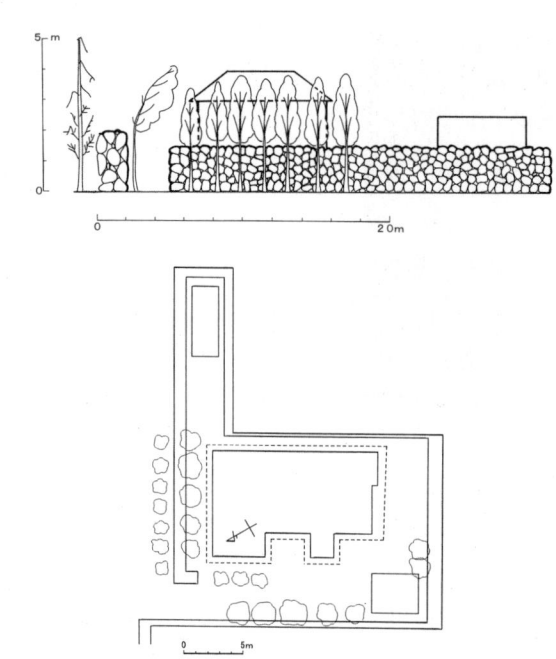

図 5　吉沢家の石垣断面図と平面図

　海岸の最も近接した位置にある吉沢家（図 5）（海岸から直線距離で約 200m）では，石垣の高さは 2m であるが，石垣の海側にモクマオウの植え込みがあり，石垣の内側にはアカテツとガジュマルの植え込みがさらにあり，防風と海水飛沫を避ける工夫がされている．玄関は門に対して直角方向にとってあり，門から玄関に至るまで，さらに生垣がある．このように十分に強風に対する防風対策がされている．吉沢家はかつて，石積みの職人であったこともあり，2 章に述べたように，各種の石工のための道具を有している．また，吉沢氏の経験にもとづくと，ハンマーの柄には，しなるグミの木がよいという．

　E-F 断面の中間に位置する大野家の平面図と，斜め図は図 6 に示した．吉沢家よりも内陸側に直線距離で約 150m 入り込んでおり（海岸から 420m の距離），大野家の方がはるかに弱風域にあると思われる．石垣の内側にのみ植え込みがあるが，この樹木は風で偏形をしていない．正面の門に面した側のみ植え込みがあり，側面はコンクリート塀である．その高さは最も高いところで 1.8m である．このことから，この位置では，風はかなり弱くなっていると考えられる．先代と現在の御当主の 2 人で積んだ石垣であるとのことであった．

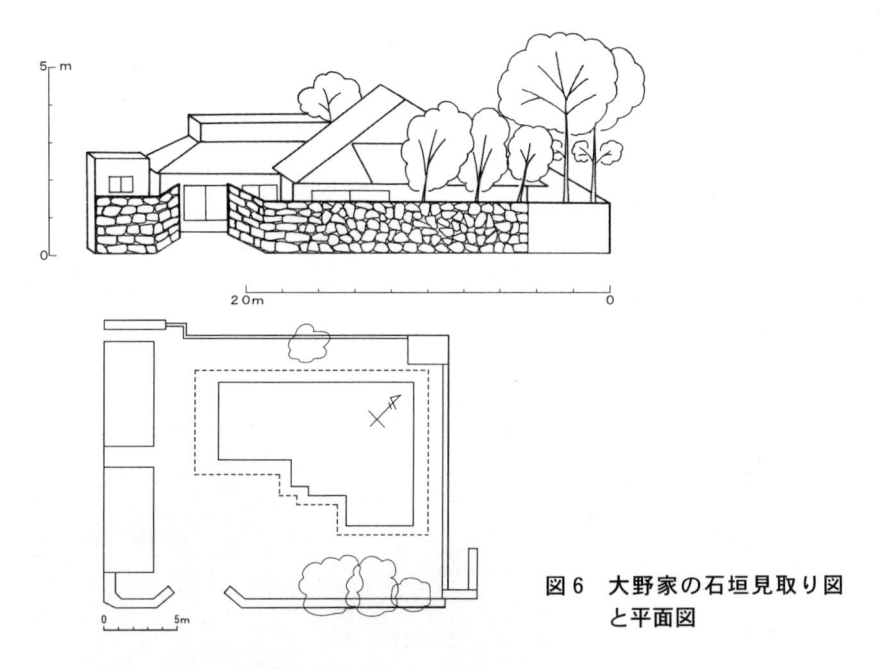

図6　大野家の石垣見取り図と平面図

　E-F 断面の最も内陸側の民家では，標高が高くなる．海岸からの距離は，基線に沿って約 550m 内陸へ入っていて，石垣は 1.8m 以下である．植え込みは全くない．風の強度から考えると，この位置での石垣は，これほどの高さを必要としないと思われる．しかし，高さを十分にとった石垣が施されているのは，経済的に石垣を高く築くゆとりがある家々がある集落であるためであろう．

3.2　神宮地区

　神宮地区は漁港を中心とし，小学校，郵便局もあり，小野津の中心地区を含んでいる．しかし，道路に沿った全塀の長さから，石垣として残されている長さを測ると，コンクリート塀の比率が前金久地区よりも高くなっている．ここでも，最も典型的と思われる位置に基線 C-D を設けた．C-D の位置は図1に示した．C-D の横断面は，図7に示した．この地区の住居は，完新世段丘Ⅱ面に相当する標高約 6〜7m 面に集中している．海岸からの位置から考察すると，C-D 断面の増田家に相当する位置にある．櫻井家の断面図と平面図を図8に示した．門の側から母屋が掘り下げてある様子を写真3に示した．櫻井家は野石そのものではな

図7 小野津集落のC-D断面に沿う石垣の高度分布

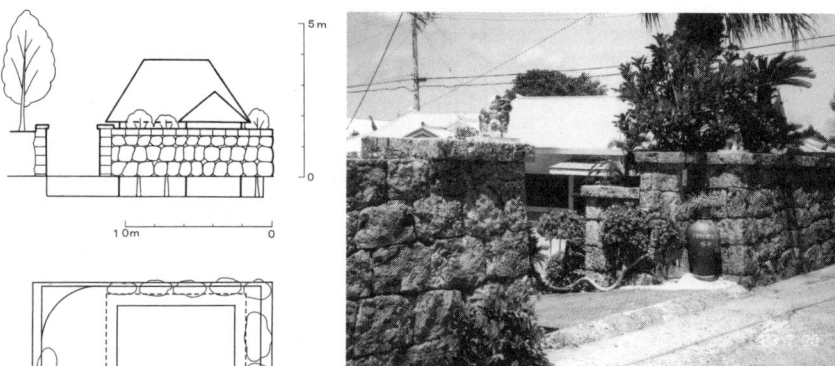

写真3 小野津集落，神宮地区の櫻井家の門と80cm下がった母屋

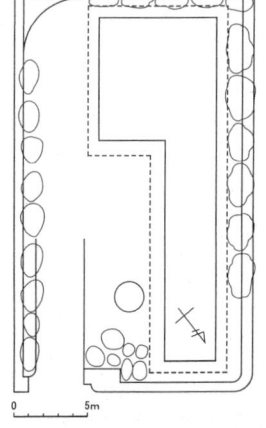

図8 櫻井家の断面図と平面図

く，サンゴ石灰岩の礁石を用いた石垣である．海岸に近く，強風を避けるために，1) 石垣を高く積むことの他に，この島でとられている方法は，2) 屋敷の敷地を約70〜80cm掘り下げて，家屋の位置をできるだけ地面より低い位置にし，かつ掘り下げなかった原面に石垣を積むという方法である．櫻井家はこの第二の方法を

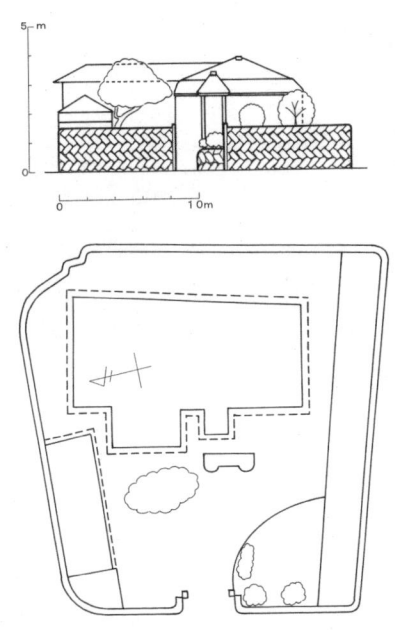

3 喜界島における屋敷囲いとしての石垣を作る文化 (2)

写真4 小野津集落，神宮地区の篠原家のヒンプン

図9 篠原家の断面図と平面図

取り入れた例であり，整形した樵石を用いて，1986年に積んだ石垣である．約70〜80cm掘り下げたことにより，台風の雨や，海水飛沫の排水が危惧されるが，敷地はサンゴ石灰岩の上を砂丘砂で覆っている地形であるために，大雨であっても降水や海水は十分に浸透する．このため浸水の心配はない．

　図9には篠原家の断面図と平面図を示した．この位置は，海岸から約420mに位置し，阿伝集落の場合はすでに風が弱まり石垣は低くても十分に風や海水飛沫を防ぐ効果がある位置に相当する．篠原家のある位置の平均的石垣は，1.5m（断面図では破線で示した）であるにも関わらず，篠原家は，石垣の高さは1.8mと高く，かつサンゴ石灰岩の樵石を用いている．また，門を入るとヒンプンの型をした石垣があり，その石垣の中は灌木の生け込みができるようになっている．門からみたヒンプンを写真4に示した．ここにも琉球文化の影響をみることができる．また，ヒンプンの石垣の中に灌木を生け込む例は，鹿児島県の知覧の武家屋敷群（漆原，2005）の中にも，その例をみることができる．これは石垣のヒンプンをアレンジした琉球様式の一種の亜型とみなすことができるであろう．ヒンプ

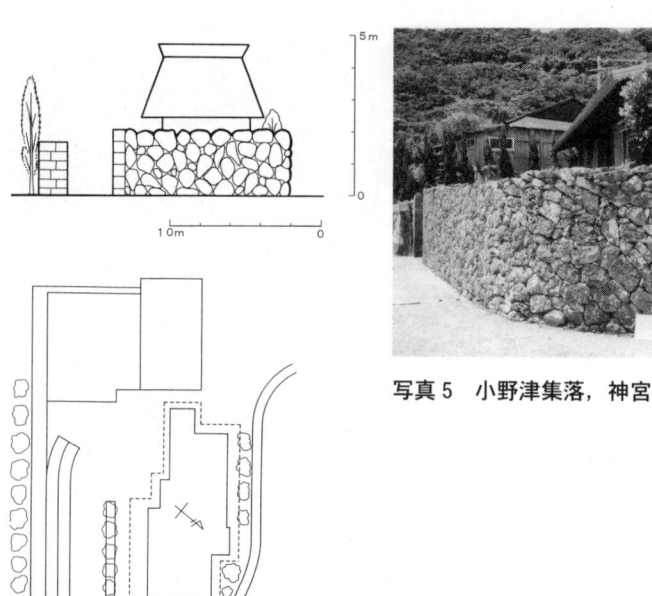

写真5　小野津集落，神宮地区の土岐家の石敢當

図10　土岐家の断面図と平面図

ン型の門を入った目隠しに相当する位置に生垣を生け込む例は，阿伝集落に1例あった．この生垣型のヒンプンは，鹿児島県の出水（漆原，2005）でもその例をみることができた．これも，琉球様式のヒンプンの亜型の一つとみなすことができるであろう．篠原家も，次に示す土岐家の場合も，風の強さや海水飛沫などの自然条件のみを考慮して石垣を作っているのではないことがわかる．すなわち，必要以上に高さのある立派な石垣で屋敷を囲っている点に注目したい．

　図10には土岐家の例を示した．土岐家も石垣の高さはほとんど篠原家と同じく約1.8mであり，門とその周りのみ樵石で整層積みである．その他は野石積みで西の隅角は面取りをしてあり，曲線を描いて曲がる．かつ，隅角にあたる曲線の位置には，石敢當（写真5）がはめてある．この集落には他にも複数石敢當がはめてあるT字路があった．琉球由来の石敢當の風習を色濃く残していることがわかる．この他にも，今は家主が県外や海外にいて，この集落に家主は住んではいないが，その空き家を管理する人がいて，かつ立派な石垣を再建築し直している家もある．小野津集落では，石垣のもう一つの役割は，家の外観を整えるも

のである．自然条件が必要とする以上に立派に高く築くのは，ステイタスシンボルとしての役割を持っていると思われる．断面図C-DとE-Fにも示したように，この集落の場合は，石垣の高さは阿伝でみられたように自然条件のみで決まっているのではなくて，各戸の経済状況や美意識，住み心地の追求といった要素にも影響されていて，阿伝集落にみるように単純ではないことを示している．

4. 喜界島の石垣からみた文化

屋敷囲いとしての石垣を積む文化を，喜界島の小野津集落と阿伝集落を例にとって調査した結果を踏まえ，日本文化論とのかかわりから考察しておきたい．

"風土は人間存在の契機である"（和辻，1936）とする定義は，小さい島の海岸にある小さい集落の石垣の分布という小スケールについても成りたつことがわかる．特に，屋敷囲いとしての石垣はそのよい指標で，石垣の高さ・厚さ・積み方・材料・方向・残存率・生垣との併用状況などは，石垣が表現している風土の指標であることが指摘される．これらは大スケール（マクロスケール）の考察では取り上げることが不可能であり，小スケールの場合にのみ可能である．別の言い方をすれば小スケールにおける風土のよい指標の例である．

屋敷囲いとしての石垣をリージョナルスケール（地域スケール，またはメソスケール，中スケール）からみると，日本文化における琉球文化の影響範囲を示している．九州または本州の文化領域と琉球の文化領域が接する地域におけるよい指標である．特に，石垣の積み方，隅角の曲線，石積職人の出身地などはそのよい指標要素である．

一方，「風土とは心の受け入れ体勢である」（吉野・福岡，2003）という感覚的，心理的または人間社会学的な定義がある．これは，小さい島の中で，海岸からの距離があり，防風機能のみから考えれば不必要な地域であっても，小野津集落の例にみられるように，立派な石垣を造成している．これは，その家の所有者の経済力・格式の一つの表現と考えられる．住居の大きさ・建材などばかりではなく住居（屋敷）を建築物の総合体として把握する場合，石垣の必要性を認識している結果であろう．

5. まとめ

喜界島の屋敷囲いとしての石垣がよく残る阿伝と小野津集落において，比較しつつ，石垣の特色を調べた．その結果，以下のことがわかった．

1) 阿伝，小野津集落ともに，石垣のほとんどが戦災後に積み直された．
2) 阿伝集落の方が，空き家，空き地率は多いが，石垣の比率が高く，ブロック塀の比率が低い．小野津集落は石垣の残存率は低く，ブロック塀の比率は高い．
3) 小野津集落の石垣の高さは，海岸沿いでは特別に高く最高3.7mで，厚い石垣が築かれていた．植え込みを併用しているが，アカテツとガジュマルの組み合わせである．
4) 阿伝集落は，最も海岸寄りで2.4mの石垣があり，植え込みはガジュマルとの組み合わせである．
5) 阿伝では障子垣の形式が多く見られたが，小野津には障子垣はほとんどない．ヒンプンの亜型は小野津，阿伝ともにみられた．小野津は石垣で作り，生け込みがしてある．阿伝には生垣で作ったヒンプンがある．
6) 阿伝は野石積みが多数であり，門の位置のみ樵石を用いる家が多い．小野津は，樵石積みで間知積みや，樵石の乱層積みがみられ，石工専門職に依頼した石積みが多くみられた．
7) 海岸からの距離と石垣の関係は，阿伝では極めてはっきりしており，海岸から内陸へ石垣が低くなっている．しかし，小野津では内陸であっても石垣が高く，樵石を用いた例があり，石垣を築くための各戸の経済力の違いや美意識の差が石垣にあらわれていて，小野津では，自然条件のみで石垣の高さが決定しているのではないことがわかった．
8) 小野津には高倉が多く残り，阿伝に比較して経済力にゆとりがあったことがうかがわれる．
9) 石敢當の個数も小野津に多く残るが，T字型の道路に魔除けの意味を込めて設置していることは琉球と同じである．また，石垣の隅角が曲線を描くのは阿伝と小野津集落ともに同じである．
10) 喜界島では，以上の5)と9)は琉球の文化を継承するものと考えられる．

しかしすでにヒンプンには改変が加わり，琉球の型そのもののコピーではない．かつ，改変の方法は，九州のかつての薩摩藩の外城であった出水，知覧の屋敷群にも見られるものである．

11) 1) から 10) までのことがらを総合し，屋敷囲いとしての石垣を通して喜界島の位置を文化的に把握すると，琉球と本州の両文化の影響がみられ，かつ，門の形式が一部変質していることを考えあわせると，喜界島は両文化が融合した地域であると捉えることができる．

参考文献

喜界町役場企画観光課（1991）：広報喜界縮刷版第 1 巻鹿児島県喜界町．鹿児島県大島郡喜界町，641p.

喜界町誌編纂委員会（2000）：喜界町誌．喜界町，1010p.

大村明雄・太田陽子（1992）：サンゴ礁段丘の地形層序と構成層の $^{230}Th/^{234}U$ 年代測定からみた過去 30 万年間の古海面変化．第四紀研究，31，313-350.

太田陽子・町田洋・堀信行・小西健二・大村明雄（1978）：琉球列島喜界島の完新世成段丘—完新世海面変化へのアプローチ—．地理学評論，51，109-130.

Ota, Y. and Omura, A. (1992): Contrasting styles and rates of tectonic uplift of coral reef terraces in the Ryukyu and Daito islands, southwestern Japan. Quaternary International, 15/16, 17-29.

Ota, Y. and Omura, A. (2000): Review of coral reef terrace studies at Kikai Island, Ryukyu Islands, southwestern Japan. The Quaternary Research, 39 (1), 45-53.

太田陽子・佐々木圭一・大村明雄・野沢香代（2000）：喜界島東岸，志戸桶付近の完新世サンゴ礁段丘の形成と離水過程 - ボーリング資料に基づく再検討．第四紀研究，39 (1)，81-95.

佐々木圭一・大村明雄・太田陽子・村瀬 隆・吾妻 崇・小林真弓・伊倉久美子（1998）：南西諸島喜界島の志戸桶北海岸における完新世退サンゴ礁段丘の形成過程．第四紀研究，37 (5)，349-360.

漆原和子（2005）：風土が作る文化—文化景観としての石垣—．国際日本学，2，127-149.

和辻哲郎（1935）：風土．岩波書店，407p.

吉野正敏・福岡義隆（2003）：環境気候学．東京大学出版会，392p.

4章　渡名喜島における屋敷囲い

漆原和子

1. はじめに

　南西諸島の沖縄諸島に位置する渡名喜島は，島の低平な陸繋砂州（トンボロ）に集落がある．台風常襲地であり，特別な防風効果を高める工夫がされている島である．また，南西諸島においては，多くの島々の集落が第二次世界大戦の戦災を被り，原形を残したままの集落が少ない．しかし，渡名喜島は，戦災をほとんど受けなかったといってよい．したがって，集落や家屋は原型のままである．大正時代の中頃までに今日の集落が形成されたといわれている．その住まい方や，防風に対する工夫の原型を知ることができると考え，この島の調査を試みた．

2. 地域の概要

　渡名喜島は25°22′N，127°08′Eに位置し，那覇の北西58kmにあり，北に粟国，西に久米島，南東に慶良間諸島がある．渡名喜村は，渡名喜島と入砂島の2島からなり，面積3.47km²である．入砂島は渡名喜島の西約4kmに位置する無人島である．渡名喜島のすべての人は，渡名喜の集落に住み，一島一村である．渡名喜島の位置図は図1に示した．

2.1　地形・地質

　渡名喜島の地形の特色は，小島にもかかわらず高い山地があり，急傾斜地のまま海に接する海岸が多いことである．特に島の南東は急崖で海岸に接する．北と南に二つの丘陵があり，南の丘陵の最高峰は大岳の179mで，北の丘陵の最高峰は西森の146mである．島の周囲の東側と西側には幅広いサンゴ礁が発達しているが，南東は急崖で海に接しており，サンゴ礁の発達も悪い．北の丘陵の周辺にも，南の丘陵の周辺にも完新世サンゴ礁段丘は発達していない．島全体に段丘の発達は極めて悪いが，大城（1981）は集落の北と南に海抜25〜35mの幅の狭い

平坦面があるとしている．北の丘陵地と南の丘陵地を繋ぐ形で，低平な集落のある砂州が発達しており，トンボロをなしている．「地下5mには，塩分は混じるが，地下水が得られる．-10m 掘ってもまだ砂地である．」という住民の話から，トンボロとみなしてよいと思われる．島の西約4kmに入砂島があり，現在は無人島で，米軍の演習場となっている．この島では，土日のみ周囲の漁が許されている．地形的には最高峰は 32.0m であるが，島全体は低平で，5m を超える台地が北側に広がる．この島には拝所があり，かつて人が住んでいた（武者・永瀬，1991）．

島の地質に関する報告は，石井（1935）が最初で，島北部でザクロ石や緑簾石などの鉱物が採取できると報告した．Konishi（1964）は島の詳しい地質調査の結果，石灰岩の中の示準化石フズリナを用いて時代を明らかにした．渡名喜村（1983）には，Konishi（1964），小西（1965）の結果をふまえ，次のように述べられている．島の主要部を構成しているのは古生代上部二畳系（フズリナ化石により決定）であり，北部山地には第三紀の火成岩が分布する．第四紀の琉球石灰岩は分布しない．しかし，周辺の海底には沈水サンゴ礁が分布することが知ら

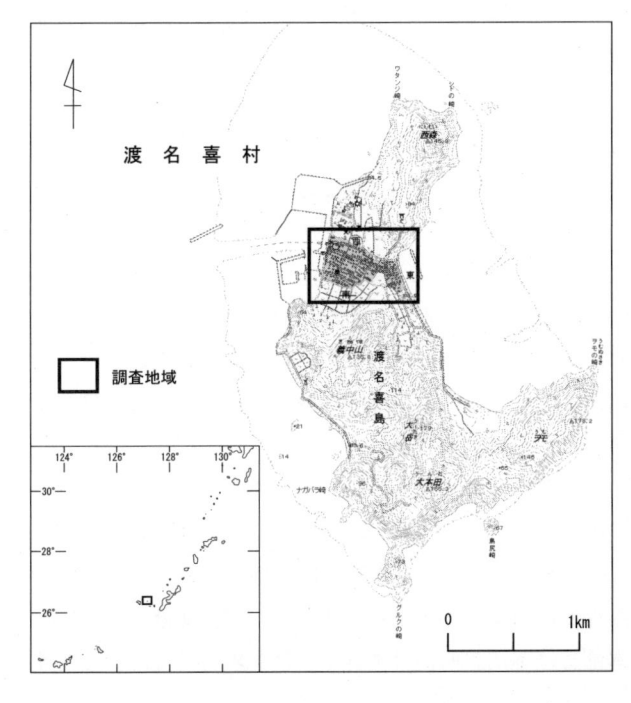

図1 渡名喜村の位置図
2万5千分の1
地形図より作成

れている．島の南部は古生層の結晶質石灰岩，ドロマイト質石灰岩と千枚岩，北部は主として第三紀の黒雲母閃緑岩からなる．最北部で古生層の結晶質石灰岩と接触し，スカルンを形成している．また，渡名喜村（1983）には，「渡名喜には，琉球石灰岩層がほとんど分布せず，海底調査によると，渡名喜島の周辺には沈水サンゴ礁が分布することがわかっている.」と書かれている．また，大城（1981）にも沈水サンゴ礁が分布していることが述べられている．このことは，この島で段丘面の発達が極めて悪いこととも符合する．すなわち，少なくても第四紀更新世後半には，この島は沈降傾向にあると推定できる．しかし，トンボロが発達していることから，次のように形成順を考えた．完新世の高海水準時（6,000年前）に低い砂州が形成されはじめた．その後の海面低下に伴って，砂州が広い面積にわたって陸化していった．3,500年前の貝塚が現在の集落のあるトンボロより高い位置にあることから，当時はまだ，トンボロの上に住居をかまえるほどの発達をしていなかったと考えられる．また，その後，トンボロの上に集落が立地することから，容易に地下水が得られ，基盤はそれほど深くはなく，トンボロの位置は帯水層を形成することに効果的な場であったと考えられる．また，完新世の高海水準期があったことを示す証拠は，「島の北部にノッチがあり，西海岸から北海岸に二重ノッチがみられる（渡名喜村，1983）．」という記述からうかがい知ることができる．したがって，現在は比較的安定しているか，若干沈降傾向にあったとしても，それほど早い速度ではないことが推定できる．

　渡名喜村で用いられている石垣の石材は，サンゴ石灰岩である．これらは「海底からとってくる」と地元民は言っていることから，上述の沈水サンゴ礁また，は現在のサンゴ礁の下部から採石していると思われる．集落の中にはテーブルサンゴが多く用いられており，テーブルサンゴのみで内石垣と外石垣とヒンプンと門を作っている屋敷もある．このことからも，周囲の海に広がるサンゴ礁はサンゴの種や個体数が豊かであることが推定できる．

　また，小西（1965）は，南西諸島全体の地質の帯状構造を明らかにした．これによると，渡名喜島は本部帯に位置し，古生層を基盤とすることを明らかにした．前述のKonishi（1964）の内容と総合すると，小西がこの島で渡名喜層と名づけた二畳系中部と上部の古生界石灰岩は，本部累層の3帯の中で，北部に位置するものである．また，この本部帯は本州の西南日本外帯の秩父累層にほぼ一致する

ことを明らかにした．渡名喜島では，本部累帯の中に黒雲母閃緑岩（西ノ森閃緑岩）が貫入している．渡名喜島は小西によって早い時期に，日本の地質構造上の位置づけが明確にされていった．島の北部山地一帯は，第三紀火成岩類が分布する．北部の西森は，黒雲母閃緑岩からなる．島の南部は古生層からなるが，主な岩相はドロマイト質石灰岩，結晶質石灰岩や千枚岩からなる．

地形と地質と集落の立地について，以下のようにまとめることができる．この島には石灰岩やドロマイトが分布していて，その層が帯状に凸地形をつくり，尾根上にそそり立っている．小島にも関わらず，高い丘陵地を持ち，急崖で海に接しているため，居住に適した緩傾斜な低地は少なく，現在集落のある北と南の丘陵を繋ぐ砂州，すなわちトンボロに居住地が集中している．また，海岸段丘の発達はほとんどなく，更新世ばかりでなく完新世にいたっても著しい隆起傾向にはないことがうかがわれる．南西諸島の多くは隆起傾向にあり，第四紀の海成段丘の発達がよいのが一般的であるが，渡名喜島には現成のサンゴ礁がよく発達しているにも関わらず，隆起サンゴ礁段丘は発達していない．これは，渡名喜島の位置が，琉球海溝から遠いことに起因するためであろう．渡名喜島のこうした地形上の特色が，狭い砂州の上にしか居住空間をとることができなかったことの理由の一つと思われる．このことは，琉球海溝からの距離によって隆起率が異なることと，島の位置がどの帯に位置するかで決定されているようである．南西諸島のこれまでみてきたなかで，喜界島は隆起サンゴ礁段丘の発達が良く，居住地も完新世段丘に集中している．渡名喜と喜界島は，この点からも極めて対象的である．

2.2 気候

この島に測候所やアメダス地点はない．したがって，最も近距離にある渡嘉敷における2004年のアメダス観測データにもとづいて，考察をした．年間の日最大風速による風配図をつくった．4.9m/s以下の日は年間を通じて極めてわずかな日数であり，5.0m/sを超える風の日がほとんどである．年間の風配図は図2に示した．この年間の風配図では，Nが突出し，30%を超える．次いでNEが16%で，SEが13%に達する．これを月別に日最大風速による風配図をもとに，季節変化をみると1，2月はN〜NNWの風が多く，3月にはNとNEが多い．4月からSEの風に転じ，5〜9月はSE〜Sである．10月からNに急変し，11〜12月は

NNW〜N〜NEまでの風である．冬季と夏季の風向が4月と10月を境に明瞭に分かれる．そして，冬の季節風が強く，長期にわたって吹いていることがわかった．

2006年8月の渡名喜の調査時に，多くのフクギの大木が折れたままになっている風景を目にした．南西諸島では多くの島々でフクギを最良の防風のための樹木とみなしている．これまでの調査で，これほど多数の防風用のフクギが折れている島を筆者はみたことがない．2001年9月の台風について，現地の多くの人々は次のように語っている．「その強さと時間の長さが桁外れに大きく，その被害がすさまじいものであった」．2001年台風16号は渡名喜では，「60年に1度と言われるほど強く，瞬間最大風速60m/sを超えていたという．フクギの枝は折れ，繋いでいた船が港から町の中まで吹き上げられてきた．屋根の瓦が吹き飛ばされた家が何軒もあった．」という声を聞いた．今も当時塩害を受けたフクギ（写真1）が残っていて，当時の被害が異常に大きかったことを知ることができる．また，北の丘陵には塩害をうけ枯木となったモクマオウ，マツの立木をみることができる（写真2）．そこで，この

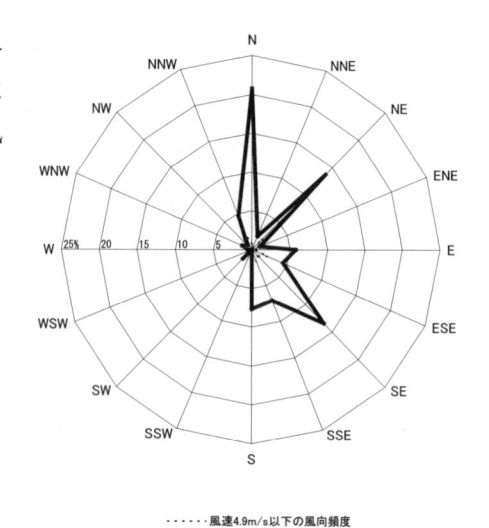

図2 渡嘉敷における2004年の風配図

写真1 2001年台風16号により塩害をうけた渡名喜村北側のフクギ
2006年7月28日撮影

写真2　南東側斜面における2001年台風16号による塩害
2006年7月30日撮影

2001年9月の台風16号について，経路や風向風速を検討してみることにした．

渡名喜島には，気象庁の測候所やアメダス観測所がないので，最も近くにある渡嘉敷島のアメダス観測データをもとに記述する．台風16号の経路は図3にみるように，通常の台風とは異なっていた．南西諸島を通過して北上していく型ではなく，いったん沖縄から東シナ海側に入り，この中で一回転して，台湾方向にルートをかえ，台湾海峡を横切り，華南に入りこんだ台風である．気圧のデータのある最も近い測候所である久米島では，強風時の気圧は979.9hPaであった．

渡嘉敷において，毎時の平均風速が20m/sを超え続けた時間は9月11日12時から9月13日3時までであり，途中毎時18m/sになった時間が9月12日の2時から13時までに4時間あるにすぎない．20m/sを超える強風がほぼ連続して35時間吹き続けたことになる．その間の毎時の最大風速は31m/sである．この瞬間最大風速を推定すると，渡嘉敷では56m/sとなる．渡名喜も渡嘉敷と同じかそれを超える強風が吹いたことを考えると，瞬間最大風速60m/sを超えたであろうと考える．村の人々への聞き取りの結果，次のような証言があったことと符合する．「フクギも折れる強風であった．屋根がねじ曲げられた．全壊家屋12軒であった．船が海岸から200m以上内陸の民家のそばまで打ち寄せられた．竜巻のようにフクギを舞い上げ，吹いた．1台風で1,400mmもの雨が降った．モクマオウはみな枯れた．」

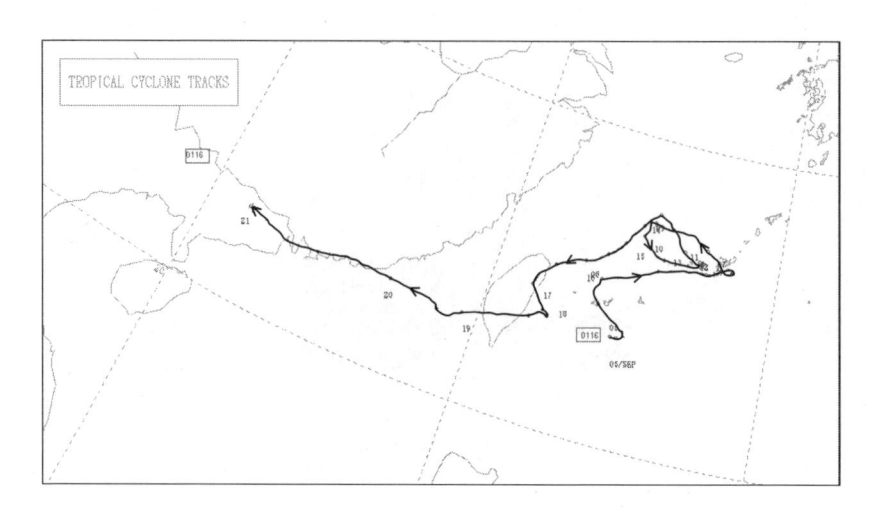

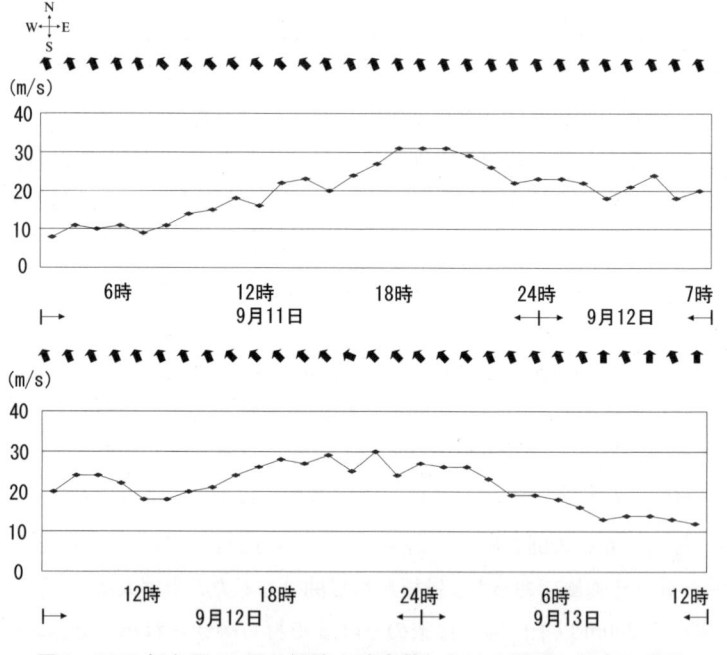

図3 2001年台風16号の経路と渡嘉敷における風速, 風向の変化

2.3 渡名喜の歴史

沖縄県渡名喜村教育委員会（2000）と，渡名喜村（1983）によって，この島の概略をまとめると以下の通りである．この島に人々が住み始めたのは，縄文後期・晩期に相当する．渡名喜東貝塚の存在から，3,500年前にはすでに人々が住んでいたことがわかっている．貝塚時代後期には，アンジェーラ遺跡や，アーカル原遺跡があり，住居跡が発見されている．これらはいずれも現在の集落より標高が高い位置に存在する．1,200〜1,300年前には西の底原，兼久原一帯の平坦地に集落ができたと考えられている．西の底原遺跡からは，人骨8体が発掘されている．

13世紀には，渡名喜の島全体を統合する豪族が出現し，岩山にグスクを造るようになった．里遺跡はその時代の遺跡である．その後西森を背にした北風を防ぐような麓の位置，すなわち，今の集落の東部分に集落が形成され，その後人口増加に伴って，西側の海浜に集落が拡大したと考えられている．

渡名喜は「おもろそうし」にも書かれており，王府時代は久米代官の管轄下に置かれ，主として海産物で納税していた．廃藩置県後は那覇役所の管轄になった．1896（明治29）年に島尻郡となり，翌年から島長制がしかれた．1946（昭和21）年3月には渡名喜村となり，村長制となった．明治以降の人口の変化については，詳しく後述する．

2.4 産業と人口の推移

渡名喜村誌と村の要覧のデータにより，人口の推移をグラフで表した（図4）．この図による人口の推移と，その背景を渡名喜村教育委員会（2000）をもとに探ると，以下の通りである．

1908（明治41）年の島嶼町村制によって，渡名喜島・入砂島をもって渡名喜村が成立した．1877（明治10）年になると人口が増え始め，1887(明治20）年ごろ，耕地拡大のため山林を焼き払って山頂に至るまで段々畑が造成され，イモの栽培が行われた．切り出された木々は，渡名喜薪（トゥナチダムン）として名声を得ていた．養豚も盛んで，渡名喜豚として広く知られていた．カツオ漁業が始まったのは1906（明治36）年で，大正中期に最盛期をむかえる．第一次世界大戦後の反動恐慌で，カツオ節と豚の価格が大暴落し，大飢饉におちいった．昭和初

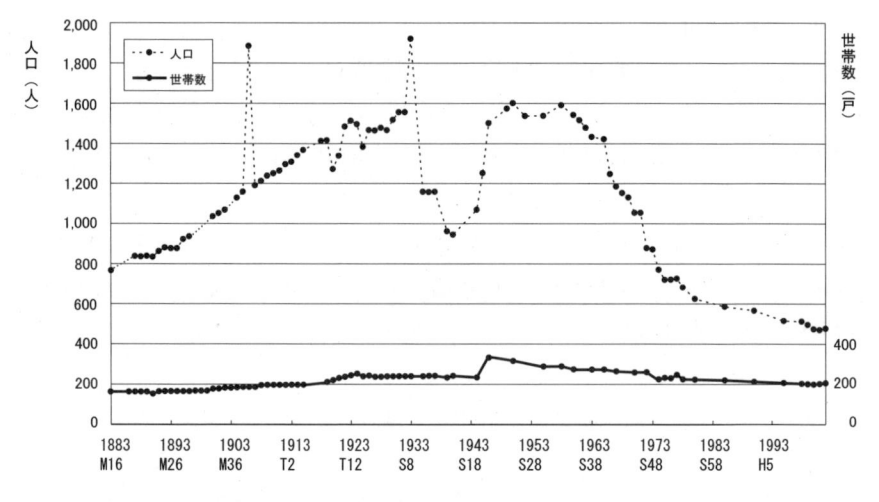

図4 渡名喜村における 1883～2002 年の人口と戸数の推移

期にはミクロネシアのカツオ漁の漁夫として働き，送金するようになった．1943（昭和18）年ごろには太平洋戦争により現金収入がなくなり，翌年には那覇が大空襲をうけ，引き上げ者で，島の人口は1,500人台に急増した．1951（昭和26）年の1,601人（316戸）からその後は減少する一方である．しかし，1961（昭和36）年までは1,500人（274戸）台を維持し，1965（昭和40）年からは急減する．これは，昭和30年代後半の高度経済成長期における全国的な農漁村の過疎化と，その傾向を同じくする．農家戸数は1975（昭和50）年には136戸，1995（平成7）年には55戸に半減した．渡名喜村教育委員会（2000）によれば，2000（平成12）年当時の漁業組合は，125人の組合員で構成されていた．カツオ，シイラ，マグロの水揚げがされ，将来に向け，アオサの養殖に取り組んでいると述べられている．2002年の人口は477人で，206戸である．この人口は，最高人口時の1/4に減少したことになる．しかし，戸数は大きく減少はしていない．

3. 渡名喜村の特色
3.1 渡名喜村集落の立地条件
　渡名喜村には，砂州以外の位置に住居はない．これは，低平な地形が砂州しかないことに関わっている．もう一つの要因として，ハブが多い島として知られ

ていて，今でも亡くなる人がいる．そのため，住居を山間部に作ることができない．現在の砂州の最高高度は，集落の横断面図作成時の簡易測量によれば，高度約6.7mである．したがって，台風や高波の場合，潮をかぶらないようにするためには，堤防や防波堤を築くか，または，潮風を弱める工夫をする必要があった．東側の集落が古く，後にこの集落が西へ拡大していったことを考えると，北東はサンゴ礁が広く発達し，砂浜海岸であり，これが自然の防潮の役割を果たしている．西海岸では港を築く前の地図によると，砂浜が発達し，地形的にサンゴ礁はあった．しかし，北に位置する丘陵は，西区の冬の季節風を防ぎきれず，また，西区は南西から西よりの台風の強風をまともに受ける位置に相当する．砂州の発達が悪く，この自然条件を克服するため，防波堤を築く必要があった．住居も後に町が拡大していくとき，やむをえず条件の悪い西区と南区へ拡大した．現在西海岸は港となり，深く掘り込まれている．1921（大正10）年から2001（平成13）年にいたる，5万分の1地形図の変化を図5に示した．1972（昭和47）年の地図では漁港が整えられ，2001年の地図では港が大きくなっていることがわかる．しかし，集落の大きさは大正から今日まで，ほとんど変わっていない．

　この村の防風のための工夫は2通りあった．一つは，石垣とフクギを植えて，風そのものを防ぐ．もう一つは，住居そのものを掘り下げて，屋敷囲いよりも母屋を下げることである．掘り下げをしている家は伝統的家屋で，近年コンクリートで住居を作る場合を除いて，必ず掘り下げをしていた．この掘り下げは東では掘り下げ量がわずかで，西で大な家が多かった．しかし，掘り下げ量にばらつきがみられるのは，掘り下げには財力を必要としたので，各戸の経済力に個々のばらつきがあることを示していると思われる．沖縄県渡名喜村教育委員会（2000）によれば，ミーニシ（冬の北風）を避けるためと，砂地を掘れば水が得られる東区が当初選ばれ，集落が形成されていったと思われる．東区には旧家や，共同井戸が集中し，カギ状の道路形態や，碁盤目状ではない屋敷割の形態があることからも，このことがうなずけると述べられている．また，この文献によると，年代は明確に示されていないが，王国時代の穴屋住居のころから，家を建てるとき，できるだけ屋敷の土砂を運び出して低くした．台風対策のため，屋敷を掘り下げることができるものは「ハタラチー（働き者）」として称賛されたという．また，1889（明治22）年，百姓に対する建築材料，規模の制限が解除されたのち，1892（明

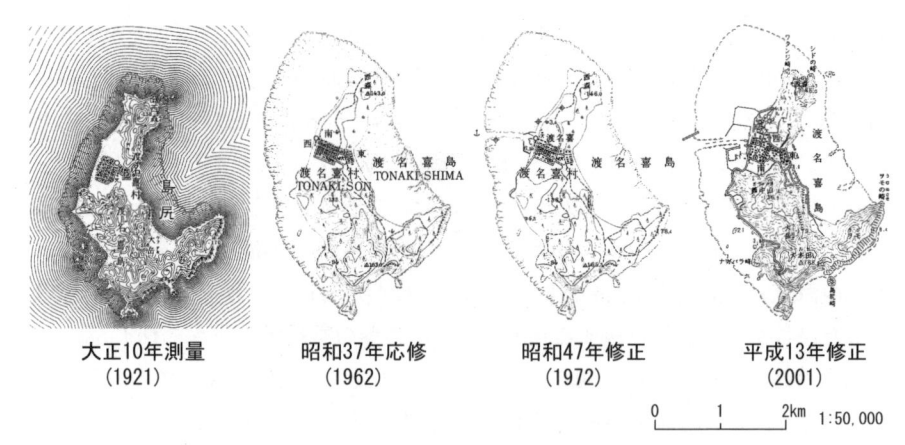

| 大正10年測量 | 昭和37年応修 | 昭和47年修正 | 平成13年修正 |
| (1921) | (1962) | (1972) | (2001) |

図5　1921（大正10）年から2001（平成13）年までの渡名喜村の変化

治25）年に島で最初の赤瓦貫木屋が建てられた．明治末から大正初期にカツオ漁業が盛んになり，明治末には50%が，大正中期には90%が瓦屋根になった．したがって，石垣とフクギの屋敷林に囲まれ，赤瓦屋根の建ち並ぶ美しい渡名喜島の集落景観は大正時代の中頃までに形成された．大正中頃以降に伝統的集落としての景観ができあがり，村の町並みが完成したと解釈することができる．

3.2　家並みの特色

渡名喜村の1993（平成5）年撮影の空中写真を図6に示した．この写真では，トンボロの尾根が東区の西のはずれ，西区の東のはずれに相当する位置にあることがわかる．ここは集落の幅が，最も狭まる．また，瓦屋根の家屋が多く，フクギの緑が四周を包んでいることもよくわかる．写真3にはフクギの防風林が道路の両側に並木のように植えられ，母屋が道路から見えない町並みを示した．

1988年に集落を調査した結果が，坂本（1997）に示されている．それによると家屋は木造，木R造が多く，RC造スラブは少ない．屋根は1988年の全220戸のうち，赤瓦116戸で53%ととなり，スラブ69戸（31%），S瓦23戸（10%），トタン12戸（6%）となっている．民家の地盤を道路より低くしていて，屋敷囲いとしてのフクギがよく保存されている．フクギと石垣とブロック塀が屋敷囲いのほとんどを占める．フクギは集落全体の60%で用い，備瀬の74%より若干少

4 渡名喜島における屋敷囲い　57

図6　渡名喜村の空中写真
　　　国土地理院　OKC-93-05-002-4　1993（平成5）年撮影

ない.

　この報告にあるように，この集落には瓦屋根が目立つ．外壁にブロック塀があり，家屋のある屋敷は掘り下げて低く，フクギの防風林を備えているのが渡名喜集落の外観である．しかし，いったん母屋のある屋敷の中へ入ると，低くなった屋敷のまわりに，内石垣と称する石垣が屋敷囲いの内側を取り囲む．

　武者・永瀬（1991）は，現存民家の年代を次のように述べている．「赤瓦貫木屋になったのは，そう古いわけではない．1889（明治22）年の屋敷家屋制限令が解除された後のことで，今からほんの100年ほど前からである．」敷地面積は平均約120〜150坪であり，分家をすると，敷地を南北に割る方法がとられていた．武者・永瀬らの調査した家屋の238戸のうち，木造家屋は147戸で，RC造（鉄筋コンクリート）は81戸である．1950年代からRC造が始まったと述べられている．

写真3　道路の両側にフクギの防風林があり，母屋が見えない町並み

3.3　道路の交差点

　村の道路は直交する交差点は少なく，上述のように交差点は若干ずらしてカギ型にしている場合が多い．直角に交差する交差点はほとんどない．一見直角に交わる交差点のようにみえても，中心線がずれている．また，道路の角は丸く隅角をとっているのが特色である．現在の集落内の道は，1972（昭和47）年から道路拡張工事と，生活排水溝の設置工事が行われた後のものである．その際，屋敷囲いの石垣は撤去され，コンクリート塀とブロック塀に積み替えられた．武者・永瀬（1991）によれば，現在の景観はこの改良事業によって形成されたもので，交通の利便性の代わりに，かつてのテーブルサンゴの石垣と，狭い故のフクギ並

木の美しさは半減した．アマンジャキ（海岸の石積みの道路）も，戦後に幅員を拡げコンクリート道になり，往時の面影はない．しかし，沖縄県内でこれほどまでに道の景観がまとまって整っているところはない．村の中には石敢當が交差点

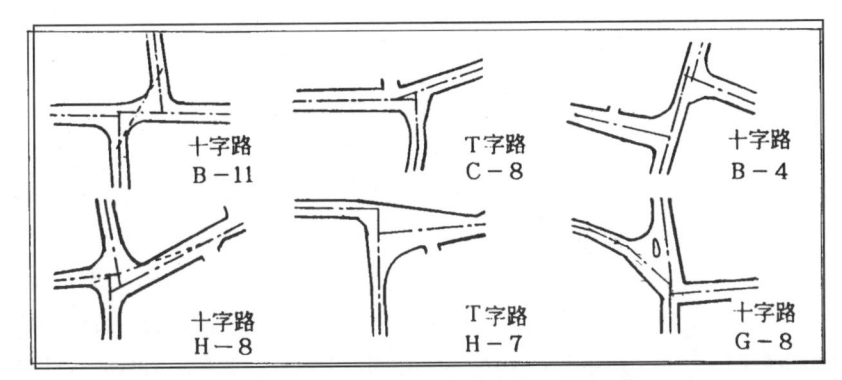

図7　渡名喜村にみる道の交差方法と見通し例

武者・永瀬（1991）による

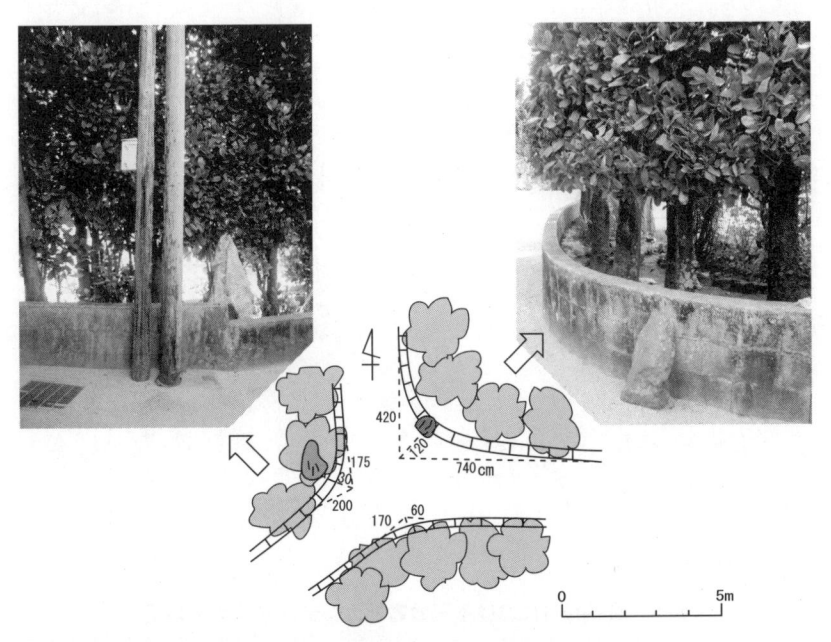

図8　東区，西区境界の交差点における隅角と石敢當

の見通しのきかない角に置かれている．単に自然石のみを置いた例や，石敢當とかかれた石があるとして，その分布図を示している．また，図7にはこの論文の交差方法の分類を引用した．今回の調査の結果でも，ブロック塀がほとんどであるが，道路の隅角は，ブロック塀に改修してもなお，隅角を丸くとってある例が90%を超えることがわかった．図8には集落内で交差点の曲りを計測した図を示した．また図中の写真には，二つの角に石敢當が置かれている様子を示した．この集落では，交差点に石敢當が1ヶ所とは限らず，この例のように2ヶ所の場合がある．人が歩くときや，風が吹きぬけるときに，障害になるような位置に石敢當か，または，自然石からなる石敢當（カンデーイシ）が置いてある．渡名喜村の道路の交差点と石敢當の位置のパターンについては武者・永瀬（1991）が詳しく述べているので参照されたい．2006年8月に，本研究で調査した石敢當の分布図は，図9に示した通りである．前述の図8に示した交差点は丸印で表した．

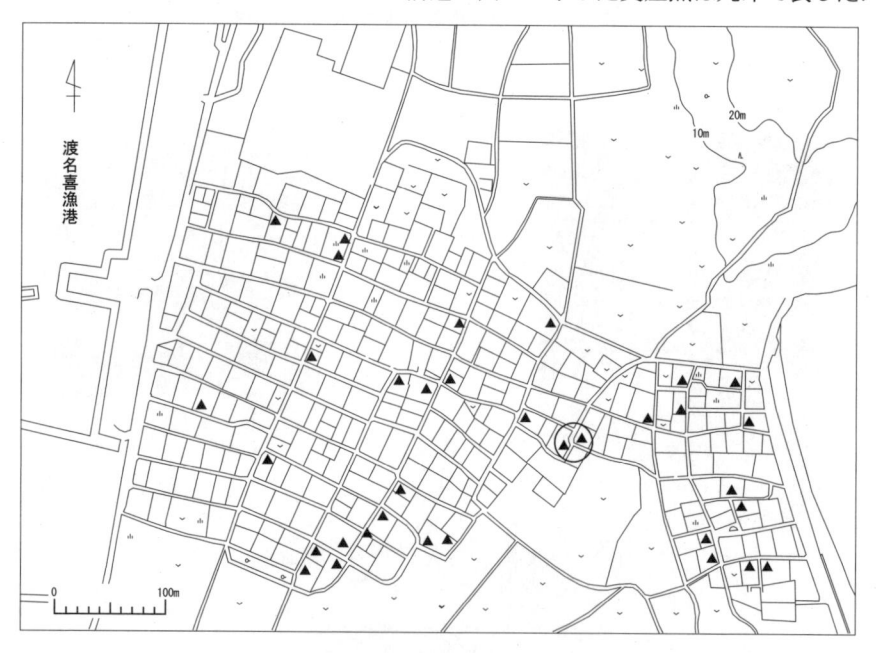

▲ 石敢當とカンデーイシ

図9 渡名喜村における石敢當とカンデーイシの分布図

○印は図8の交差点の位置

南西諸島の他の集落に比べて，単位面積あたりの石敢當の数が多い．従来の説は，石敢當は「魔除け」のため建てるというものであるが，強風を弱めることに願いを込めたとみることもできる．魔とは，避けたい強風をさすとも考えられる．

3.4 防風のための工夫
3.4.1 屋敷の掘り下げ

集落では，どの家もが屋敷の掘り下げを行い，防風効果を高める工夫をしている．武者・永瀬（1991）の掘り下げ家屋は，全 238 戸のうち 0cm かほとんど掘り下げをしていない家は 62 戸，-10 〜 -60cm は 108 戸，-70 〜 -90cm は 29 戸，-100 〜 -140cm は 26 戸，-150cm 以上は 3 戸となっている．また，四方を屋敷囲いで囲っている家が 78.7%，三方を囲っているのが 15.5% である．この研究では 2006 年 7 月に行った調査にもとづき，屋敷の掘り下げ量の計測をし，その分布図を図 10 (a)，(b) のように作成した．戦後始まった RC 造（コンクリート造）の家屋の建設は，1973 年までのデータでは，全戸数 238 戸のうち 81 戸で 34%に達している．RC 造の場合は，掘り下げていた屋敷を埋め戻し，道路高との落差がないようにしている．この際，ヒンプンの下部が埋められている例をみることができた．写真 4 にその例を示した．RC 造は，もはや屋敷を掘り下げてまで強風に対し防備しなくてもよいという理由による．また，RC 造は風が通らないので，掘り下げをしてある分を埋め戻して，風通しをよくする必要があるという．

屋敷の掘り下げが，道路から 30cm よりも深い家屋は，村に 84 戸ある，今も台風や冬の季節風をやわらげるため，屋敷の掘り下げをしたものをそのまま維持している例は伝統的な家屋の場合が多い．次にこの分布図から等深線を描くと，東区の -70cm を超える地区があるが，その中で，初代村長宅だった上原亮吉氏宅（屋号ウィジョー）が -85cm で最深である．次に，西区から南区にいたる海岸側には，-70cm 以下の掘り下げ量の大な地域が広がる．この地区の最大深は -155cm の上原ヨシ子氏宅である．この値はこの島の掘り下げ量としては最も大である．聞き取りの結果，この地区は冬の季節風に対しても，台風の強風に対しても，最も風当たりが強い地域であるという．これは北側に山地がなく，また，地盤高からも標高 5m 以下であり，この地形条件を克服するため，屋敷の掘り下げ量を大きくしたと考える．次に，図 10 (b) の A-B 基線に沿って，村役

図10 a（上）渡名喜村における屋敷の掘り下げ量
　　 b（下）渡名喜村における屋敷の掘り下げ量の等深線

2006年7月調査結果

場から東へ村道1号線沿いにみると，3戸のみ100cmより深く掘り込みをしてある．一つは，名嘉氏宅の-125cmであり，もう1戸は地番1910の東側で，伝建第1号に指定され，補修の済んだ住宅である．もう1戸は大城幸男氏宅の-100cmである．この三軒の分布する地点は，周囲に深い掘り込み地区が広く分布するわけではなく，むしろ地盤高は5mより高い地域である．また，最高6.7mに達する地区は，西区と南区の接するあたりに相当し，地形的に微高地であり，掘り込み量がどの家もあまり深くない．しかし，上記の3戸のみ，掘り下げが大である．これは，大正～昭和にかけて，

写真4　RC造により1/3埋められた石垣

マーラン船で交易をして潤った家や，戦前のカツオ漁が盛んな時期，経済的に特別深く掘って，強風に対応できる家屋を構えることができた家であったと考えてよいであろう．上述のように，経済的理由による掘り込み深のばらつきがあるものの，平面図と，後述の断面図をもとに考察すると，陸繋砂州の中に少なくても二つのリッジがあったことが推定できた．

集落の村道1号線に沿って，地形断面図を作成した（図11）．西側の海岸をAとし，東側の海岸をBとして基線を引き，その基線に沿って地形断面図を作成し，各戸のフクギの高さと，石垣の高さと，屋敷の掘り込み量を記録した．これによれば，役場付近は不自然に高く，港の掘り込みをした際，その土砂を海岸付近に積んだことが推定できる．前述の平面図からも推定できたように，断面図では，名嘉・南原源吉氏宅の位置するところにリッジがあり，もう1ヶ所大城敏江氏宅から拝所にかけて微高地があり，陸繋砂州のリッジが二つであることがはっきりあらわれた．また，フクギの高さは，いずれの場所においても樹高5m以上に達

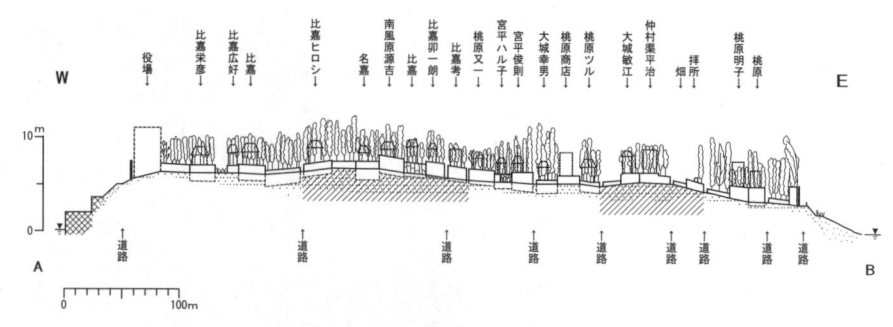

図11 A-B断面図（村道1号線）に沿う屋敷の掘り下げ量とフクギ・石垣・ブロック塀の高さ

している．伝統的家屋の場合は，屋敷の掘り込み量も加えると，瓦屋根の高さはフクギの樹高より低い位置になり，屋根がフクギの防風林より上にみえない．また，RC造にした民家は，掘り込みした屋敷を埋めて道路高と同じにしてあるが，建物の高さは5mのフクギよりも低く，フクギの防風垣に保護されるように建てられている．例外は役場，保健所，学校などの公共機関のみである．

東，西，南区ともに満遍なく赤瓦と防風垣はつづく．防風対策として，この村で行われてきた屋敷囲いは，サンゴ石灰岩を用いてまず内石垣を作り，屋敷から掘り出した砂は周りに積み，外側の石垣で囲う．砂を積んだ内石垣と外石垣の間にフクギを植える方法である．防風効果を高めるため，どの家も2列から5列の

写真5 東区桃原明子氏宅のテーブルサンゴを用いたソンジャキ（ヒンプン）

4 渡名喜島における屋敷囲い　65

写真6　ギーチンギーで作られたソンジャキ（ヒンプン）

　フクギを植えている．この他に，この村の伝統的家屋に共通することは，門を入り，階段をおりて，母屋に下りるまでに，必ずソンジャキ（ヒンプン）をたてていることである．これは目隠しの役割ばかりではなく，門の開いている空間から流入する風を弱める効果を持つ．ソンジャキはサンゴ石灰岩の樵石，テーブルサンゴ，ブロック，樹木，ソテツなどで作られている．テーブルサンゴのソンジャキ（写真5）と，台風が近づくと白い花を咲かせるというギーチンギーという樹木で作られたソンジャキ（写真6）を示した．

3.4.2　屋敷囲いの防風効果

　渡名喜村全域における防風林と防風垣（石垣，コンクリート塀，ブロック塀）の分布図を作成し，図12に示した．どの家屋も，内石垣とフクギの防風林は備えている．フクギ以外の樹木は区別して示したが，クロキが多かった．外側の石垣の多数がブロック塀に変わっていて，石垣が残っているところは少ないことがわかった．東区の1832番地である初代村長宅（屋号ウィジョー）の平面図は図13に示した．南北断面図は図14に示した．この母屋は，すでに1991年に武者・永瀬が計測をし，平面図と断面図を報告しているが，屋敷囲いを含めた道路からの断面図は示されていない．2006年当時はすでに武者・永瀬の報告に示された母屋の北側のブタ小屋（フル）はなく，風呂場などのある小屋に改修されていた．

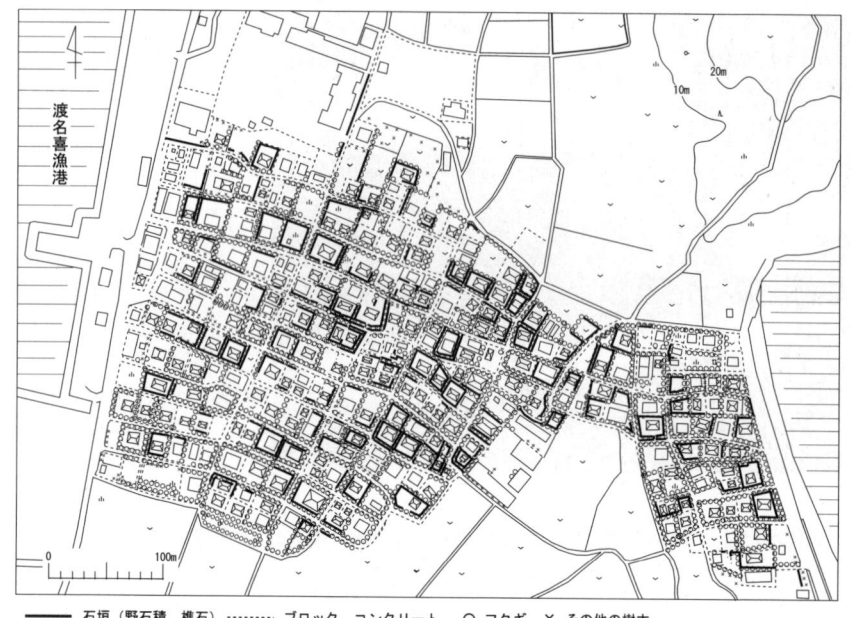

図12 渡名喜村における屋敷囲いの分布図

凡例：——— 石垣（野石積，樵石）　……… ブロック，コンクリート　○ フクギ　× その他の樹木

　また，ブロックで作ったソンジャキ（ヒンプン）の上には瓦屋根が取り付けられていて，1991年当時からさらに改修しているが，母屋と屋敷囲いは基本的に全く変わっていない．断面図の図14には，南から吹いてくる台風時の風を想定して，流線図を作成した．赤瓦の上に，シーサーがのり，南からの風が防風のために考えねばならない最強の風であることがわかる．フクギは，古い大木ばかりでなく，細い幹のものが混在していることから，常時補植をしていることがわかる．屋敷の南西側のフクギ列は3〜4列に至り，南東側は2列で胸高直径はそれぞれ38〜40cmであり，古いフクギが混在している．フクギの高さは北で4m，南で5mである．また北側には，クロキも用いている．外側の石垣と内石垣はサンゴ石灰岩の樵石を用いている．写真7に示すように，南面の外石垣は幅70cmの樵石でアイカタ積み，または，変形亀甲積みと呼ばれる積み方である．この家の瓦屋根は古く，明治年間からのものと言われている．この家の屋敷の掘り下げ量は-85cmであり，東区としては最深である．樵石でアイカタ積みにする理由は，

4 渡名喜島における屋敷囲い　67

図13　東区上原亮吉氏宅（屋号ウィジョー）の平面図

フクギ　　その他の樹木

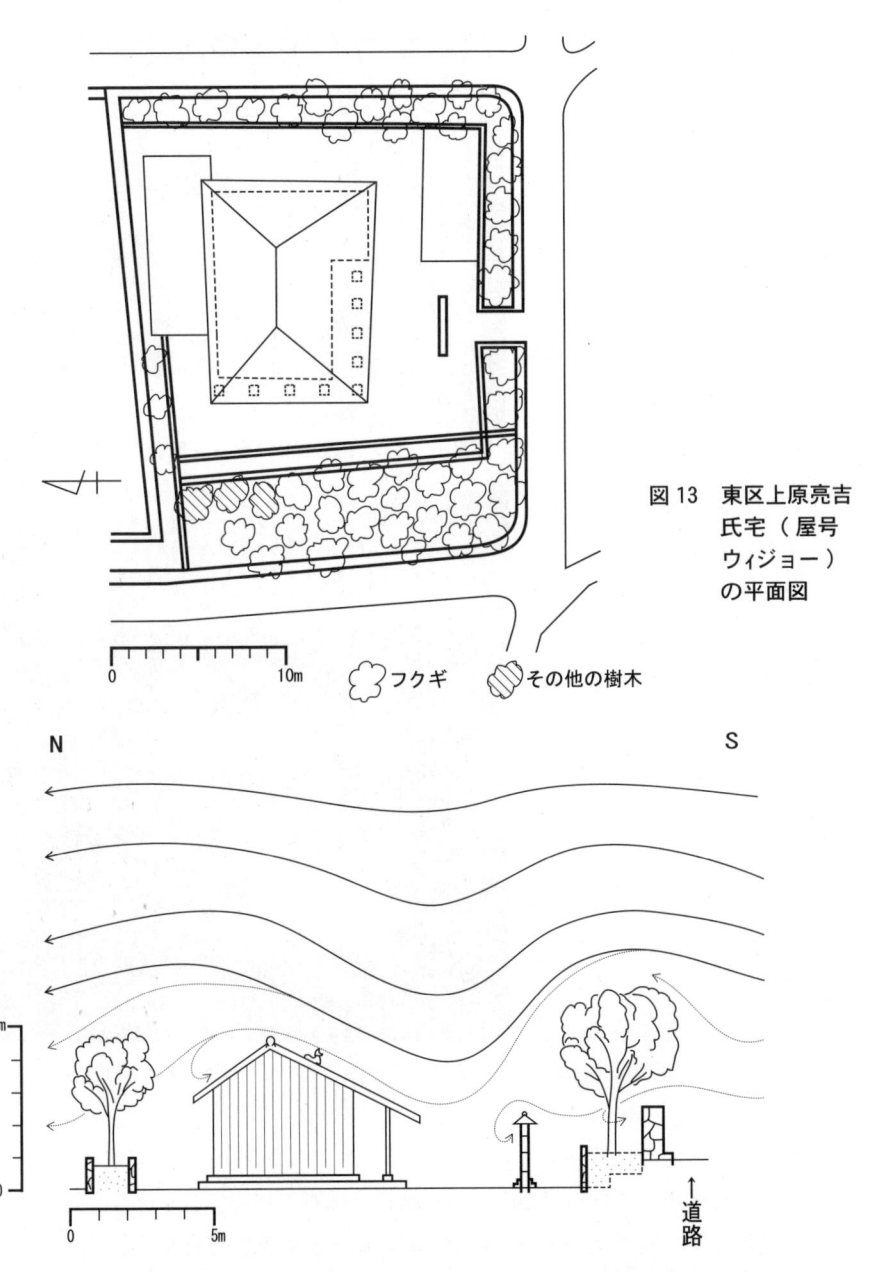

図14　東区上原亮吉氏宅の南北断面と，台風時の南風流線図

単に経済的に裕福であったばかりではなく，ハブが石垣の中に入り込まないよう，隙間を少なくしておくという配慮によるものであるとされている．この断面図に20m/sを超えると想定した台風時の強風の流線を入れると，フクギの間を抜けて弱められた風は，瓦屋根にあたる．しかし，軒下にはあたらない．このことによって，屋根が下から風に吹き上げられることがないと想定できる．また，玄関に入る風は，高さ220cmのソンジャキ（この島では返風と書く）（写真8）にあたり，両側に振り分けられ，ソンジャキを越えた風も強くはない．このため，異常な強風が吹かない限り，母屋の瓦が吹き飛ばされるようなことはないであろうと考えられる．このようにみると，-85cmの地盤の掘り下げは，極めて有効に働いていることがわかる．このように掘り下げをし，樵石を用いて外石垣と内石垣を築き，樵石でヒンプンを作り，フクギの防風林を備えている家が多くみられる．次に比嘉家の例を写真9に示した．

写真7　サンゴ石灰岩の樵石を用いたアイカタ積み

写真8　東地区における-85cm掘り下げた屋敷
　　　初代村長宅（上原亮吉氏宅（屋号ウィジョー））

写真9　比嘉家における屋敷の掘り下げとサンゴ石灰岩の樵石を用いた二重石垣

4．まとめ

　この島の大きな特色は，地形的に条件が良くない陸繋砂州に住居を構えねばならないことにある．したがって，完璧な防風対策といってよい備えをしていることであろう．その特色をまとめてみる（漆原・乙幡，2007）と,以下の通りである．
1) 村落の道路は,直線状に交差していない．交差点は少しずらすことによって，風が道路を完全に通り抜けないよう，すなわち，トンネル状に風が吹かないように工夫がされている．そして,その交点には石敢當と書かれた石碑か，または，文字のない石（カンデーイシ）が置かれている．
2) 各家々は伝統的家屋の場合，必ず屋敷の掘り下げを行っている．掘り下げ量は経済的な条件にもよるが，風あたりと標高にも支配されている．低平な土地であるため，風が潮風となって吹きつけることを考慮すると，海からの距離と，地盤高が強く影響する．したがって，低い地盤高で，海に近い場所では深く掘り下げねばならない．
3) 成長は遅いが，強風にも折れず，潮風にも強いとされるフクギを防風垣として用いている．屋敷を掘りおこした際の砂を利用し，四周に砂を積んで，フクギを植え，防風林とした．その際，1列ではなく，2～5列にし，防風効果をさらに高めている．
4) サンゴ石灰岩を海底から採石し，石垣を積んだ．サンゴ石灰岩の樵石でア

イカタ積みにするか，または，野石積みにした．経済的に許される場合は，ハブ対策を兼ねて樵石にした．石垣は二重になっていて，屋敷の内側に内石垣として積み，さらに外側の道路側に外石垣として石垣を積んだ．しかし，高度経済成長期を終えると，島の人口が減り，「石垣を崩して，ブロック塀にする」という失業対策を行った．このことにより，道路側の石垣を崩し，ブロック塀にしたので，石垣の残存率が極めて悪い．

5) 60年に1度とされる2001年台風16号では全壊家屋12軒とされているが，瞬間最大風速60m/sと推定され，30時間を超える強風に対する被害としては最小といってよい．この島の完璧といってよい防風の工夫は今後も維持していくことが必要な島であると考える．

参考文献

石井清彦（1935）：沖縄旅行（其二）．地学雑誌，46, 318-325.

Konishi K. (1964) : Geologic Notes on Tonaki-jima and width of Motobu Belt, Ryukyu Islands. Sci. Rep. Kanazawa Univ., 9 (2), 169-188.

小西健二（1965）：琉球列島（南西諸島）の構造分布．地質学雑誌，71 (840), 437-457.

武者英二・永瀬克己（1991）：渡名喜島の空間構成について―集落と民家を中心にして―．渡名喜島調査委員会，『沖縄渡名喜島における言語・文化の総合的研究』，法政大学沖縄文化研究所，57-196.

沖縄県渡名喜村教育委員会（2000）：渡名喜村渡名喜島歴史的景観保存計画書及び関連資料．渡名喜村教育委員会，99p.

大城逸朗（1981）：渡名喜島の地形と地質．県立博物館総合調査報告書Ⅱ―渡名喜島―，57-63.

坂本磐雄（1997）：沖縄の集落景観．九州大学出版会，358p.

漆原和子・乙幡康之（2007）：沖縄県渡名喜島における屋敷囲いの特色．季刊地理学，59 (2), 99-110.

渡名喜村（1983）：渡名喜村史上巻．渡名喜村，793p.

5章　九州南部と坂本における石垣の様式

漆原和子

1. 日本の風土が作る文化景観

　風土の認識は，じつに幅広く多岐にわたっている．したがってその捉え方は自然科学ばかりでなく，人文科学，社会科学の幅広い分野にまたがっている（和辻，1935；吉野，1978）．この研究では，風土を以下のように定義し，取り組むこととした．

　風土とは，1) ある地域における自然条件であり，2) そこに住む人々がその自然条件を受けとめ，何らかの工夫をし，あるいはその自然条件に順応し，生活し続けている状態である．3) その結果，それぞれの地域に固有で，他の地域とは異なる風土が形成される．以上のように考え，地域差を持つ文化や景観と，その自然条件との関係をみることにした．

　文化景観の地域差を取り扱った研究は極めて多い（佐々木，1978）．地理学ばかりでなく，文化人類学，考古学，民俗学，宗教学，建築学などの多数の分野で研究が行われている．有形，無形の文化の実態そのものの解明は，多くの研究者のテーマである．この研究では地域差のある自然条件のもとに，人々がどう工夫し，住んできたのかという視点から，そこに生じる文化景観の差を明らかにしようとするものである．

　20世紀に入って，ヨーロッパの文化を「石の文化」，アジアの文化を「木の文化」と呼んで，両文化を対比して論じる比較文化論が展開されている．たしかに，宗教建築物，民家の建築材料，牧場の境界を形成する牧堤の材料などには，ヨーロッパでは石材が多く用いられ，アジア特に東アジアでは木材が多く用いられている．景観としての違いは明らかであるが，しかし，それぞれの文化形成との関わりについての分析は充分とはいえなかったと思われる．たとえば，ヨーロッパにおける牧畜業に対比できるものは，東アジアでは稲作農業であるが，それぞれ

の地域で人口が集中する地域の気候条件や地形条件によって，利用可能でかつ必要とされる主たる建築材料は異なってくる．質的な差を量的に裏付けて考察しなければならないが，この点がマクロの比較文化論ではこれまで欠けていた．

一方，文化景観には新しい動きが最近起こってきた．世界遺産の指定など広く保存，保護がうたわれるようになり，世界的にも関心が高まっている．また，日本でも各地の市町村で町並み保存，保護がさけばれるようになってきている．ここでは町並みや景観を作り出す要素の一つである，住宅の外観を囲う石垣の形式の地域差を明らかにすることによって，この活動に貢献できる．文化景観は，風土が作るものであるとすれば，その地域に特有の文化景観は遺産として重要であるからである．ここにもその研究の意義がある．歴史的に地域間で人々の交流があり，文化や技術が交流し，混合してきた．たとえば，歴史的には政治の境界の変遷も大きな要因であった．

近年の日本の景観保存に関わる事業は，1960年代末から始まった．大城（1995）によれば，歴史的に景観整備の事業は文化庁が「重要伝統的建造物群保存地区保存事業」をはじめ，建設省は「歴史的地区環境整備街路事業」，運輸省は「歴史的港湾環境創造事業」として取り扱ってきた．それぞれの省庁は以下のような事業を立ち上げてきた．主なものを挙げておく．

 1989：文化庁「史跡等活用特別事業」
 1993：建設省「街並み環境整備事業」
 1993〜95：自治省「ふるさとづくり事業」
 1994〜96：農林水産省「新・美しいむらづくりの特別対策」

町並みや棚田のような農村景観の保存から，農家の母屋，蔵，生垣，門，塀，屋敷林に至るまでが対象とされている．また，大城（1995）には建設省の「歴史的資産」の保全，活用対策の調査（1990）の調査対象分類表があり，都市，河川，道，建設物，町並み，生家，名所，遺跡も対象となっている．主な事例の中に，城の石垣や，武家屋敷，民家などの塀，門，石垣，屋敷林などもある．この研究で取り扱う石垣も文化景観を保護，保全する立場から，重要な事例として扱われている．

イギリスでは，景観に対する取り組みは日本に比べて早くから実行された．景観保全のため，ロンドンでは1938年から建造物の高さの規制が設定されていた．それは大聖堂がどこからでも見えるようにという，一種の景観保全の意味も込め

ている．歴史的建造物の登録制度の考え方が初めて法律の中に導入されたのは，1944年の都市農村計画法であり，まちづくり制度の一環として，地方計画当局が建造物を登録することができた．1967年には，歴史的環境を面的に保全するため，保全地区（コンサヴェーション・エリア）の制度ができあがった．1967年は4地区だったのが，1994年当時は7,500地区を超えた．

　以上のような種々の観点や背景を考慮して，本研究では「風土が作る文化景観としての石垣」をテーマとして，風土学の立場から以下のことを解明することを試みた．ここでの，問題設定は次の通りである．

1) マクロの比較文化論では，「木の文化」とされる東アジアにおいて，ローカルまたはミクロにみた「石垣」の文化景観としての意義や価値は何か．
2) 研究対象とした「石垣」を取り巻く文化景観の地域性を明らかにする．東アジア・東南アジアにおける石垣の分布範囲は何によって規定されているか．
3) 九州・沖縄と中国・韓国との石垣の技術・形式の関連性の有無．
4) ミクロにみた「石垣」の歴史的な実態はどうか．歴史的遺産としての価値は何か．
5) 日本文化における石垣景観の意義は何か．

　この章の2．に述べる知覧と坂本の例は上記の4)に対する詳しい調査結果である．3.1では上記の3)と4)について，3.2では上記の2)および1)の検討結果について述べる．

2．文化景観の一例としての石垣

2.1　知覧における屋敷囲い

　鹿児島県の知覧は薩摩藩の外城として，島津が守りを固めるために設置されたといわれていて，知覧島津（佐多）氏は忠光（〜1363年）に発するとされている．薩摩藩では外城は合計113ヶ所あった．このうちの規模の大きな外城の一つが知覧である．現在も当時の武家屋敷跡の一部がほぼ完全な形で残されている．武家屋敷のある一角の通り（本馬場通り）の道路面は，原地形面より約1.2〜1.5m深く掘り下げてある（図1）．それぞれの武家屋敷は，本馬場通りに向き合って両側に分布する．屋敷の門の間口はどの武家屋敷も約3.6mあり，母屋へは石の階段で上がっていく形式となっている．

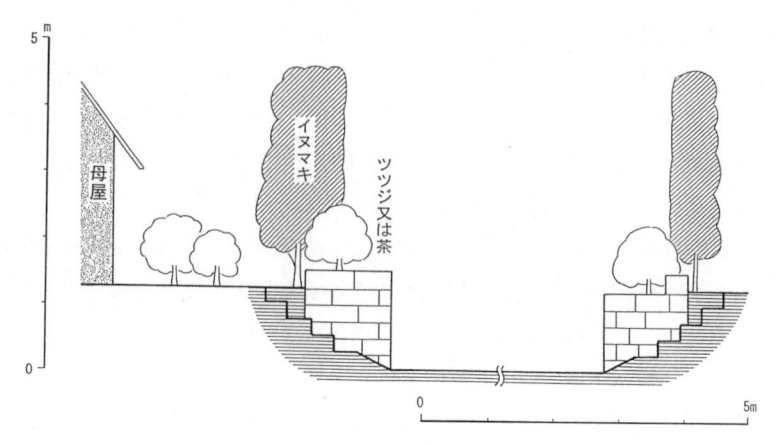

図1　本馬場通りの横断面図
道路幅約5m．道路の掘り込み1.2〜1.5m

　屋敷囲いとしての石垣は，玄関脇と，屋敷の道路に面した塀の部分のほぼ99％が，凝灰岩の樵石を用いている．一部に河床礫または段丘礫と思われる野石を用い，土で目詰めをし，固めた石垣を持つ屋敷がある．野石は円形度が高く，凝灰岩とチャート，砂岩からなる．これらの石材はすべて，あまり遠くはない地域で入手できる石材ばかりである．また樵石の最も大きいものは，幅80〜120cm，縦30cm，奥行き20cmが多く用いられている．知覧町文化財課の若松学芸員によれば，「今も町内に凝灰岩の石切場が残っている．1600年代初めの屋敷群の絵図があったことになっているが，現存していない．また，玉石は麓川上流から採石してきており，それぞれの屋敷の庭園も含め，地割りができたのは1750年代であった」という．

　武家屋敷の屋敷囲いを作る石工がいたのか，当時ユイで作業をしたのかは現在不明である．それは，1913（大正3）年に武家屋敷の半数が火災にあったので，古い文書が多く失われていて，現在詳細は不明であるからとされている．今は，石工はいないが造園業者が石垣の石積みもするし，その内側の生垣も手入れしている．ここでは台風などの防風と防火を兼ねて石垣を作った．石垣部分は1.2〜1.5mまでの高さに定めていて，石垣の上に積み重なって見えるよう内側から植えた生垣も見せることが，もう一つの目的である．生垣には，どの武家屋敷も火に対して強いイヌマキを用いているが，木が大きくなると足元に枝が張らなくなり，

すくので，その前面にお茶の木，ツツジなどの灌木を植えて，隙間のないように垣根を仕立てる（図2）．本来は防御目的もあり，道路を少なくても1.2m掘り下げ，敵が道路を通過したとき，屋敷側から攻撃するために設計された武家屋敷群である．今日では，むしろ，台風などの防風の役割を担う生垣と石垣からなる屋敷囲いである．一方では外からの視線を遮るためと，内側からは庭園の遠景として，高い刈り込みの生垣の裏側に相当するイヌマキの木を楽しむという二重の意味をもっている．母屋の裏側には，それぞれ畑をかかえている．屋敷の裏は低いが石垣を巡らせてあり，石垣で屋敷の境界を囲っている．山が背後にせまる側は特に石垣は低い．この武家屋敷群の石垣は，鹿児島県知覧町教育委員会（1993）が詳細な分布図を仕上げ，それぞれの武家屋敷の母屋の図面も詳細に測量をし，報告している．

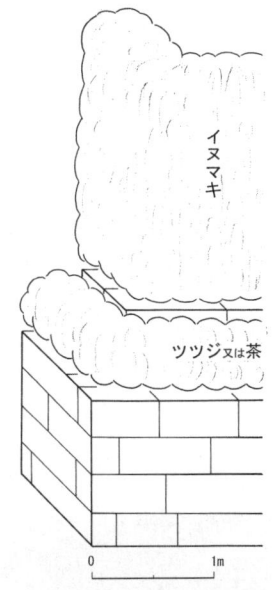

図2 本馬場通りの石垣
隅角にみられる
樵石の算木積み

2.2 知覧にみられる石垣で作る門の形式

　知覧では，公開されている屋敷のうち，石垣を曲げてカギ型にしてから母屋に向かう型が多い．この型は喜界島では1章図3のb型に相当する．この地方ではカギ型に曲がって入る形式について，特別な名称は付けられていない．知覧町の文化財課では，とりあえず「ます型」と呼んでいるという．石垣の門を入るところには，木製で引き戸の付いた屋根のある表門がある．これを知覧では腕木門と呼ぶ（図3）この腕木門は主門の両側に少し低い屋根がつき，門の屋根が2段になるものをいう（鹿児島県知覧町教育委員会，1993）．西郷恵一氏宅（図4，写真1），平山克己氏宅（写真2）の腕木門は，正面の主門の瓦屋根よりも引き戸を引いた両側部分が一段低い瓦屋根となっている．このように表門に戸のある腕木門があることが知覧の特色であり，この形式は琉球の石垣の表門にはみられない．

　表門を中へ入ると目を塞ぐかのごとくヒンプンが立つ．ヒンプンは，喜界島では1章の図3でa型と分類した．この地方ではヒンプンは屏風石と呼ばれている．

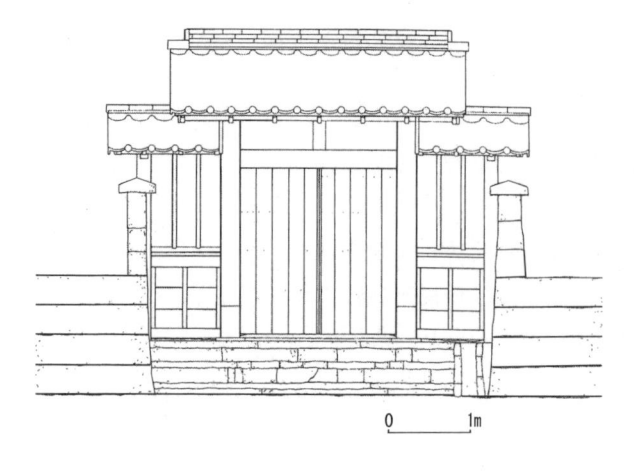

図3 佐多直忠邸の腕木門
鹿児島県知覧町教育委員会（1993）による

写真1 西郷恵一邸の石垣の門
ます型の石垣（喜界島では障子垣と呼ぶ）と，腕木門

写真2 平山克己邸
腕木門とます型門の石垣．さらに内側にイヌマキの生垣を伴ったヒンプンがある．

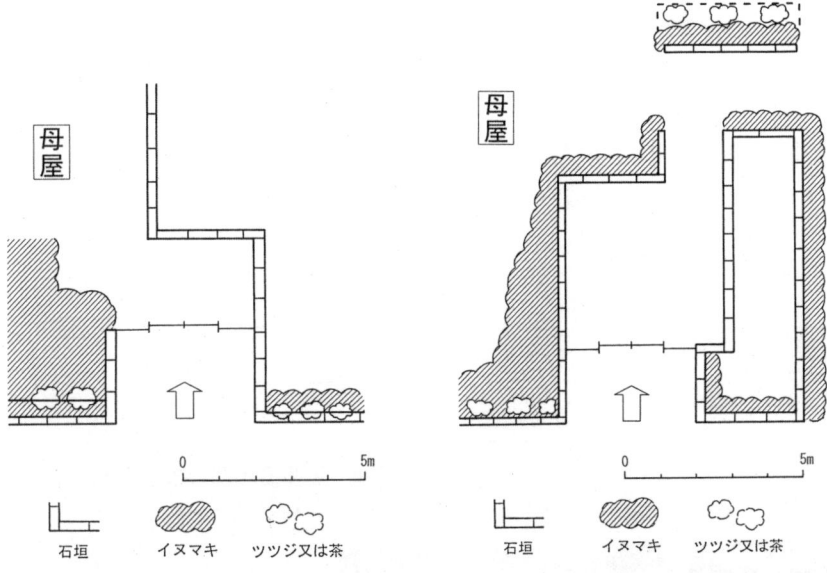

5 九州南部と坂本における石垣の様式

図4 西郷恵一邸の石垣で作られた
　　　ます型の門

図5 平山克己邸のます型門とヒンプン

　ヒンプンを有する屋敷は本馬場通りで公開されている7軒の武家屋敷のうち次の3軒，すなわち，平山克己氏宅，佐多直忠氏宅，森重堅氏宅であった．琉球でヒンプンと呼ばれているこの形式は，知覧ではすべて凝灰岩の樵石で作られている．平山克己氏宅では横幅3.7m，高さ約60cm，奥行き80cmで（図5），その内側に約1.5mのイヌマキ，ツツジなどの生け込みがある．また，佐多直忠氏宅では凝灰岩の整層樵石からなり，ヒンプンの高さは1.7m，横幅3.3m，奥行き75cmである（図6，写真3）．この佐多家でもヒンプンの上には，内側を少し低くし，土を入れてあり，スイセンの植え込みをしてある．この地域のヒンプンは石垣島や沖縄，喜界島（漆原・羽田，2003）でみるヒンプンとは違って，必ず生垣と組ませたり，草本類を入れていて，単なる目隠しのための石の衝立ではない．知覧のヒンプンは琉球とは異なって，いずれも薩摩風のアレンジがしてあるところが興味をひく．屋敷囲いの石垣の隅角は稜を持った算木積みがほとんどである（写真4）．漆原・羽田（2003）と2～4章で示した喜界島や沖縄では，石垣の隅角は必ずしも稜が立つように組まれていない．すなわち，丸みを持った稜を有する石垣

図6　佐多直忠邸のます型門とヒンプン

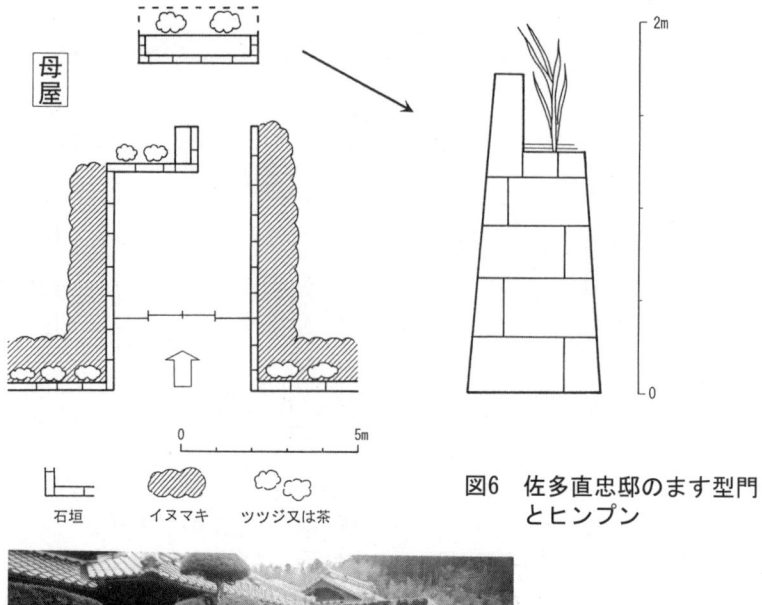

石垣　イヌマキ　ツツジ又は茶

写真3　佐多直忠邸の整層樵石で作られたヒンプン
　　　母屋側は草本が生け込めるよう，土壌が入れてある．

の隅角があるのが琉球の石垣のもう一つの特色といえよう．本馬場通りの中間で1ヶ所大きくカギ型に曲がっていて，その曲がり角の突き当たりに相当する石垣には石敢當が埋め込んである（写真5）．これも琉球の文化・民俗が薩摩藩に影響したとみることができよう．門には必ず屋根のある木製の戸のついた入り口があり，腕木門と呼ぶ．このような形式を持つのは，ここが武家屋敷であるので，格式が高い門として作ったのか，あるいは薩摩の独自の文化であるか不明であるが，少なくとも琉球文化圏にはみられなかった特色である．

写真4　石垣の隅石の算木積み
凝灰岩を用いた整層樵石

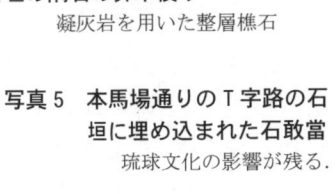

写真5　本馬場通りのＴ字路の石垣に埋め込まれた石敢當
琉球文化の影響が残る．

2.3　知覧における庭園

　知覧の武家屋敷では，石垣の内側に生垣を利用した立派な庭園を有する．この庭園群を麓庭園と呼んでいるが，知覧麓庭園の作者については西田（1987）は琉球の庭師を招いて作らせたとするより，むしろ，中国の寧波の庭園によく似ると結論づけている．特に森家にみる池の中にアーチ型の洞窟石組をつくり，築山部に回遊できる園路が設けられている．これは琉球庭園にも共通する形式であるが，琉球では石灰岩を用いるところを知覧では甌穴岩を用いている．作庭の意匠，技術，特に主景部における石組の構成法は，知覧，琉球，中国の間に類似点が多いとする．また門の形式にも目を向けており，「門から邸内に入ったところに切石積みの目隠しが設けられていて，知覧ではこれを屏風石と呼び，沖縄ではヒンプンという．」と西田は前述の論文で述べている．このように，石垣の門の形式ばかりでなく，知覧の庭園にも中国を源流とする琉球の様式が影響している．
　鹿児島県知覧町教育委員会（1993）は，この庭園群について次のように述べている．知覧町に保存されている庭の多くは，大刈込と石組みが共存していることが特色である．大刈込の流行は江戸初期から中期であり，知覧でも，江戸から遠く離れた地にありながら，その時期に取り入れられたものと思われる．作庭年代

が江戸中期であっても，各戸がそろって庭園を今日まで保存してきたことは，日本庭園史上，高く評価されて良い．

庭園についても，石垣同様地域差があり，文化景観の一つとして，取り扱う必要があると思われるが，今回は庭園の形式は十分調査していないので，考察を加えることができない．将来的に，日本文化の地域による差を示す指標の一つとして取り組んでいく必要があろう．

2.4 滋賀県大津市坂本の石垣

坂本は，石積みの技術を持つ穴太衆の発祥の地であるとされている（田淵，1975）．またこの穴太衆が文献に出現するのは，1577年の「兼見郷記」が初めてであるとされている．石積みの歴史は古く，坂本付近では，10世紀前半から中期の石垣が法華総寺院に残り，15世紀のものが同じ院の東塔内に残る．また，坂本の里坊に残る石垣群の多くは17～19世紀の成立と見なされている．また，北垣（1987）は，「穴太の起源伝承は，江戸時代に著された「明良洪範」巻5の1節にあり，古くから石切り加工の上手が，穴太の里にいた．信長の安土城普請のとき，その石工たちが呼び寄せられ，石垣構築にあたった．以後諸国でも用いられたので，次第に石垣作りの上手になり，専業となった．今では，城郭石垣築城者といえば「穴太」衆として，その名は広く諸国に知られるようになった」と述べている．

1994年には比叡山延暦寺と坂本の石垣は，世界文化遺産に指定された．また石垣のある坂本は1998年には，国の名勝の指定も受けている．最澄が生まれた「坂本」は比叡山延暦寺が栄えてからできた地名であり，中世以来坂本には延暦寺の僧侶達が住み，門前町を形成していた．坂本は琵琶湖岸の扇状地上に立地する．したがって，石垣を積むための石材には事欠かぬ土地条件を備えている．坂本の石垣に用いられている岩石は比較的固い中生代～古第三紀の火成岩や，砂岩，頁岩と中生代の黒雲母花崗岩からなる（地質調査所，1998）．穴太の石積みは，多少の面取りをした野石の大小を組み合わせ積んでいる．したがって，石と石の間の空隙がかなり多い石積みの仕方である（写真6）．また，石垣の稜線は刃のようにシャープに仕上げ，必ず算木積みとなっている（写真7）．また隅角の最下部には必ず根石を伴い，この石の傾きで稜線の角度を決める．坂本の石垣

5 九州南部と坂本における石垣の様式　81

写真6　坂本の石垣の隅角の算木積み
大小の石を組み合わせた穴太積み

写真7　坂本における算木積み
石垣隅石の最下部に根石をみることができる．

は4mを超えることがある．高くなると，石垣には5度から8度くらいの角度ののりがつく．寺の石垣で高くなると，さらに反りがつくこともある．写真8には，2.8mの高さで，反りを有する石垣の上に，さらに白い壁の塀がつく滋賀院門跡の石垣を示した．また，隅角の算木積みの最下部には，内側に傾斜した要となる根石が埋め込まれている（写真7）．この算木積みと隅角ののりをつけるようになったのは，豊臣秀吉の本丸普請のころからとされている（北垣，1987）．

現在では，穴太積みの技術を継承し，伝統的な石積みができるのは粟田純司氏のみである（JR西日本，2004）．また，司馬（1997）は，

写真8　滋賀院門跡の高さ2.8mの石垣
のりと若干の反りが施されている．

「最澄の死後，比叡山における建築物の造営は，平安期を通じて営々とつづけられた．そのために石垣技術は大いに発達し，その技術者たちが山麓の穴太に集まったかと思われる．「穴太衆」という独自の技術集団が形成され，新工夫がつぎつぎに出て，天下に知られるようになったに違いない」とある．1576 (天正4) 年，安土城の築城の際，穴太衆を集め，石垣作成に起用したとされていて，戦国時代を経て多くの築城の機会があり，技術的にも高まり，石工の人口も増加したと考えられる．しかし，1657 (明暦3) 年の江戸城の築城以後，本格的な城の石垣の構築はなくなり，石工はやがて全国に技術者として散っていったとされている．その間も近江坂本は石垣師の養成地としての役割を果たしていった．JR 西日本 (2004) によれば，石積みの技術は穴太衆の口伝として伝えられてきたといい，「石の声を聴き，石の行きたいところへ持っていけ」という言葉があると，粟田純司氏は語っている．

坂本の石垣の多くは，これまで検討してきた防風を目的とする屋敷囲いとしての石垣とは異なる．扇状地であるため，琵琶湖に向かって傾斜している地形に寺や里坊や住居をつくるために，平坦な地盤を確保する必要があり，石垣は土留めのために構築したものが多い．また，石垣の内側には屋敷林や生垣が組み合わされていることが多い．石垣と生垣を組み合わせた場合は，多分に目隠しの役割も果たしているが，塀としての立ち上がりはあまり高くなく，防風の効果を狙ったものではない．坂本では，安土，桃山時代に積まれた石積みが今なお崩れず使用されている．ここでは，石積みの技術が優れているばかりでなく，石垣に空隙が多いことも崩れにくくする要素となっていると思われる．生垣と組ませた生垣の樹木が根をはろうとも，石垣の間に適度な空隙があることと，根の力によって石垣が崩されることがないためであろう．

この穴太の石積みは，岡山城や金沢城をはじめとし，松本城，会津若松城，浜松城，和歌山城，広島城，福岡城，熊本城，洲本城，今治城，高松城，松江城，名古屋城，姫路城などの城の石垣でもみられる型である．坂本でみた穴太積みは，大きい石の間をとりわけ多くの細かい石で埋めているのが特色のように思う．前項の知覧では，隅角に算木積みを用いるが，石垣に反りや傾斜がないことが穴太積みと大きく異なる点である．

坂本の石垣の門の形式は，喜界島では「障子垣」と呼び，知覧では「ます型」

と称されたカギ型に曲がる形式を持つ．坂本の律院における障子垣を写真9に示した．その内側の木製の表門の主門は扉を持ち，瓦屋根を伴う．この木製の門は，知覧でみた腕木門とは異なり，屋根は両側に小屋根はつかず，一つのみである．この木製の門は知覧とは明らかに異なり，門の形式にも地域差がある．

写真9　坂本の律院に見る穴太積みの障子垣
間口は3.1m．内側で6.0m幅．木造，瓦葺きの表門．

3. 石垣景観の日本・アジアにおける意義

3.1　調査地域の石垣のまとめ

文化景観として石垣をとらえた場合，次のような観点から，まとめることができる．ただし，限られた地域での研究から導き出しているため，今後の調査によっては修正を要する箇所が生ずるかもしれない．

1) なぜ屋敷囲いとしての石垣を作らねばならないのか，その分布はどの地域までなのか？
2) 石垣の作り方や伝統的技法に地域差はないか？
3) 石垣の形式と住み方の違いに，文化があらわれているのではないか，また地域差がないか？

それぞれの項目にしたがって，まとめると以下の通りである．

1) なぜ屋敷囲いとしての石垣を作らねばならないのか，その分布はどの地域までなのか？

日本文化の中で屋敷囲いとしての石垣をとらえるならば，日本以外の地域との比較をしてみること，日本国内の地域差を明らかにすること，この二つの点からみる必要がある．後者は，2) と3) でも論ずることができるので，この項では前者のみに限りたい．

日本の近隣諸国で，屋敷囲いとしての石垣が多用されている地域をみると，少なくても韓国の済州島の海岸部の強風地域がまずあげられる．火山島であり，石材に事欠かないことと，強風が卓越しているという自然条件に加えて，藁屋根で作られている民家が多いというもう一つの要素がある．したがって，民家の屋根にも縄やワイヤーをかけ，藁屋根が強風によって飛ばないように固定している．

　海南島には，石垣の屋敷囲いは皆無であった．海南島の東側の沿岸は台風が直撃するが，集落は極めてわずかである．集落がある内陸側は，台風が影響する範囲からはずれる．したがって，防風効果の高い石垣は不要と思われる．台湾では，少なくても東シナ海沿いには，屋敷囲いとしての石垣はほとんどみられない．しかし，澎湖列島には強風を避けるための石垣が分布する．この強風は台風ではなく，冬の季節風である．

　東南アジアでは，インドネシアのジャワ島，バリ島は火山島であり，豊富な石材があるにも関わらず，石垣は棚田の土留めに用いている場合はあるが，屋敷囲いとしては用いていない．母屋のまわりには，屋敷林として有用樹木やココナッツなどを植えている．これらの島々は台風の移動する範囲から外れているので，強風は稀である．むしろ石材は，ボロブドールの仏教遺跡や，パランバナンのヒンズー教寺院や，石碑を作るなどのように，特別な宗教的目的の場合に用いるが，民家や民家の周りの屋敷囲いには用いていない．民家はラテライト（日干しレンガ）または，ラトソル（熱帯土壌）を低温で焼き上げたレンガのブロックを用いる．水田や畑で藁や籾殻をかけて焼き上げたり，簡単なカマで焼き上げるか，または一週間天日にさらすだけで，石同様にかたいブロックを作ることができる．そのレンガを民家にも用いている．したがって，家そのものが相当の強風に耐えうる．このことが，石垣を屋敷囲いとして用いる必要性をなくしているのだろうと思われる．

　日本の中では，南西諸島のサンゴ礁の分布する屋久島以南の島々では，従来サンゴ石灰岩の石垣を屋敷囲いとしてきた．しかし，自然保護の立場から1973年頃からサンゴ石灰岩を海岸から自由に採石することが許されなくなった．石垣がコンクリートブロックに変化した今日，どの島でも石垣が分布したという戦前の様子は知りがたい．また戦争によりサンゴ石灰岩の石垣が焼けたところは生石灰となるため，粉々になり，石垣を積み直す必要があった．戦後，特に1960年代以降，多くの集

落がブロック塀に変わってしまっている．沖縄本島では，主として過疎の目立つ集落や，離島にのみ石垣が残る．石垣がブロック塀にかわる時，多くの藁葺き屋根がトタンや瓦に変わっていった．戦後の変化の中で，むしろ石垣がなぜ残ったのか，どのような条件の集落に残るのかを考察することが必要である．また，石垣が残った集落であっても，海岸から距離や屋根の材料が何であるかによって，石垣やブロック塀の高さが決まっていることもわかった（漆原・羽田，2003）．

現在のところ，南西諸島は，少なくても台風の経路にあたる強風域であって，台湾の澎湖列島や朝鮮半島の済州島は，冬の季節風が強く，藁屋根であったことが石垣を必要としたと結論づけることができよう．台風の経路からはずれる東南アジアは，少なくてもレンガ作り，瓦屋根，またはシュロやヤシの葉の屋根であっても，高い樹木で屋敷囲いをすることで，防風ができるため，石垣が不要であったと考えられる．

2）石垣の作り方の伝統的技法における地域差

屋敷囲いとしての石垣の伝統的方法を，漆原・羽田（2003），漆原（2005），2章と3章では，喜界島に限ってみた．その中で，琉球に属した時代にすでに城の石垣の補修のため，奄美からも労働力の供給があったとされている．したがって，琉球の石積みの方法を学んで帰島した人々がいたことが想像される．喜界島の屋敷囲いとしての石垣は，戦後まもなくはまだ石工が島にいなかったので，奄美大島に石工を求めた．しかし，昭和20年代末から30年代には，本州で石積みの訓練をした石工が島にも住むようになり，門などの技術的に難しい箇所は石工に頼み，長い塀の部分はユイで労働力を確保し，積んだ．サンゴ石灰岩からなる野石積みは，海岸からの距離が近い強風域は極めて高く，2.7mであり，最高は3.6mであった．

喜界島でみる限り，石垣の隅角は必ずしも直角に曲げていない．つまり多くの家々の隅角は直角ではなく，少し丸みを帯びている．したがって隅角を算木積みにする必要がない．この形式は琉球に残る多くの城の石積みにも共通するものである．すなわち，琉球としての独自の石積みの技術と形式があり，その手法が喜界島にも伝わったと思われる．

本研究では，薩摩藩に属した屋敷群を持つ知覧の石積みと，穴太の石積みの技法をみて，南西諸島のそれとの比較を試みた．喜界島の近年の石積みはかなり本州の技法が混在していると思われ，門の隅角は樵石を用い，算木積みにし，稜を

際立たせている．しかし，町並みを構成するそれぞれの家の隅角は角が丸みを帯び，上記のように曲線を描いて曲がる．したがって，隅角は算木積みになっていない．知覧の家々の隅角は約90％以上が直角で，樵石を用いてきれいに算木積みにしている．

坂本の穴太積みは本州域の城，寺院仏閣の塀に典型的に用いられ，自然石を部分的にかち割り，隅角の稜をたたせ，算木積みにする．さらに石垣の高度が高くなる寺ではこの稜にのりと，反りが付く．この方法は少なくても知覧の積み方とは一致しない．今後，穴太積みの分布範囲のうち特にその南限を，本州域で詳しく調べる必要がある．

3) 石垣の形式と住み方

屋敷囲いとしての石垣の形式の地域差は前述のように隅角が直角（穴太，知覧）である場合と，曲面をもちながら曲がる南西諸島の形式がある．この他に石垣の門の形式にも琉球の方式と知覧，坂本のそれぞれに違いがあった．すなわち，1章図3のa型にみるように，ヒンプンは琉球で用いられる形式である．しかし，琉球のヒンプンは石垣の上に植物は入れない．知覧ではヒンプンが用いられるが，ヒンプンの石積みの上に植物を入れたり，内側に花木の生け込みを入れて，デコレーションをする．すなわち，薩摩風のアレンジが入る．このヒンプンは，坂本には全くない．さらに，喜界島の障子垣は，知覧ではます型の門と便宜的に呼ばれているが，少なくても薩摩の文化が喜界島にまで及んだためだと考えられる．このカギ型に石垣を曲げて入る石垣の形式は，沖縄や，八重山では一般的な門の形式ではないが，坂本の里坊では極めて多くみることができた．この石垣の門の形式は，現在のところ調査不足でその北限は不明である．知覧では，石垣の門を2～3m入り込んで母屋までのところに，腕木門が付く．この腕木門は，屋根が主門より1段低い小屋根を両側に伴う．この両側は引き戸を引いて開いている時の戸の収納の場である．これは知覧独自の形式である．しかし，障子垣を伴った坂本では，腕木門はなく，引き戸が付くが主門のみである．石垣の屋敷囲いは知覧と坂本は同じ障子垣とはいえ，木製の門の付け方の形式が違い，住み方が異なっているように思われる．

以上のように，屋敷囲いとしての石垣は，それぞれの地域の風土を反映するものであり，地域固有の文化を表す指標として用いることができると考える．今後

日本各地の石垣の比較をするとともに，さらに石の文化を有するヨーロッパ諸国との比較も試みる必要があるであろう．

3.2 門の形式とヒンプンからみる文化領域

　ヒンプンの領域は13章の図2にあるように，下野（1章参照）の琉球文化圏より北の九州南部までである．障子垣の分布は，現在までの調査では少なくても喜界島までを南限としている．少なくても下野の琉球文化圏，大和文化圏の明瞭な境界とは一致していない．屋敷囲いとしての石垣は，明瞭な境界をもつものではなく，境界付近では技術や，形式を一部応用しつつ，他地域のそれを取り入れていくものではないかと考える．

　将来的に下野の提案した東シナ海文化圏も視野におき，残された問題として，朝鮮半島の石垣の技術，形式の対比が必要と思われる．

参考文献

JR 西日本（2004）：Blue Signal. 93, 19p.

鹿児島県知覧町教育委員会（1993）：知覧麓の武家屋敷群．伝統的建造物群保存地区保存対策調査報告書（改訂版）．287p.

北垣聰一郎（1987）：ものと人間の文化史, 58・石垣普請．法政大学出版局, 415p.

西田政善（1987）：知覧麓庭園の作者に関する考察．知覧文化, 24, 7-20.

大城直躬（1995）：都市の歴史とまちづくり．学芸出版, 256p.

佐々木博（1978）：風土と景観．山田英雄編,『風土論序説』, 国書刊行会, 91-122.

司馬遼太郎（1997）：叡山の諸道，街道をゆく16．朝日新聞社, 242p.

田淵実夫（1975）：ものと人間の文化史, 15・石垣．法政大学出版局, 214p.

地質調査所（1998）：京都東北部地域の地質．地域地質研究報告1/5万地質図幅, 京都(11), N1 - 53 - 14 - 2, 第28号, 82p.

漆原和子・羽田麻美（2003）：屋敷囲いとしての石垣をつくる文化—喜界島阿伝集落の例—．国際日本学, 1, 139-168.

漆原和子(2005)：屋敷囲いとしての石垣を作る文化—喜界島小野津集落と阿伝集落の屋敷囲いとしての石垣の比較—．国際日本学, 3, 151-174.

吉野正敏（1978）：風土とクライメイト—その概念の変遷—．山田英雄編,『風土論序説』, 国書刊行会, 91-122.

和辻哲郎（1935）：風土．岩波書店, 407p.

6章　対馬における屋敷囲いとしての石垣

漆原和子

1. はじめに

　屋敷囲いとしての石垣の様式と分布から，石垣を作る文化の地域差を明らかにすることをこれまで試みてきた．喜界島（漆原・羽田，2003；漆原，2005b），九州南部の知覧，出水（漆原，2005a），四国の室戸岬（漆原ほか，2006）の石垣については，その結果を発表した．これまでの調査地域において共通することは，石垣を屋敷囲いとして広い地域で用い，維持してきたのは1960年代までであるという点である．1960年代後半から1970年代は，道路の拡幅のため，石垣をコンクリート塀やブロック塀に変えたり，母屋の屋根を藁から瓦やトタンに変えたことによって，急激に防風のための石垣が消滅していった．しかし，今日もなお石垣を使用し続けている地域の調査を行った結果，以下のことが明らかになりつつある．石垣の積み方や，様式からは次の二つに区分できる．1）沖縄を中心とした地域では，野石積みを用い，隅角を曲面として積む様式（琉球様式）である．これは，九州南部にもみられる．また，沖縄中心にみられる琉球様式は，済州島の石積みと同じ様式であることがわかった．もう一つは2）本州域にみられる穴太積みである．この様式は野石積みが主であるが，隅角を算木積みとし，稜線は反りをつける．九州南部にもこの様式はみられるが，反りはない．四国の室戸岬や佐田岬にみられる様式は，典型的な坂本の穴太積みの様式であることがわかった．

　したがって本研究では，琉球や済州島でみられた石積みの様式の本州における東と北の境界がどこであるのか知ることを目的として，対馬と隠岐島の調査を行った．今回は対馬の結果に基づいて，石垣からみた様式の地域的広がりを明らかにすることを試みた．隠岐島は本報告では詳述しないが，石垣の様式は穴太積みであり，朝鮮半島の石積みの影響はほとんどないといってもよい．

2. 地域の概要
2.1 対馬の自然

対馬は NNE-SSW に尾根の連なる島であるが，全島の 87% が山林である．平野は河川の河口部に限られていて，全島として平野部は極めて狭い．北の上島と，南の下島に大きく 2 分され，その間は狭い海峡で接している．とりわけ浅茅湾付近はリアス式海岸で，沈降した海岸であることがわかり，多くの島々が点在している（図1）．最高峰は，下島の矢立山 649m である．下島には，500m を超える高い山々がある．上島は御岳 458m が最高峰で，300m 前後の山が多い．田山（1954）は上島の北部に海岸段丘が 3 段（50m 以下，30〜20m，5m）発達し，隆起している地域があることを報告している．また，田山（1954）は，上島，下島の西海岸は急傾斜な海底地形になっている．舟状盆地が上島の西海岸に沿って，北東から南西方向に走り，150m 以下の深い海となっていることを述べている．また，対馬西岸断層線があることを，海底地形と，海岸に残る複数のケルンコル，ケルンバットの存在から示

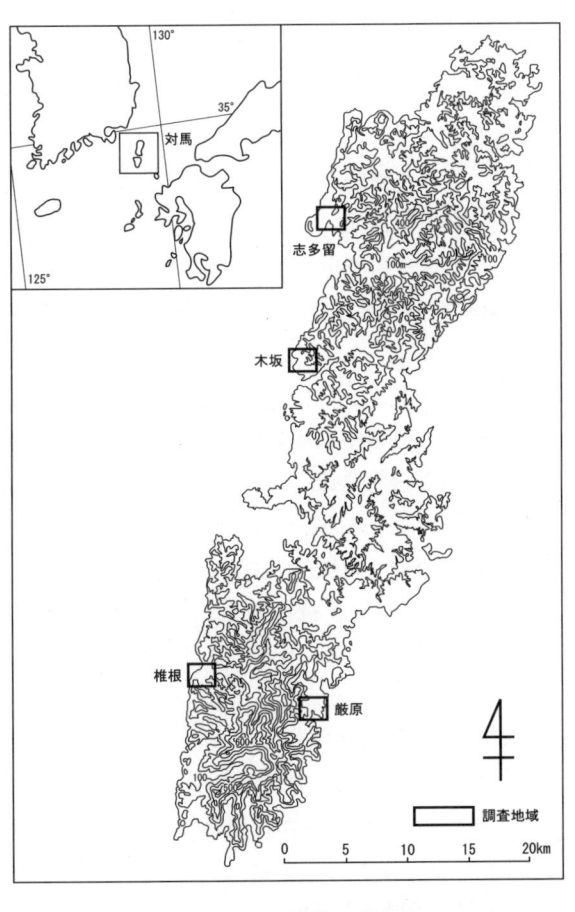

図1 対馬の位置と等高線図
等高線は 100m ごと

している．田山の報告から，2万年前の氷期の海面低下期にも，対馬と朝鮮半島の間には，細いが水道があったことがわかる．

　対馬は南を対馬海峡と，北を朝鮮海峡と接し，九州まで150km，朝鮮半島まで，わずか53kmである．したがって，歴史時代を通じて外交面においても軍事面においても最前線であった．朝鮮半島から本州への文化や宗教が伝播する上で，対馬は重要な中継点であった．植生は落葉樹の他に照葉樹も多く混じり，対馬暖流の影響を受けている．前川（1954）は，対馬の植生について次のように述べている．天然林はわずかに残るに過ぎず，アカマツ，コナラを主とする二次林が多い．300m以下では，暖帯的でイス林を極相とする．さらに，シイ，モッコク，イチイガシなどが混じる．300m以上の山地は温帯的色彩が強く，モミ，アカガシ混淆林を極相とする．高等植物は，1,100種を超えるものが野生状態で見出されるとあり，豊かな植物が存在していることを示している．

　丘陵（100～200m）のほとんどは中生代頁岩（粘板岩），砂岩，礫岩からなり，火成岩の岩床や岩脈をはさむ．南部下島の高い山地は，硬い花崗岩と玢岩からなる．御嶽なども玢岩からなり，風化に対して強く硬い岩石は残丘状をなし，高地になっている．

　島の地質は主として中生代堆積岩からなっていて，石垣に用いる岩石は，主に採石に適した砂岩や粘板岩である．上島である御嶽には輝緑玢岩が，権現山には閃緑玢岩が分布する．下島では，白色石英玢岩が白嶽とその山系に分布する．この石英玢岩は，厳原港付近にも産し，石垣の石材としても用いられている．対馬教育委員会編（1973）によると，日本書紀には，「天武天皇に対馬から銀を貢上した」とある．また続日本書紀には，「文武天皇に対馬から金を貢す」とある．これらの記述から，変成作用による鉱産資源にも恵まれ，古くから採掘してきた島であることがわかる．

　対馬の海岸は，沈降にもとづくリアス式海岸を示す（佐藤，1954）．谷の方向は，NE～SWとNW～SEの二つの系列がある．しかし，全島において沖積平野の発達は極めて悪い．わずかに厳原付近に広い沖積平野がある．

2.2　対馬の歴史と石垣

　対馬は，「魏志倭人伝」の中にその地形や生活の様子が書かれている．対馬は

歴史時代を通して，朝鮮半島からの文化が日本に伝えられる第一中継地としての役割を果たしてきた．遣新羅使船や遣唐使船が対馬を経由して，文化的交流を重ねてきた．また，江戸時代には藩主は「朝鮮通信使」を迎える重要な役を担っていた．

対馬には朝鮮系の仏像，仏典や朝鮮式山城の「金田城(かねたのき)」などが残る．また国境の国として，元寇の侵略にもさらされ，防人が配置された．一方，江戸時代に対馬は長崎の他に，朝鮮国との正式な国交の窓口であり，外交実務は対馬藩に任されていた．釜山市には約10万坪の「草梁倭館(そうりょうわかん)」という日本人居留地があり，500～600人の対馬の人が外交，貿易のため居留していた．一方朝鮮通信使は約500人の文化使節団であり，1607～1811年の間に12回を数えた．石積みの様式も，この朝鮮通信使との交流が文化交流を生み，大きく朝鮮文化の影響を受けたと思われる．以下に朝鮮通信使について詳しく引用する．

豊臣秀吉による1592年の文禄の役，1597年の慶長の役の2回の出兵ののち，朝鮮との関係修復のため，徳川家康は対馬19代藩主宗義智に和平交渉を命じた．この後，1607年に国交回復をし，以後12回の通信使の来日があった．そのルートは漢陽（ソウル）—間慶—東菜—釜山から海路で対馬の北の佐須浦（佐須奈）に達し，対馬の府中（厳原）から赤間関（下関）を経て瀬戸内に入り，大阪から京都—江戸—日光までがルートであり，第一回目の通信使は正使以下504名で，7ヶ月にも及ぶものであった．対馬藩は，厳原での接待の他，江戸への案内役も任されていた（仁位，2002）．

文禄と慶長の役の際，小西行長が築城した倭城を小西城ともいう．釜山市内に残るこの石垣の角隅は，坂本積みと同じ算木積みとなっている．東菜（釜山の北）に残る金井山城は海から侵入する倭寇の防御を目的とした山城で，約17kmにも及ぶ城壁を持つ．南門は樵石で布積みであるが，城壁そのものの石積みは野石積みで，曲面に沿って積む隅角の様式で，朝鮮独特の様式である．これは琉球でみた琉球様式と呼んだものに極めてよく似ている．

対馬では，朝鮮通信使は佐須浦，鰐浦，西泊浦，住吉に寄港しながら，厳原に至り，滞在した後，対馬藩が江戸へのルートの案内役を勤めたとされている．このような歴史が，文化や石積みを初めとする城下町造りに強く影響していると考えられる．今日でも，毎年8月にはアリラン祭が行われ，「朝鮮通信使行列」の

再現をしていて，日韓両国の観光客で賑わう．

　対馬藩は10万石以上の格を誇示したとされているが，今日厳原市内に残る屋敷町の中の石垣は後述の3．4に示す通りであり，その様式は朝鮮の影響を強く受けている．しかし，厳原に残る古く築城された二つの城の石積みは，穴太積みの特色を強く残している．1669年に藩主宗義真が築いた金石城趾と，文禄・慶長の役の際に築城したとされる清水山城跡は，隅角の野石積みの様式から典型的な穴太積みであることがわかる(厳原町教育委員会編，2000)．同じ時期に築かれ，秀吉の日本での基地となった肥前の名護屋城（佐賀県鎮西町）や壱岐の勝本城も同様に野石を用いた穴太積みである．

　厳原の府中の成立と，防火壁については「対馬の自然と文化」の復刻版に詳しく述べられている（対馬の自然と文化を守る会編，2001)．この中で淵上清は厳原の石垣について以下のように述べている．宗氏の対馬統一が1246年から始まった．そして，1486年に厳原町中村に府を置き，その後池の館（現今屋敷）に移り，さらにその後金石に館を構えた．1609年己酉約条が成立し，日朝貿易が盛んになった．1660年桟原館の構築が始まり，厳原の町割が本格化する．狭い平野部に城下町が立地し，多くの屋敷が建ち並ぶと，火災が最も大きな災害となる．厳原ではたびたび被害が発生したが，江戸時代の府中の大火は次の通りである（対馬教育委員会編，1973)．

　　万治2年12月（1659），1718戸
　　寛文元年12月（1661），715戸
　　延宝5年1月（1677），280戸
　　元禄元年12月（1688），290戸
　　享保8年5月（1723），319戸
　　享保17年3月（1732），1219戸
　　享保19年3月（1734），1158戸
　　宝暦9年9月（1759），1000余戸
　　宝暦11年2月（1761），902戸
　　文化5年1月（1808），202戸
　　文化6年4月（1823），1023戸
　　天保2年1月（1831），320戸

これらの大火は，冬の季節風の卓越する月に集中している．厳原には，町中に今もなお石垣でできた防火壁が多く残されている．その理由は次のようである．城下町の武家屋敷や商家の屋敷も，石垣に囲まれていたが，防風ばかりではなく，発生する火災を最小限に食い止める工夫として防火壁が必要であった．近年，厳原でも車を市中に入れるため，道路幅の拡幅がさかんに行われた．特に昭和50年代，小路に消防車や救急車を入れるための生活道路の拡幅がさかんに行われた．土地が限られているために，屋敷をできるだけ広く用いる工夫として，幅の広い石垣から幅の狭いブロック塀にかえることが行われてきた．しかし，このことによって，町の屋敷の密度が減少するわけではなく，火災を最小限にするためには，先人の知恵であった石垣の防火壁を残す方法がとられた．

2.3 対馬の風

関口（1954）は，島の西と東で，北西の風が卓越する時期に著しく天気が異なると述べている．北西の季節風（地方名アナジ）が朝鮮から吹き渡ってくるときには，風上側の島の西海岸は快晴で，東海岸は雲が集積している．北西側は-2.0℃以下，風下側は-1.5℃内外であることを報告している．また，この島の風の名称についても調べていて，この地方の北西風アナジは強く，4〜5日持続する．風力が強く，麦などが被害を受けることがある．また，第二次世界大戦中に防風林を伐ってしまったところは，風害が大きく，収穫が激減した耕地があると述べている．また，北部豊での風配図と，この地方の風の呼び名（図2）が示されていて，興味深い．

長崎県気候図誌（長崎県海洋気象台編，1960）では，長崎県の気象災害の

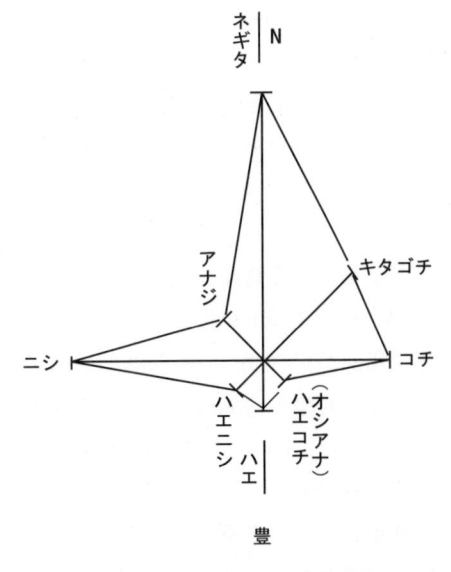

図2 対馬における風の名称
関口（1954）による

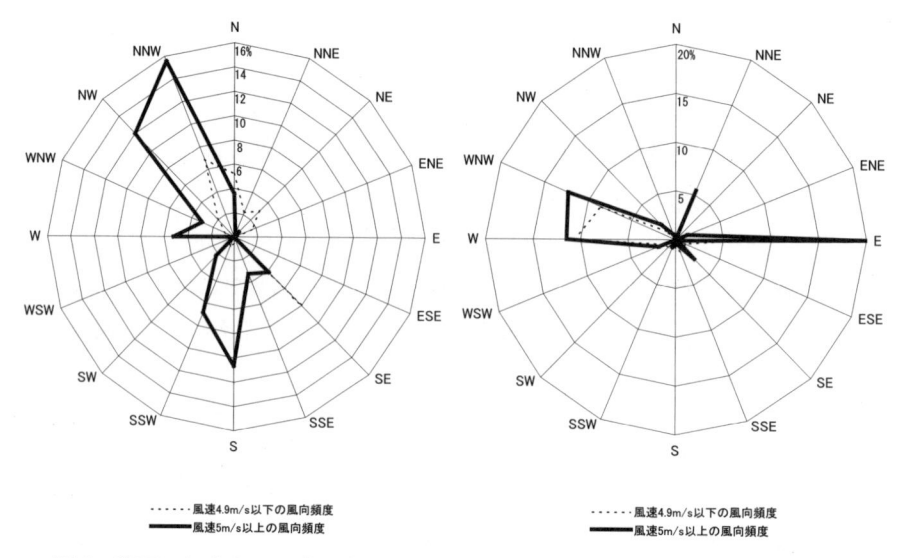

図3 厳原における2004年の風配図　　図4 鰐浦における2004年の風配図

　主なものとして台風を挙げている．対馬付近を通過する台風が，明治以降多いことを示している．本章では，厳原測候所のデータをもとに，2004年の対馬の風の状態について考察した．1年間の風向頻度と，風向別の5m/s以上の割合を求めた．その結果を風配図（図3）で示した．厳原においては5m/s以上の風も，4.9m/s以下の風も頻度が高く，その風向はNWとNNWである．月別にみると5m/s以上でこの風向が卓越するのは1～3月と，10～12月である．10月から3月までの冬季には，NW～NNWの5m/sを超える風が最も卓越している．対馬の最北端にある鰐浦の測候所では，WNWないしWの風が最多頻度の風である．WNW～Wの5m/s以上の風が吹くのは12月から1月である．すなわち，少し西に風向がずれ，かつ，強風は11月から1月までの寒候期に限られている（図4）．

　一方，対馬の台風は，これまで調査してきた他の地域と同様に2004年に限って検討した．2004年の台風29個のうち，対馬の西を通過する台風は4個，対馬の東を通過する台風は11個である．このうち台風15号は970hPaで，対馬の西を通るタイプである．対馬を通過時の風速は最高25m/s（SSE）（8月19日5～6時）に達した．この台風の経路と，風向と風速の変化を図5に示した．8月19日3時から4時までは南東から南，そして南西に風向が変わった．したがって，

台風の強風時，南よりの風が吹く場合がある．島の南や西側に河口が開く谷の場合，強い潮風が谷沿いに吹き込む可能性がある．この台風は，2004年に対馬を襲った台風の中で風速は最大であり，日本海を通過して，津軽海峡を8月20日に通った台風である．この他に，対馬の東を通る台風16号（910hPa）は，通過時の8月30日14時に最大風速11.1m/s（NW）に達した．この台風の中心は，九州を縦断して山陰を通り，津軽海峡に達した．対馬付近を通過して南よりの風になった時は，風速は強くない．

　2004年に，台風が20mを超えて強風のまま対馬を通過した例は，島の西側を通

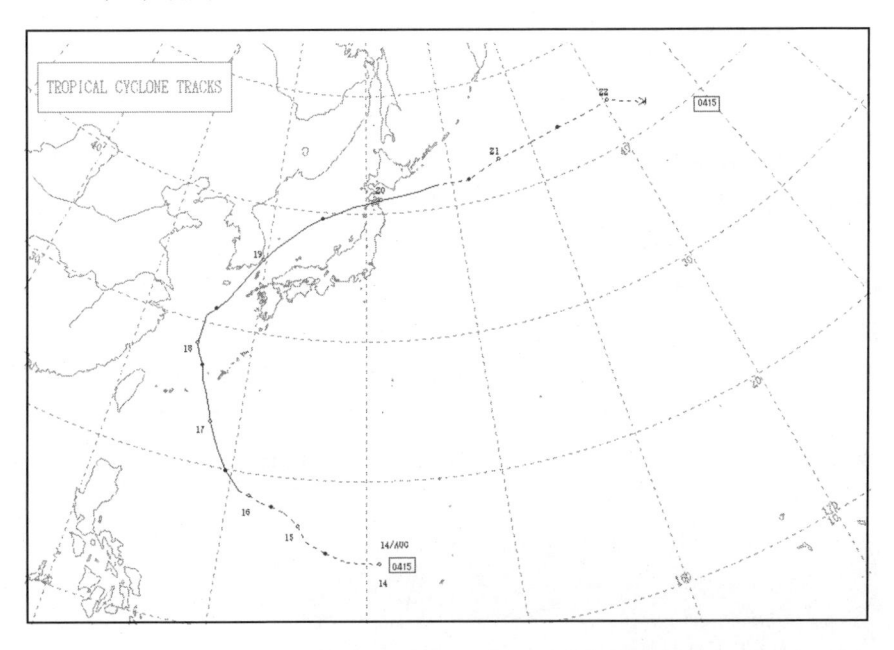

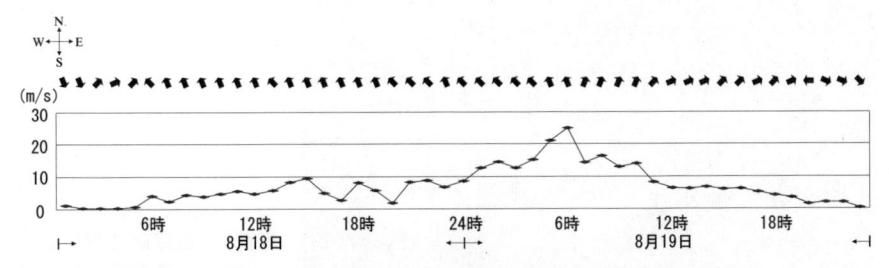

図5　2004年台風15号の経路と厳原における風速，風向の変化

った台風15号のみである．防風の観点から最も重要視しなければならない風は，常時この地方に吹く5m/s以上の，冬季におけるWNWやNWの風である．この島の代表的な厳原の観測データから，頻度の高い西よりの強風に対して，とりわけ島の西岸の海岸における集落で，防風効果を高める工夫を凝らさねばならないことになる．これは，現地の人々の語る「島の西側の集落は，戦前は石置き屋根の板倉がどこにでもあった」という表現と一致している．

3. 対馬における屋敷囲いとしての石垣の分布
3.1 厳原町椎根の石屋根

鰐浦を調べた結果によれば，瀬川ほか（1954）は小屋について以下のように述べている．小屋：火災予防のため，海浜や低湿地の条件が悪いところに小屋を作った．小屋は階段付で，内部は2室または3室に分かれる．俵もん小屋，衣裳小屋，雑小屋があり，雑小屋には，海草，麦，醤油，味噌を入れた．

椎根には，高床式の穀倉が多く残り，これを板倉と呼んでいる．板倉の間取りは，2部屋または3部屋に分かれている．1部屋は作物の貯蔵庫であり，1部屋は衣類や什器など，あるいは家庭で常時使用しない家具などを保管する．この板倉は，青山（2000）によると，その起源は弥生時代にまでさかのぼるという．椎根では，周囲から採石した厚さ15～10cmの粘板岩を用いて，屋根をふいている．棟の方向はNNWからSSEである．これは河川の走向とほぼ一致している．

板倉は地域によっては小屋敷，小屋，木倉とも書かれているが，本論文では

写真1　厳原町椎根における石屋根の板倉

統一して板倉と表記する．板倉は椎根川沿いの低地に分布するが，各戸が一軒の石屋根の板倉を持つ（写真1）．明治以前は，庶民は瓦屋根を使用することが禁止されており，藁屋根を用いていた．しかし，冬の季節風に対して藁屋根は弱い．冬の強い季節風は前述のように12～5月に吹く．この季節風にあおられて，何度か大火が発生したことをふまえて，母屋から離れた谷の中心に近い河川沿いを選び，板倉を作った．かつ屋根に粘板岩の石板を置くことによって，季節風にも，大火に対しても被害を最小限に防いできた．すなわち，母屋から離れた河川沿いに集中して建設することで，母屋が大火にあっても板倉に保存している最低限の

写真2 椎根の板倉内におけるアーチ型の梁

食糧と家財を守ることができる．写真1の例は，床下は55cmで，石畳の上に石の礎石を置き，その上に柱をたててあり，床は板床である．木材は，スギ，ケヤキ，ヒノキを用いる．重い石屋根を支える工夫は，梁にあり，写真2にあるように1本の木をアーチ型にして，梁を作成する．アーチ型の梁を何本も渡すことによって，石屋根の重さを吸収している．粘板岩は畳大で15～10cm厚さのものを用いた．少なくとも40年前は，西海岸の風の強い地域には，石屋根の倉がどの集落にもあった．その後，板倉の石屋根を瓦屋根に変えていった例が多く，椎根のように石屋根のまま残している板倉が多い集落は今日では稀である．椎根でも近年は瓦屋根に変えた板倉が多い．

　椎根の集落の周りは良質の粘板岩からなり，石材として採石する場として好都合な位置にある．また大きな板状のまま採石することができるので，屋根に用いるのに適している．今でもこの集落は，入母屋の石屋根をもつ板倉が他地域より多く保存されており，現在も使用している．

3.2 木坂の石垣と藻小屋

木坂は海神神社（わだつみじんじゃ）の氏子の住む集落である．延喜式にも記載され，非常に古いお面が海神神社にあることでも知られている．対馬国一ノ宮と呼ばれ，社伝によれば，神功皇后が新羅遠征の帰路まつったとされている．また海神神社の御神体は新羅仏（如来像）であり，これは重要文化財である（長崎県教育委員会編，1992）．木坂の集落について述べた喜多野（1951）の報告によれば，以下の通りである．延喜式神名帳には和多都美神社として載っており，白鳳以来八幡本宮，近世は木坂八幡宮と称した．1873（明治6）年に海神神社と称せられるようになった．木坂は神社の社領地であり，1623（寛永2）年の「木坂八幡社領坪付帳」には，麦の畑地，水田と木庭，茶園があったと記されている．麦や籾を宮司に差し出し，大祭や小祭には農作物や労役の提供は木坂の社人（輪番宮司，禰宜，鉾舞役，命婦等の諸家）と地百姓によって負担された．そして，長く八幡宮中心の生活を継続してきた村である．1623年当時居屋敷31，小屋敷17と記録されている．小屋敷は，椎名の板倉のことを指し，この記録にも今日同様に，小川をはさんで居屋

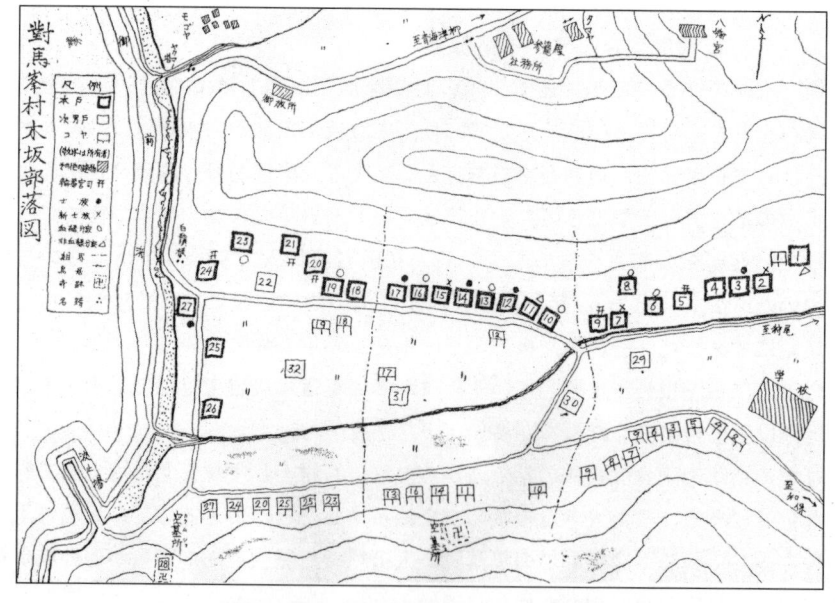

図6 木坂の昭和25年の居屋敷と，小屋敷の分布図

喜多野(1951)による

6 対馬における屋敷囲いとしての石垣   99

写真3 木坂における石壁を用いた藻小屋

敷の反対側にあり，この小屋敷の分布する側に墓地がある．1950（昭和25）年の喜多野の調査によれば居屋敷は33戸である．その分布図は図6に引用した．すなわち1623年から1951年までほとんど戸数が変わっていない．当時の分布図によれば木坂の本戸27戸と，次男戸6戸，合計33戸で，そのうち輪番宮司は5戸である．木倉（コヤ）は27戸で，いずれも川の左岸側である．すなわち，1623年当時に比較すると，居屋敷数（33戸）は2戸増えただけで木倉（コヤ）が10戸増えたことになる．このことは生活が豊かになったことを意味すると思われる．

　海岸には石壁で作られた藻小屋が残る．藻小屋は各集落で畑の隅や，家と畑の中間の山腹に建てた，海草肥料小屋である．晩春に藻切りをした藻を蓄えるための納屋であり，藻は肥料として用いる（写真3）．写真3の瓦屋根は，近年の再建修復の際のものと思われる．小屋であっても石壁を作り，建物をすべて石壁で作る文化は，地中海域や済州島，福建省や台湾などでみることができるが，本州域ではみられない．したがって，藻小屋の石壁も韓国などの近隣の国々の影響を受けたものとみてよいであろう．

　木坂の屋敷囲いとしての石垣と，板倉（小屋敷）の分布（2006年1月調査）は図7に示した．木坂の石垣については原田ほか（1980）の報告があるが，すでにその一部がブロック塀やコンクリート塀に変わっているところもある．しかし，非常によく原型を残し，石垣が残っている集落である．石垣の材料は，主として砂岩である．ここでは，南風をハエと呼び（沖縄と同じ呼び名），特に台風時に

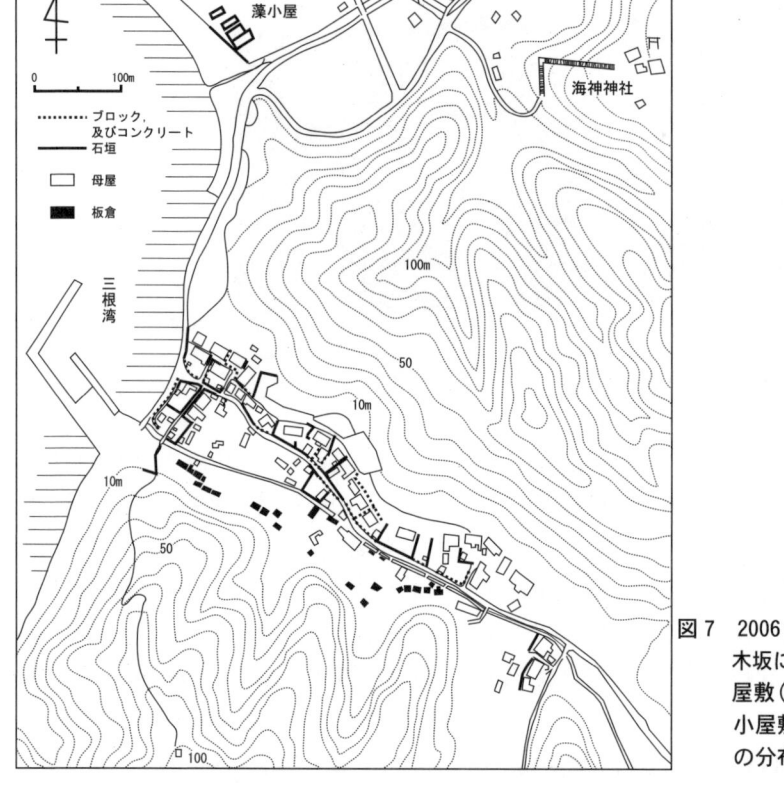

図7 2006年1月の木坂における居屋敷（母屋）と，小屋敷（板倉）の分布

強く吹く．また，北西の風をアナジと呼び，冬の季節風を指す．また谷はほぼ東西に走ることから，西の海岸から吹き込む風が強い．しかし，冬の強い北西の季節風の影響を地形的に最小限にするよう，集落は尾根の南麓，すなわち谷の中央を流れる河川の北側（右岸）に集中して分布している．

　この集落は，母屋の位置が谷の北側の山麓から，中央を通る川に近い位置まで広がる．この山を越す風と，谷沿いに入る風を避けるように，どの家屋も見事な石垣の屋敷囲いが築かれている．この集落の石垣の特色は，砂岩を用いた野石積みが多い．また，隅角を丸くとる例が多い．布積みの家もある．樵石を用い，布積みにする例は，かつての神主の家か，または氏子として重要な地位を占めている家のみである．

　板倉はすべて，谷の中心の川沿いに集中している．昭和30年代にこの川を改

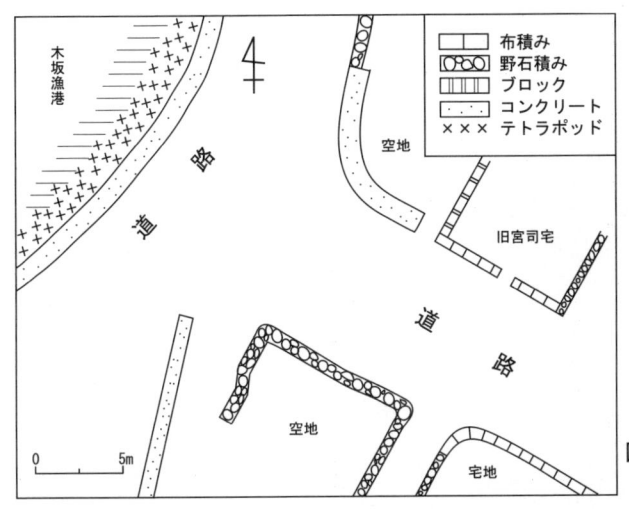

図8 木坂の海岸よりにみる曲面を持つ石垣

修する以前の川向こう，すなわち左岸側に板倉（小屋敷）が集中する．ここでは川の右岸側に母屋があり，左岸側は板倉があり，出産も板倉で行う．また，死者も左岸側で弔う．氏子は，「川向こうは不浄の地である」と言う．お参りや神社の祭りごとはすべて右岸側で執り行う．

　母屋は空き屋であっても形を残しているものを含めると32戸ある．空き地化していた屋敷は2戸であった．現在の板倉の数は25棟あり，1950年の調査時より2戸減っている．しかし，板倉の屋根は，今日ではすでに瓦に変わっており，石屋根は残っていない．この集落は，母屋から離れた位置に板倉を置くという防災のための考慮ばかりでなく，川をはさんで右岸側は，神社の世話をする人々の住む母屋を置く地域であり，左岸は不浄の地域であり，板倉を置くところとして，それを永く守っている点が独特であり，この集落は，全戸が海神神社の氏子の集落である．したがって，木坂の集落の母屋や，板倉の配置から，対馬の集落の原型を知ることができる．

　海岸には，約5mのコンクリートの防潮堤が築かれている．かつ，防潮堤の外にはテトラポッドが多量に積んであり，波を和らげる工夫がされている．しかし，海岸に最も近い家々はすでに廃屋となり，その石垣は一部取り除いて低くなっている．一列内陸側の家では，台風時に石垣を通して潮水が打ち寄せ，床下浸水をしたという．この海岸付近は，道路に沿った住居の周りを取り囲む石垣が一部

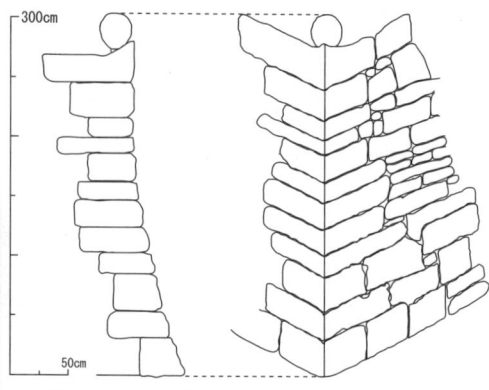

図9　木坂，永留久恵氏宅の石垣
反りを持ち，算木積みの隅角を持つ．

写真4　木坂の石垣の隅角にみる飾り石

強固なコンクリート塀になっているところもある．しかし，石垣そのものは，海岸近くでは図8のように隅角が丸くなっている．また，この集落の谷の奥でみられた特殊な隅角の飾りを，写真4に示した．図9には正面からみた隅角と，断面図で反りの様子を示した．永留久恵氏の石垣であるが，すべて砂岩の野石を用いている．玄関付近は高さ162cmであるが，南西隅角は275cmの高さで，算木積みにしてある．隅角頂上の丸い坊主状の石飾りは，約22cmの高さである．この石は細工したものではなく，海岸の自然石と思われる．また，この隅角の下部は46cmせり出しており，ゆるく傾斜をつけ，反りをつけてある．このような飾りのある隅角は，本州では他に例がない．この石垣は，反りのある算木積みで，反りがある穴太積みの形式を踏まえながら，飾りの石を取り入れていて，本州ではみられない様式である．

　木坂の集落の道路に沿った石積みの特色は，韓国済州島のものとよく似ている．すなわち，道路のカーブに沿って湾曲するように積んだ石垣が多い．この点からも，韓国の影響を強く受けていることがわかる．一方で旧宮司宅は樵石を用い，布積みである．30cm×36cmの樵石を5段積み，高さは150cmである．隅角は算木積みである．その他の民家の隅角も野石で，前述のように反りをつけた算木積みにしている例が多くみられる．反りをつけた算木積みは，明らかに穴太積み

そのものである．したがってこの集落では，本州様式と琉球様式によく似た韓国様式の影響を色濃く受け，両様式が共存していると言ってもよい．

3.3 志多留

　志多留は対馬の西海岸に位置し，木坂と同様に西に河口を持つ志多留川の河口に立地する集落である．この川は，海からの船が川沿いに入ってきて，民家の玄関に船がつけられるようになっていた．現在は河の水位が低く，河岸の護岸工事も行われて，直接船が屋敷につけられない．

　この集落も木坂同様に，海岸には防潮堤が築かれている．しかし海岸に沿って浜堤が分布し，若干高まりがある．このことが，河口の両岸に沿って，海岸まで

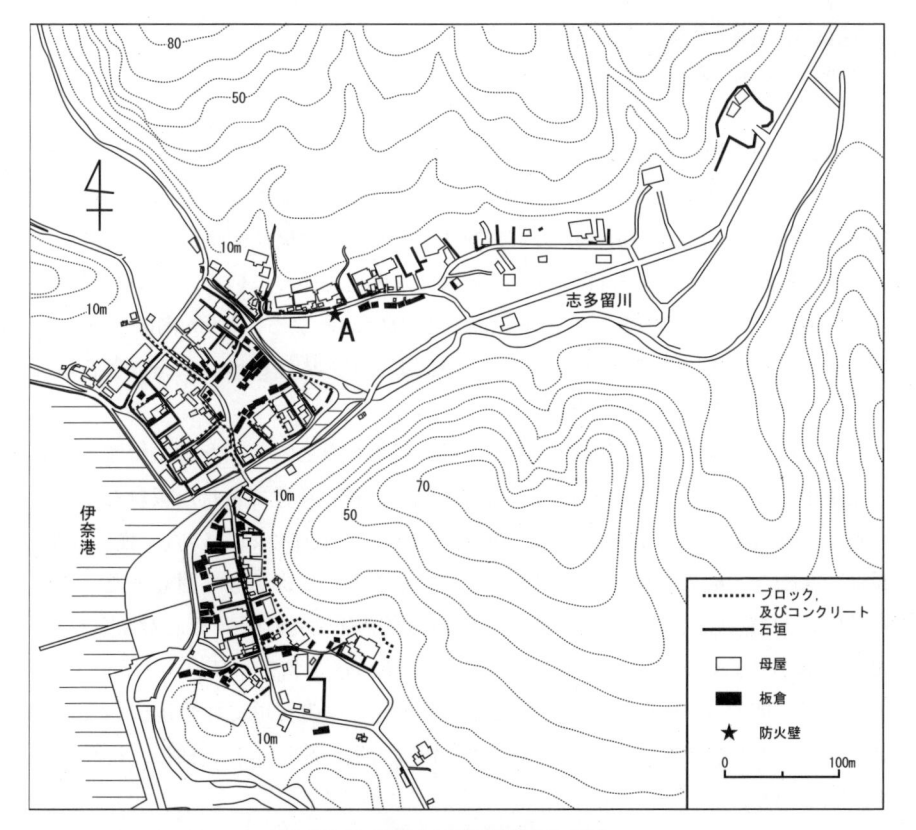

図10　志多留の石垣と板倉の分布

写真5　志多留の防火壁
(図10 ★ A印)

写真6　志多留における隅角の曲る石垣

せまる集落を立地させうる条件が整っていたと思われる．志多留はブロック塀に一部変わったところもあるが，約70%はもとの石垣のまま残っている．石垣の分布は図10に示した．海岸から内陸に向けての高度変化は明瞭にみられ，海岸では2m前後の石垣で囲まれ，かつ，トベラの生垣を伴っている．しかし，海から直線距離で50mになると，石垣の高さが180cmとなる．200m内陸へ入ると150cmかそれ以下になる．海岸からの距離に応じて，内陸の奥へ入るほど石垣は低くなるという規則性がみられる．

一方，板倉はどれもが瓦屋根である．谷の低平なところかまたは左岸側で，海岸に集中して建てられている．古い板倉の他に，新しく建てられた板倉も多くみられる．この地域の板倉の中には，陶製の甕が多く収納されている．甕には酢，醤油，味噌などを入れておく．屋敷の隅角に甕を置いてある家も目立った．これは韓国の習慣によく似ており，韓国文化の影響を強く受けていると考えられる．また，図10のAの位置に防火のための碑が埋め込まれていて，「石屋ナエ門，火の用心，明治42年1月」と書かれた石碑が野方家の石垣に埋め込まれていた(写真5)．冬の季節風による火災を恐れ，再び火災が起こらない様に，祈願がこめられている．

海岸や河原からの野石を採石して，石垣を積んだことがうかがわれる集落であ

るが，もうこの集落には石工はおらず，老人は「もう石垣は積みなおせない」と語っていた．石積みの様式から，石垣の隅角が丸い家屋が多くみられる．また，写真6のように地形や道路の曲がりに沿って曲をつけた石垣が多くみられる．これも韓国の影響とみなすことができるであろう．また人々の住まい方においても酢，醤油，味噌を収納するため，大甕を用いる．板倉内のみならず，敷地内に大甕を置き，それを用いている様子は韓国を思わせる風景である．韓国との文化的交流が強かったと思われる．

3.4 厳原

厳原の石垣については原田ほか（1981）の詳細な報告があり，武家屋敷群の石垣の写真と詳細な図面が残されている．原田も，江戸時代の大火について言及している．また，府中に密な屋敷が建て込んでいる理由として，1662（寛文2）年に城下在住の武家（城下士）が404人だったものが，1699（元禄12）年には980人と倍増している．また，川筋には商家が集中していた．元禄には対馬の人口の

写真7　厳原に残る防火壁

（図11 ★A印）

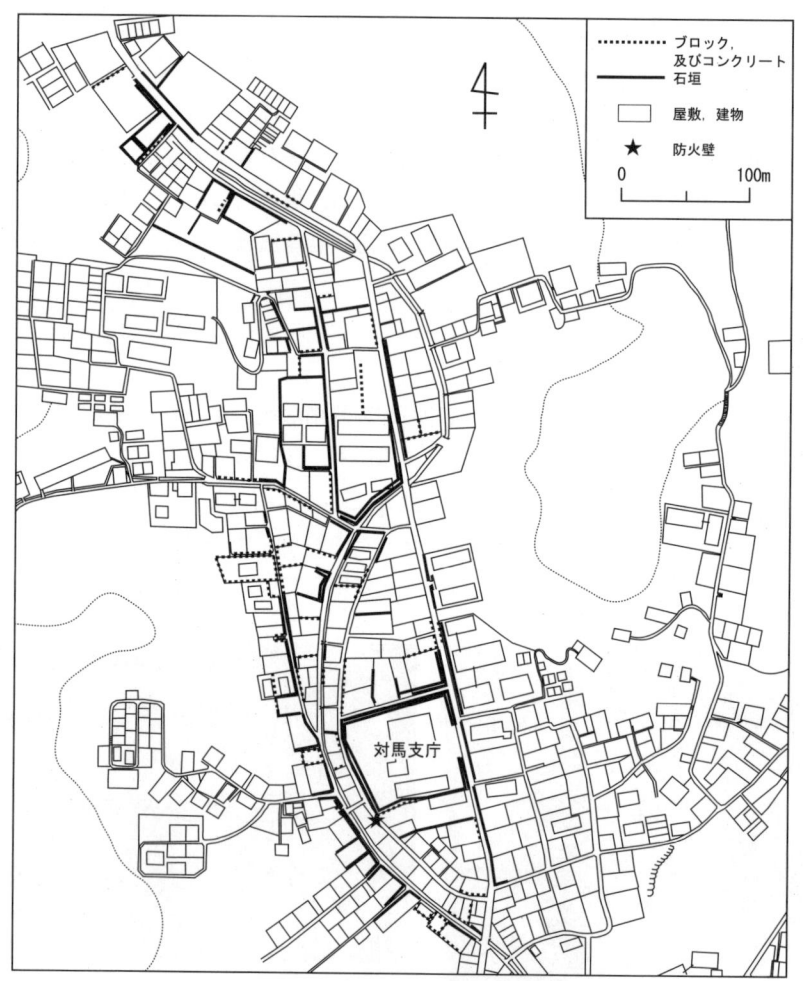

図11 厳原北部の石垣の分布と防火壁の位置

半数が府内に在住していたとある.したがって,狭い平野部に屋敷や商家が建て込んでいて,いったん火が出ると,大火になったことが容易に想像できる.なお,原田はこの論文の中で,屋敷の周りを取り囲む石塀と呼んでいる.本章では,これらをすべて屋敷囲いとしての石垣として取り扱った.

厳原は,風向と風速について考察した2.3でも述べたように,NWを中心とする風が冬季に強く吹く.風と,城下町のたてこんだ密な屋敷群,商家群をあわせ

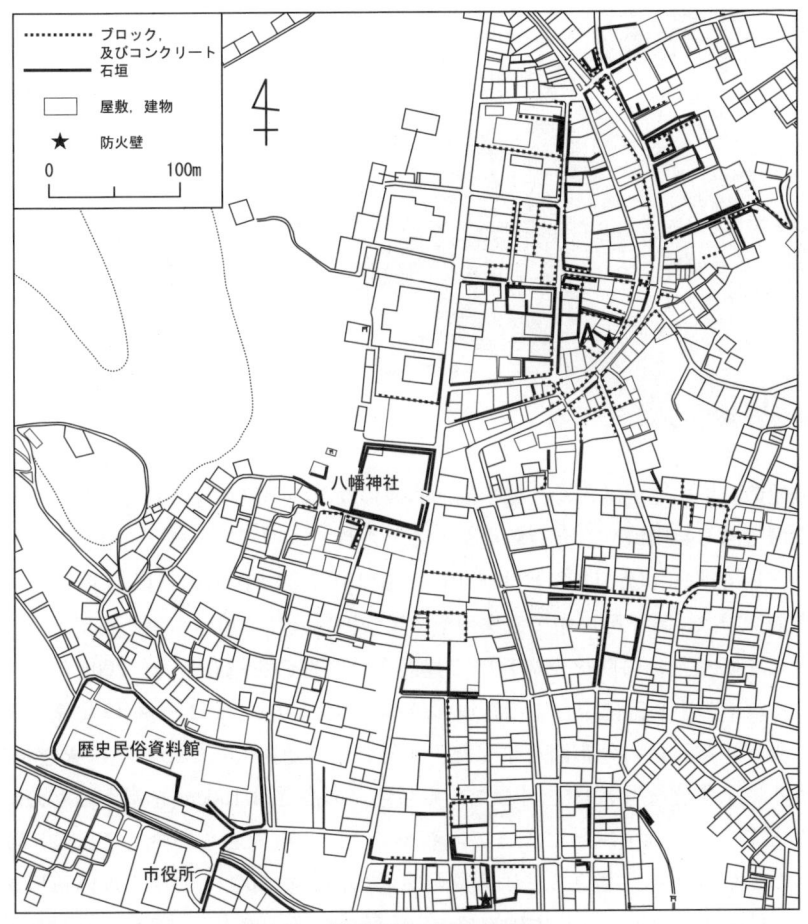

図12 厳原南部の石垣の分布

て考えるなら，防風のために生垣よりも石垣を作る方法を選んだのは当然であろう．城下町の立地条件として，NWの風を避けられ，かつ広い平野部を持ち，交易のための港を築くことができることである．南に開口した対馬で最も広い沖積平野である厳原が，城下町の建設に最適の地であったに違いない．その上，石材として，砂岩や粘板岩を島内から採石し，船で運搬することができた．硬い石英玢岩を近くに産するため，これらをも石垣の材料としてふんだんに用いることができた．

写真8　厳原町宮谷の屋敷
　　　囲いとしての石垣
　　　（約200cm）

　厳原の石垣の歴史は古く，城や港，防波堤などの建設が行われた．それらに古代山城である金田城や，元寇防塁があるとされている．年代がはっきりしているものとして，原田ほか (1981) は，1591（天正19）年清水山城の石垣を挙げている．

　本論文では，城下町の中で武家屋敷の屋敷囲いとして用いられた石垣と，市中の大火を防ぐための防火壁の目的で建設されたものを調査した．2006年1月における，市の中心部に現存する石垣の分布を図化した．図11と図12に南北に分けて現存する石垣の分布図を示した．年号の入った防火目的の石垣は★を付し，写真7に示す位置にA印を付した．屋敷囲いの高さは150cmを超えるものがほとんどであり，武家屋敷によっては石垣の上に土壁をさらに乗せて，約200cmにしたものもある．写真8には厳原町宮谷の高さ約200cmに及ぶ古い石垣を示した．武家屋敷の石垣は算木積みで，穴太積みの形式である．それぞれの武家屋敷の禄高や地位に応じた差があるように思われるが，旧家禄との関係については今後の調査にゆだねたい．

4. まとめ

　対馬の調査結果と考察を以下のようにまとめた．

　1) 対馬の屋敷囲いとしての石垣は，主として，冬の季節風（NW）を防風するために築かれている．厳原では密集する民家の延焼に対する対策として作られた防火壁も，市内に数ヶ所残っている．

2) 石材は，対馬産の粘板岩や砂岩を主とする．この岩石は，加工しやすいことから多用されている．厳原付近のみ玢岩を近くに産するため，玢岩も用いられている．この島の石材は，身近な採石場または海岸から運んだものが多い．樵石は限られた宮司や，位の高い武士に限られ，民家のほとんどは野石である．
3) 石積みの様式として隅角が算木積みとなる例が多い．かつ，反りを付けた隅角も出現する．その他に曲面をつけて，稜がない型にした琉球様式や，済州島にみる様式がある．さらに隅角の頂点に円い天然石を乗せた石垣があり，本州様式と，琉球ないし朝鮮様式の両方が混在している．
4) 屋敷囲いの他にも冬の季節風を防ぐ方法として，屋根に粘板岩の板状の石を用いる方法がとられている．母屋の瓦屋根は武士のみ許され，平民は藁屋根を用いていた．しかし，強風が強いので，板倉と呼ばれる小屋の屋根は粘板岩を用いていた．かつては，西海岸の集落はどの集落にも石屋根があった．椎根には，今も石屋根が多く残る．
5) 強い海からの風を避ける石壁の小屋が，木坂の海岸にみられた．住宅として石壁の家は存在しなかったが，藻小屋としては石壁の小屋が出現した．これは福建，台湾の金門島，澎湖列島，韓国の済州島などに似た様式であり，この島と文化的な交流があった可能性を示すものである．
6) 本章に盛り込むことができなかった隠岐島では，冬季の北東季節風を避けるための屋敷囲いとしての石垣や，防潮堤を兼ねた石垣が分布している．そのいずれもが野石で，算木積みで，反りのある隅角を持つ．すなわち穴太積みであることがわかった．したがって，朝鮮文化の影響を強く受けている文化領域の東の境は対馬までであり，隠岐島は本州の穴太積みの文化領域の中に入る．この2島間に，明らかに石積みの技術から二つの文化領域の境界があるとみることができる．

以上のことをまとめて，屋敷囲いとしての石垣という観点から考察する．対馬は朝鮮半島の影響を強く受けているところであり，朝鮮との文化的な交流が強かったことを石垣の様式が反映していると考えられる．一方，石垣の隅角の算木積みや，反りを付ける様式は，穴太積みの様式と一致する．秀吉の朝鮮半島への出

兵以来，本州の城造りを経験した石積みの技術が，対馬でも定着した．これらの伝統的な石垣の構築は，民家にも影響したと思われる．民家の石垣は，それぞれ時代を異にする石垣が混在していると思われる．しかし，多数の城造りを国内で行った安土桃山時代に石積みの様式が生み出され，その後本州域で，民家にいたるまでこの様式が定着した．対馬でも，この穴太積みの石積み様式を今も継承していると言ってよいであろう．

　石垣の様式から，日本文化の地域性を考察するなら，防風を必要とする自然条件（季節風・台風）のある地域で，かつ，技術的に同一の文化領域に属する地域が複数存在することが判明してきた．とりわけ，対馬と隠岐島の間に二つの文化領域の境界があることがわかった．

参考文献

青山高義（2000）：対馬―板倉と石屋根．青山高義編，『日本の気候景観―風と樹　風と集落―』，古今書院，139-142．

原田大道・田中稔・永田康博・橋川慎・平田耕一・樋渡洋三・宮森雅久（1980）：集落石垣調査報告（その4）長崎県上県郡対馬木坂，鹿見，志多留，伊奈集落．長崎総合科学大学紀要，21（2），193-200．

原田大道・秋浦裕・下川敦子・山下栄一・森川良成（1981）：集落石垣調査報告（その5）長崎県下県郡厳原町．長崎総合科学大学紀要，22（2），157-171．

厳原町教育委員会編（2000）：2000 厳原町の文化財．厳原町教育委員会，32p．

喜多野清一（1951）：對馬村落の研究（一）―對馬西岸旧神社領村落の社会構造―．九州大学九州文化史研究所紀要，1，43-64．

前川文夫（1954）：対馬の自然としての植物．九学会連合，『対馬の自然と文化』，573p，古今書院，37-45．

長崎海洋気象台編（1960）：長崎県気候図誌．西日本気象協会長崎支部，122p．

長崎県教育委員会編（1992）：長崎県と朝鮮半島．長崎県文化団体協議会，178p．

仁位孝雄（2002）：朝鮮通信使の道．杉屋書店，122p．

佐藤久（1954）：対馬の地形．九学会連合，『対馬の自然と文化』，古今書院，2-5．

瀬川清子，泉靖一，宮本常一，蒲生正男（1954）：鰐浦ムラ．九学会連合，『対馬の自然と文化』，古今書院，439-478．

関口武（1954）：対馬の気候．九学会連合，『対馬の自然と文化』，古今書院，21-36．

田山利三郎（1954）：対馬の海岸並に海底地形概観．九学会連合，『対馬の自然と文化』，

古今書院, 6-20.

対馬教育委員会編 (1973): 増訂　對馬島誌. 名著出版, 1066p.

対馬の自然と文化を守る会編 (2001): 対馬の自然と文化 (復刻版). 対馬の自然と文化を守る会, 714p.

漆原和子, 羽田麻美(2003): 屋敷囲いとしての石垣を作る文化―喜界島, 阿伝集落の例―. 国際日本学, 1, 139-168.

漆原和子 (2005a): 風土が作る文化―文化景観としての石垣―. 国際日本学, 2, 127-149.

漆原和子 (2005b): 屋敷囲いとしての石垣を作る文化―喜界島小野津集落と阿伝集落の屋敷囲いとしての石垣の比較―. 国際日本学, 3, 151-174.

漆原和子, 藤塚吉浩, 羽田麻美, 乙幡康之, 宇野重久 (2006): 室戸岬における屋敷囲いとしての石垣の分布と様式. 法政地理, 38, 13-24.

7章　四国宇和海沿岸における石垣

漆原和子

1. はじめに

　宇和海沿岸は，複雑に入り組んだリアス式海岸となっている．この海岸では，深い入江になった地域に平野が分布する．しかし，その他の地域では急峻な斜面を持ち，海に接している．したがって，多くの集落は急斜面に平坦地を確保し，耕地や宅地として利用せねばならない．このような地形条件から，石垣を用いて土留めを作るという作業が伝統的に行われてきたところである．例えば8章で記述した沖の島の母島，弘瀬や，外泊，遊子や，佐田岬の正野地区の内の浦，井野浦，名取などである．この中で，台風または冬の季節風から屋敷を守るために石垣を高く築いている集落は，沖の島と，外泊，佐田岬の正野地区内の浦，井野浦と名取である．これらの集落では，台風と冬の季節風の両方の観点から，防風のための屋敷囲いとしての石垣を作っているのかどうかを検討した．

2. 地域の概要

　調査対象地域は，愛媛県南西部の宇和海海岸部において，石垣が多く残る集落を選んだ．すなわち，南宇和郡西海町外泊（現愛南町）と，宇和島市遊子と，佐田岬の正野地区内の浦，井野浦，名取を選んだ．調査地点の位置は，図1に示した．

2.1　地質

　四国中央部には中央構造線が東西に走り，西南日本を地質構造の違いから外帯と内帯に区分している．外泊の位置する南宇和郡西海町は，田中（1977，1980）によると，西南日本外帯の四万十帯に位置する白亜紀後期の中部四万十川層群西海層からなり，砂岩厚層と砂岩泥岩厚互層を主とする．外泊で用いられている石垣の石材はこの砂岩に相当し，集落を造成した際に地中から出てきた砂岩を用いている．遊子は，外泊と同様に，白亜紀後期の砂岩泥岩互層からなり（桃井ほ

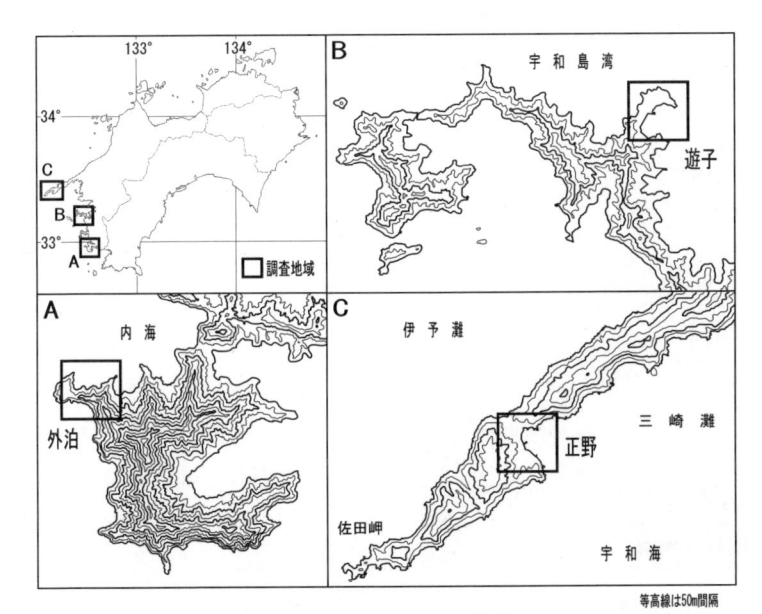

図1　宇和海沿岸における調査位置図

か，1991)，これらの石を段畑に用いている．

　佐田岬は，御荷鉾構造線の北側に位置し，三波川変成帯に相当する．調査地域は，古生代〜中生代の緑色片岩である（桃井ほか，1991)．地元の人々は，これをアオイシと呼ぶ．佐田岬の先端に位置する正野地区の内の浦と，井野浦，名取の3集落には石垣が残るが，この3集落はいずれもこの緑色片岩の地域に相当する．ただし，名取付近には石灰岩が混じる．したがって，正野地区内の浦と井野浦は，平板状に割れる緑色片岩を用いて石を積むので，比較的容易に高い石垣を積むことができる．また，名取は緑色片岩と石灰岩を石垣の石材として用いている．

2.2　地形の特色

　四国最南端の足摺岬付近は，更新世と完新世の海成段丘が発達する隆起地域である．これらの段丘面高度は，岬から離れた北方に向かって次第に低くなり，ついには段丘が消失し，代わって小さな出入りに富むリアス式海岸を持つようになる（太田ほか編，2004)．外泊は，愛媛県内海に面したリアス式海岸からなる半島に位置する．外泊の集落は，権原山（標高490.8m）の北向き斜面に位置し，

北向きに開口した湾に急傾斜で接する．集落の立地する斜面は，水平距離250mに対して，約45mの高度差がある．石垣を築いた集落が立地する斜面は，平均傾斜30〜40°である．したがって，急傾斜地に，民家や耕地が立地している（写真1）．

佐田岬は，四国の北西端に位置し，西に突出した半島が約38kmに及ぶ岬である．北斜面，南斜面とも急崖で，平均高度約200〜300mに達する．この岬のほぼ最先端に位置し，岬の南の宇和海三崎灘に面する内の浦港に，正野地区内の浦が位置する．また，同じく三崎灘内の三崎港がある湾の南側に，井野浦が位置する．また，三崎灘に面した南向き斜面の中腹には，名取集落が位置する．

写真 1　外泊集落の石垣
一部ブロック塀に変わっている．

2.3　調査地の風向の特徴

佐田岬の正野地区については，瀬戸（33°27′N, 132°15′E, 143 m a. s. l.）のアメダスデータを用いて考察した．2004年1年間の風配図を作成し，図2に示した．外泊の風向・風速をアメダスのデータを利用して推定するには，御荘（32°58′N, 132°34′E, 12m a. s. l.）が近接地として挙げられるが，御荘は地形的に内陸側に入り込んでいて，外泊を代表する位置にない．したがって，瀬戸のデータから推定せざるを得な

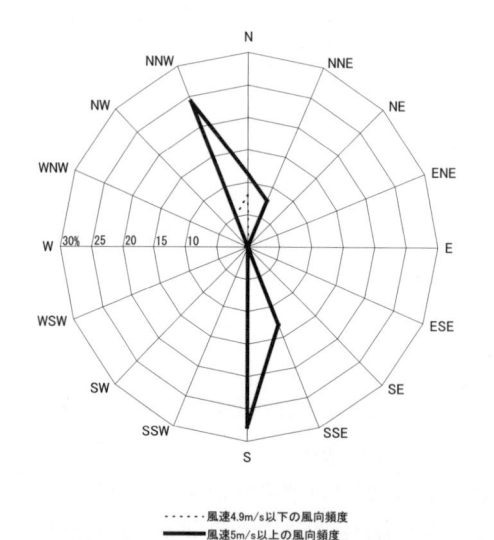

図2　瀬戸における2004年の風配図

い．外泊の人々は，御荘よりも冬の季節風が強く，風向は北西であるという．

風配図によると，5 m/s 以上の強い風は，N～NNW と，S～SSE の 2 極に分かれる．4.9m/s 以下の風は，N～NNW にのみ出現する．月別にみると，N～NNE の風は 1～3 月と，10～12 月であり，冬季には強い N～NNW の季節風が吹くことがわかる．一方，4～9 月の暖候期には，S～SSE の風が吹く．極めて明瞭な二つの風向は，はっきりと季節によって分かれる．そのいずれも 5 m/s

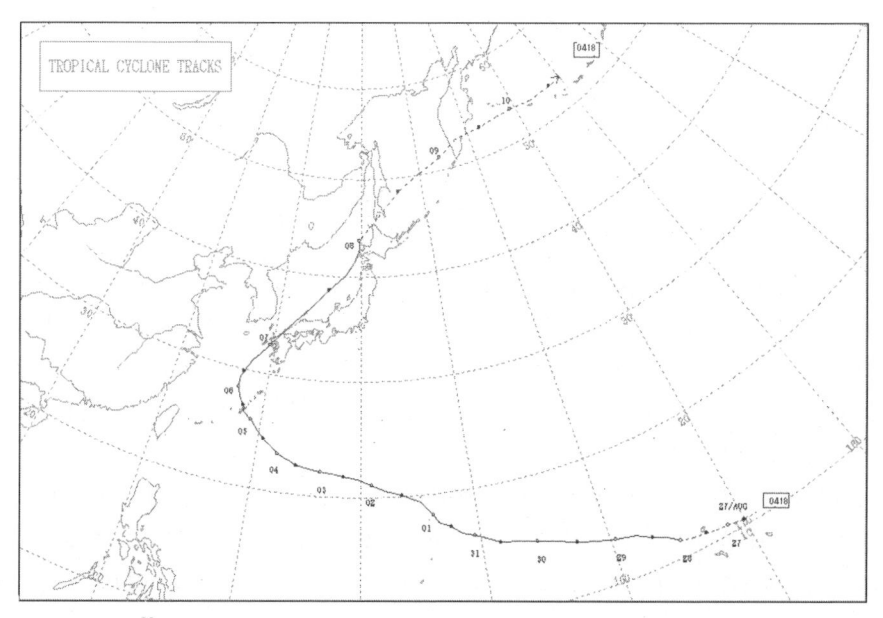

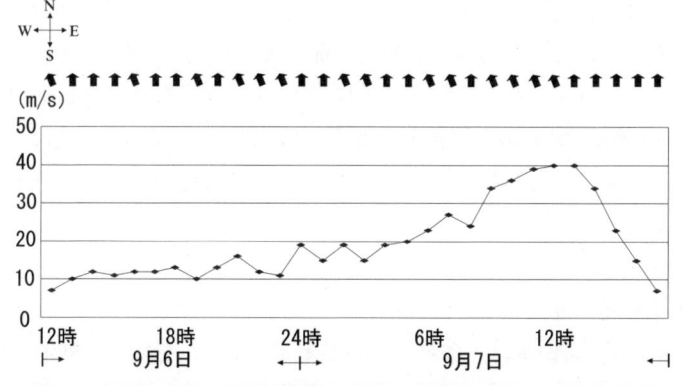

図3 2004 年台風 18 号の経路と瀬戸における風速，風向の変化

以上の風が吹く．したがって，宇和海沿岸では，強い冬の季節風に対して，第一に防風を考慮せねばならない．

　2004年の台風の中で，宇和海の海岸への風の影響を考察するために，台風18号を選んだ．経路図と風向と風速については図3に示した．この台風は九州北部から中国地方へ北上するルートをとる．この場合，台風の中心が宇和海側へ近づく9月6日12時には風向がSSEになり，次第に風速10 m/sを超す．9月7日10時～14時まで風速が40 m/s前後となる．このころの風向はSまたはSSEで，台風が北上するとともに風速も落ちて，SからSSWよりとなる．宇和海の強い風速に対応して，佐田岬正野地区の内の浦には高波が襲うことが容易に推定できる．また，この同じ台風を外泊の位置で考えるなら，北に開口した港であるため，台風が中国地方まで抜けたころ，SWの風が吹き始めることになり，地元の人々がいうように，吹き返しのSWの風を防風しなければならないことになる．

　外泊集落は北向きに開口した斜面に立地し，冬季は，海水飛沫を伴った強い西よりの季節風を受ける．この地域では北西の季節風がもたらす波飛沫を「しまき」と呼ぶ．聞き取り調査では，「台風時は，吹き返しの風の影響はあるがあまり怖くない．しかし，冬の季節風は強く，常に風の音がしていて，防風を考えねばならない．」という．

　佐田岬の正野地区内の浦において，現地での聞き取りでは，「台風時に湾の中まで高波が押し寄せるので，波除けの石垣を築いている．かつて，台風時には集落内の神社まで船を引き入れて台風に対応した．しかし，約30年前頃から，何度にも渡って防潮堤を築き，石垣を崩してコンクリートの浜にした．」と地元の人々は言う．今日残っているのは，当時の波除け石垣の一部が残っているに過ぎない．しかし，現存する高さが6～7 mに及ぶ石垣は，防波堤のように海岸の前面にそそり立つ．一方，湾の南側に立地し，北西の季節風を直接受ける位置に相当する井野浦は，海岸に連続した石垣が残る．今は海岸部にほとんど民家はなく，過疎化が進行している．

3. 歴史

3.1 外泊集落の歴史

　外泊集落に住む吉田家は，隣りの中泊が本家であり，分家して外泊に移り住んだ．西海町誌編集委員会（1979）によれば，中泊は1696（元禄9）年に，来浦し

た淡路福良の喜兵衛（来浦の目的は不明）により開墾が始められた．幕末の頃から人口が急に増加し，経済力が上昇した中泊集落に分家の気運が高まり，隣り浦の外泊を定住の地として開墾に着手したものであろうと述べられている．また，今外泊に残存している石垣は，本家の中泊部落の防風石垣を真似て，築き上げた

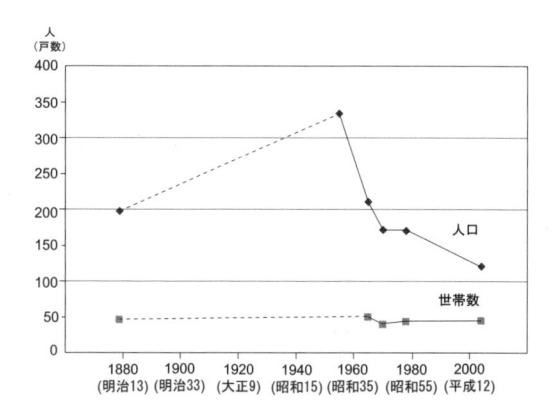

図4 外泊における人口と世帯数の推移

ものだという．外泊における世帯数と人口の推移は，図4の通りである（西海町教育委員会，1975；観光資源保護財団，1978；西海町誌編集委員会，1979）．人口と世帯数のデータは，1879（明治12）年からであるが，実際に人々が移り住んだのは，明治初年頃からであり，明治12年には全世帯が入植したようである．

西海町教育委員会（1975）によれば，「昭和30年頃から5年続きで沿岸漁業が不振だったために，集落の産業や生活構造は一変した」．それまで行われていた「おもだか網漁」の網元が解散し，昭和30年以降は豚の飼育，真珠の養殖を行ったが，価格暴落から昭和40年にはこれをやめ，民宿，ハマチ養殖などに切り替えている．このころから急速に人口が減少しており，過疎化が進行した．外泊は，1976年に愛媛県教育委員会「文化の里」の指定を受けている．

3.2 三崎の歴史

三崎町は，1615（元和元）年に伊達秀宗が奥州仙台から宇和島の丸串城に入国し，宇和島藩が実質的に成立した．三崎町誌編集委員会編（1985）と伊方町・瀬戸町・三崎町合併協議会ＨＰ（http://www.town.ikata.ehime.jp/gappei/profile/genkyo.html）のデータにもとづき，三崎町の人口と世帯数の推移を図5に示した．1960年代から外泊と同様に，世帯数の減少率はわずかだが，人口が急激に減少している．古い人口のデータは限られており，戸数の変化は三崎町誌編集委員会編(1985)によれば，1667（寛文7）年の西海巡見志に，三崎部落には78戸，井野浦部落

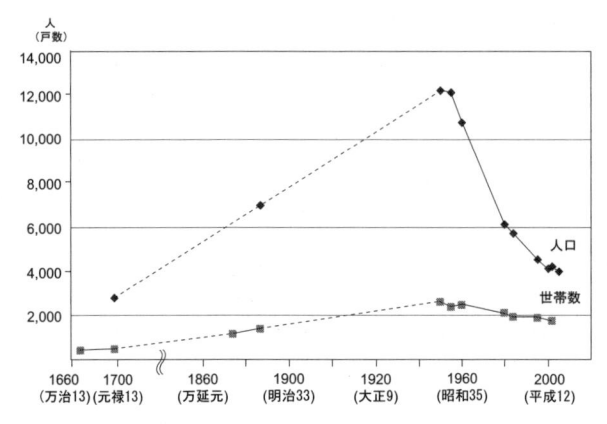

図5　三崎町における人口と世帯数の推移

には8戸，名取20戸の民家があったと記載がある．また1868（明治元）年には，三崎部落281戸，井野浦45戸，名取211戸に急増した．

【正野地区】 三崎町文化財保護審議会（2004）には，「野坂の石垣」として，正野地区内の浦の海岸の波除け石垣を紹介している．この地区は，幕末に入植が許可されたところであり，多くの石垣は，その際に築かれたものだろうとしている．神社横の石垣は，寛永7（1630）年藩主伊達秀宗が，社殿建立の際，築いたものと考えられる．地元では，このような石垣を「へいかさ」と呼ぶ．

【名取】 名取の石垣は，宇和島藩主伊達秀宗が，仙台から入府した際，奥州名取郷から軍夫として連れてきた人々を，宇和海の見張り役として，定住させた．美しい石垣は，400年の歴史を持つ．緑色片岩や石灰岩を用い，平積み，野面積み，矢羽根積みの手法が用いられている．

4. 調査結果

4.1 外泊

外泊の石垣は，すでに古川ほか（1999）が詳しく述べている．古川らは，「今日では集落内に空地が目立つようになっている．残された家屋と石垣のみでは防風効果が落ちているので，空地のまま防風効果を高めるには，ウバメガシを防風林として植えれば良い」と提案している．調査年は入っていないが，おそらく1998年ごろと思われる．この調査は2005年9月に実施した．石垣の分布図を図6に示した．古川ほか（1999）の母屋と石垣の分布図と図6を比較すると，すでに5軒の母屋がなくなって空き地化している．一方，母屋が増えたのは2軒で，うち1軒は観光向けに建てられただんだん館である．したがって，近年

7 四国宇和海沿岸における石垣   119

も過疎化が進行している．また，この集落は住宅をコの字かまたはロの字に建てて中庭をとる例が多い．また港側，すなわち北を向いて窓がとってある．防風用の石垣は北側に高いが，この窓は台所にあり，この窓に相当する石垣は部分的に下げてあり，窓から港が一望できるようにしてある．これは，自分の家の船が港に入ったかどうかをみるためのものである．この窓切りをした石垣を「海賊窓」と呼ぶ（写真2）．またこの北西の風を利用して，中庭でごはんを干したり，サツマイモを干した．水あめでサツマイモを煮て，干したものを"東山"というが，このような種々のも

図6　外泊における石垣の分布図

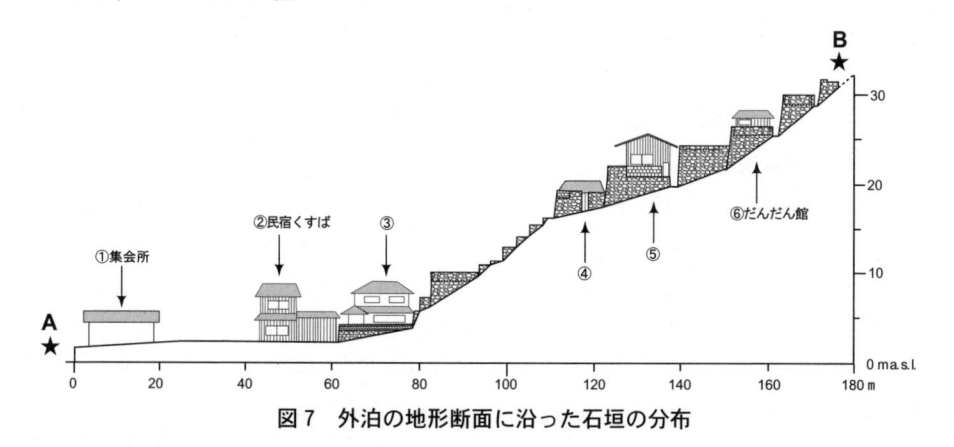

図7　外泊の地形断面に沿った石垣の分布

写真 2 石垣を一部切り下げた海賊窓と，石垣の中に埋め込んだ屋敷神様

のを干す．また，母屋の地下にはイモグラを持ち，サツマイモを保存する．7～9月はケンサキイカがあがってくるので，干してスルメにする．また，チリメン等も干す．最も人口が多かったころは集落の外縁全面に，斜面の上まで耕地が広がっていた．1975年の西海町教育委員会の示す写真でも，背後の斜面に広く耕地が広がっている．しかし，今はイノシシやサルが来て，畑が荒らされてしまうという理由で，畑を放棄してしまう人が増えている．斜面上部の段々畑はすでに荒地化し，林になってしまっているところもある．海から山側へのA-Bの基線に沿って，断面図を描いた（図7）．これによると，家の北側に相当する海側の石垣の立ち上がりは，防風のために高くしてあり，その高さがおよそ100cmから最高で220cmまでである．また，石垣の上にブロック塀を継ぎ足している例もある．ブロックを用いた場合の高さは85cmから105cmまでである．平坦な土地を確保するための石垣の土留めの高さは，400cmから600cmに及ぶ．だんだん館の土留めの隅角は算木積みであり，高さ480cmに及ぶが，約77°の傾斜がつけてあり，基底の根石の角度がこれを決めている．この石積みは，砂岩の野石を用いた野石積みであり，穴太積みの様式にのっとっている．だんだん館の算木積みを，図8と写真3に示した．耕地を確保する場合の隅角は算木積みにして，内側はグリ石を多く詰める方式を用いている．耕地の場合の石垣の立ち上がりは50cmから100cmである（写真4）．また，石垣の幅は底部は計測できないが，上部では約80cmある．2001（平成13）～2003（平成15）年には，集落内の道路を石畳にして，排水路をつける作業を行い，整備した．分布図と断面図から，この集落の石垣を築いた主目的は，急傾斜地に平坦地を確保することであり，次に冬の長期にわたる強い北西の季節風を避けるため，屋敷の北側と西側に石垣を高く積む方式をとったと考えられる．聞き取りから，台風の吹き始めは，E～SEで，この風に対して外泊は山の陰になるので，

写真3　外泊だんだん館北東隅角におけ る算木積みと反り

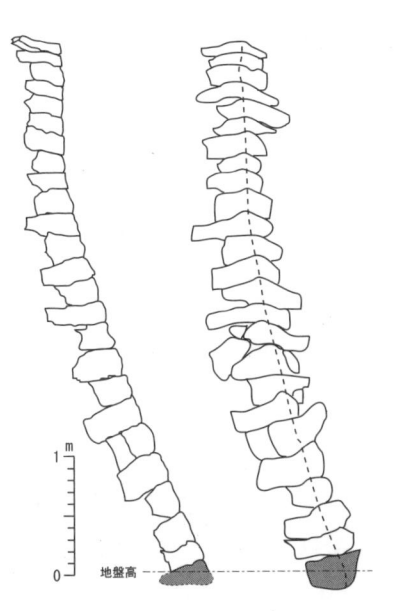

図8　だんだん館の北東隅角における算木積み

写真4　外泊の耕地北側における，防風用の立ち上がりをつけた石垣

　外泊には強風はあたらない．しかし，台風が中国地方に向かって北上を続けると，NW～Wの風となり，この風は外泊の集落に吹き付けるため，台風の中心が北上していく時に「吹き返しの風」が強く，潮を運んでくる．この風は潮を運び，山まで吹くので，植物は赤く枯れるという．したがって，母屋の北と西側に石垣を立ち上げて囲って，防風を行っている．

4.2 佐田岬

　佐田岬の先端に位置する正野地区内の浦の港には，愛媛県（1993），香月（2000），三崎町文化財保護審議委員会（2004）や，日本民俗建築学会編（2005）に紹介されているように，極めて立派な「波除け石垣」が築かれている．正野地区の内の浦は，半島の南側の急崖の下に位置する港町であるため，N～NW側の冬の季節風の風下側にあたる．したがって，冬の季節風を防ぐ必要はない．しかし，南側と，西側には広く宇和海が広がる．このため，台風が豊後水道か，または大分県側を進行し，北上する場合には，台風の風は，初め東よりで，次に南よりの風が宇和海上を吹く．この場合，正野地区の内の浦港で波が高まることになる．また，台風は低気圧であることから，台風が近づくにつれて，海水面は上昇し，湾内で高潮になる可能性がある．このような場合に，高波を海岸線沿いでくい止める工夫が必要であり，600～700cmにも及ぶ石垣を築いて防いだと考えられる．正野地区の石垣分布図は図9に示した．30年前頃から何度にも分けて，この石垣を崩し，コンクリートで埋め立てをし，浜をコンクリートにするとともに，湾の前面にコンクリートの防潮堤をめぐらせた．今日では，かつての「波除け石垣」の外側の埋め立てをした浜に，アワビの養殖施設が建てられている．また，「波除け石垣」のすぐ内側の木造平屋建ての渡

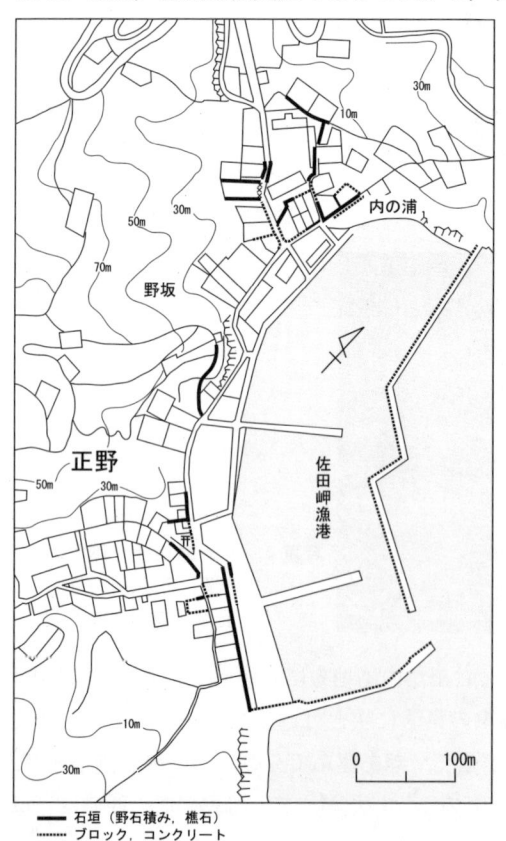

図9　佐田岬正野地区の内の浦における石垣の分布図

部家は，屋根の棟部分しか見えないほどに石垣を積んでいる．地面より330〜400cmの立ち上がりで，幅は185cmある．しかし，2003年の台風で，この石垣の一部が崩れて，補修をしたという（写真5，上）．さらに岬先端側の松下家では，母屋の前面に地面からの高さ440cm，幅310cmの石垣で防潮していて，母屋はコンクリート2階建ての建物にしてある．海岸に近い位置では，「波除け石垣」があっても母屋は木造からコンクリート仕立てに変わっている．海岸部では，このような変化が多くみられる．また，石積みは結晶片岩であるため，平坦に割

写真5　佐田岬の正野地区における波除け石垣
上：平積み，下：矢羽根積み

れる特色を活かして平積みにしているが，その他に石を立てて，くの字型に積みあげる矢羽根積みの方法もとられている（写真5，下）．また，1ヶ所のみ波除け石垣の隅角が曲率を持った隅角がみられた（写真6）．

　正野地区の他に，佐田岬では岬の南側で，崖の中腹の標高100mから150mの急傾斜地に集落をかまえる名取がある．この集落には，崖の中腹から複数ヶ所で湧き水が湧出していて，それを共同利用している．石垣に利用している石材は，結晶片岩と石灰岩が主体であり，平らに積む布積みまたは，平積みと呼ばれる石積みが多い．隅角は稜線の明瞭な算木積みである．急傾斜であるため，道幅も狭く，石畳となっていて，階段状の道路である（写真7）．防風用の石垣は海側が一般に高く，母屋の平坦な面から300cmの石垣が立ち上がっており，母屋までの距離が2mで，庇までの高さが340cmであるので，崖を這い上がってくる潮風の影響を十分に避

写真 6 佐田岬の正野地区における隅角に曲率を有する波除け石垣

写真 7 名取の湧水周辺の結晶片岩と石灰岩を用いた平積みの石垣

けられる高さになっている．三崎港の南に相当する位置にある井野浦は，海岸に沿って野石積みの石垣が見事に築かれているが，海岸側にはほとんど住居はなく，作業小屋が残り，石垣のみが連続して分布する．海岸側の石垣の高さは約170cmである．

4.3 遊子

遊子(ゆす)は宇和海の三浦半島に位置する．遊子の石垣は，急傾斜を利用した段々畑での土留めである．極めて急傾斜な土地に，東向きの傾斜地全面に石垣で土留めをし，畑を作っている．この風景は，農村人口が過密だった時代の遺産ともいうことができるであろう．写真8に示したが，防風のための立ち上がりの石垣はみられない．しかし，全面を畑として利用する完全なまでの段々畑であり，今もこれを利用している．写真9にみるように，農作業にはモノレールを用いている．

写真8　遊子の砂岩を用いた野石積み

写真9　遊子の耕地
　　　モノレールのレールが敷設してある．

5．まとめ

　宇和海に面した集落のうち，石垣のよく残っている集落について，調査結果を以下のようにまとめた．

1) 宇和海に面した急傾斜地を利用した半農半漁の沖の島の母島や弘瀬，外泊の集落は，北に面した斜面を利用している．このような場では宇和海を北上する台風は，台風が通過してからの吹き返しに対する石垣を母屋の周りにめぐらせる必要がある．しかし，最も防ぎたい風は10〜3月に5m/s以上の風速で吹くNWの風である．防風のための石垣の立ち上がりは2m以内である．しかし，土留めのために3m以上積んでいるので，合計5〜6mにも達する石垣を築くことになる．石材は四万十帯の砂岩の野石を用い，隅角は算木積みで反りを持つ．外泊では村の人々が江戸末から明治初めに積んだ石材であることがわかっているが，穴太積みと同じ積み方で，本州様式である．

2) 佐田岬の正野地区には，台風時の風向によって，高波を生ずる時がある．正野地区の内の浦集落の位置から考えると，宇和海の西よりを台風が北上する時である．したがって，高波を避けるための5〜7mにも及ぶ「波除け石

垣」がみられた．石垣は三波川帯の結晶片岩の野石積みであるが，平積み（布積み）か，または矢羽根積みである．多くの隅角は算木積みである．しかし，1ヶ所のみ「波除け石垣」の曲率を持った隅角がみられた．したがって，多数が穴太積みと考え，本州様式の地域であるとみなした．
3) 遊子にみるように，30°以上の急傾斜地を利用した段々畑があり，これはすべて野石積みで乱層積みである．石工ではなく，村人達が築いてきた石垣であり，隅角は屋敷囲いのように明瞭な稜線を持つ算木積みではないが，積み方は本州様式である．

参考文献

愛媛県（1993）：昭和を生き抜いた人々が語る　宇和海と生活文化（平成4年度地域文化調査報告書）．愛媛県生涯学習センター，414p．

古川修文・宮武直樹・山田水城（1999）：愛媛県外泊の民家における石垣の形態と防風効果に関する研究．民俗建築，115, 52-57．

観光資源保護財団(1978)：外泊の石垣集落　集落景観の保全と再生．観光資源調査報告，6, 47p．

香月洋一郎（2000）：景観のなかの暮らし：生産領域の民俗（改訂新版）．未来社，250p．

三崎町文化財保護審議会（2004）：三崎の文化財（三訂版）．三崎町教育委員会，44p．

三崎町誌編集委員会編（1985）：三崎町誌．三崎町，773p．

桃井齊・鹿島愛彦・高橋治郎（1991）：愛媛県の地質　第4版20万分の1地質図説明書．トモエヤ商事，87p．

日本民俗建築学会編（2005）：写真でみる民家大事典．柏書房，468p．

西海町教育委員会(1975)：愛媛県西海町外泊石垣集落　伝統的建造物群保存調査報告書．西海町教育委員会，31p．

西海町誌編集委員会（1979）：西海町誌．西海町，598p．

太田陽子・成瀬敏郎・田中眞吾・岡田篤正編（2004）：日本の地形6　近畿・中国・四国．東京大学出版会，383p．

田中啓策（1977）：四国南西部宿毛地域の四万十累層群．地質調査所月報，28 (7), 461-476．

田中啓策（1980）：伊予鹿島及び宿毛地域の地質．地域地質研究報（5万分の1図幅），地質調査所，56p．

8章　高知県宿毛市沖の島における石垣

漆原和子・勝又浩・藤塚吉浩

1. はじめに

　高知県沖の島は急傾斜地に居を構え，藩政時代には島を土佐藩と伊予伊達藩の両藩が治めていたため，島民が争った歴史を持つ．また今日では，人口減少が著しく，高齢化が進行しつつあり，人文地理的観点から，これまで研究の対象とされてきた．この島では，急傾斜地に住居や耕地を確保せねばならず，石垣を築くことにより，平坦地を確保してきた．この島の石垣は，土留めの他に防風を目的として，石垣が築かれてきたのかどうかを検討した．2006年8月に調査を行った結果にもとづいて，考察した．

2. 地域の概要
2.1　自然条件

　沖の島は，花崗岩の島として知られている．最高地点は妹背山の403.8mである．島では，花崗岩の絶壁が白くそそり立つ海岸が目を引く．特に南部は，約200mの急崖が連続する．わずかに母島，古屋野，弘瀬の3集落は，小河川が流下する河口部に集落が密集する．しかし，古屋野は過疎化が最も著しい．島の位置は32°04′N，132°29′Eであり，現在は宿毛市に属する．島の面積は10.52km^{2}である．東西約3.5km，南北約5.8kmで，周囲23kmである（郷土誌編集委員会，1982）．このうち古屋野と弘瀬について詳しく調べた．母島は土台の石垣はそのまま残っているが，すでに石垣の防風用の立ち上がり部分を集落の全戸がブロックに変えているため，詳しい調査は行わなかった．調査地点は図1に示した．

　島の地質は，20万分の1地質図「宇和島」が地質調査所（1989）から発刊されているので，図2にその地質略図を示した．これによれば，沖の島は四万十帯南帯の来栖野亜帯に位置する．この来栖野亜帯には，花崗岩が新第三紀中新世に貫入し

ている．島の大部分は，この花崗岩が分布する．この花崗岩と同時期の花崗岩は，足摺岬にも分布するが，村上・今岡 (1985) は，特殊な組織を持つラパキビ花崗岩について詳しく述べている．しかし，沖の島にはこの種の花崗岩の報告はされていない．沖の島の花崗岩は，黒田 (1991) によって詳述されている．それによれば「西南日本外帯花崗岩質岩が，上部四万十層群の堆積岩中に貫入している．大きく谷尻型と母島型に二分される．谷尻型花崗閃緑岩は暗灰色で弱い斑状組織を持つ．谷尻型花崗閃緑斑岩は岩脈として谷尻型花崗閃緑岩に伴なって産する．母島型は中粒花崗岩と細粒花崗岩に分かれるが，いずれも優白質で等粒状である．谷尻型と母島型は2種のマグマが独立に分化していたと考えられている．」と述べている．

また沖の島の一部には，花崗岩のほかに古第三紀始新世の砂岩及び頁岩が一部分布する．

地形的には西南日本外帯の最終間氷期最盛期（酸素同位体ステージ 5e）に対応する段丘面高度から，地殻変動を推定する試みが行われた（吉川，1968；Yoshikawa,

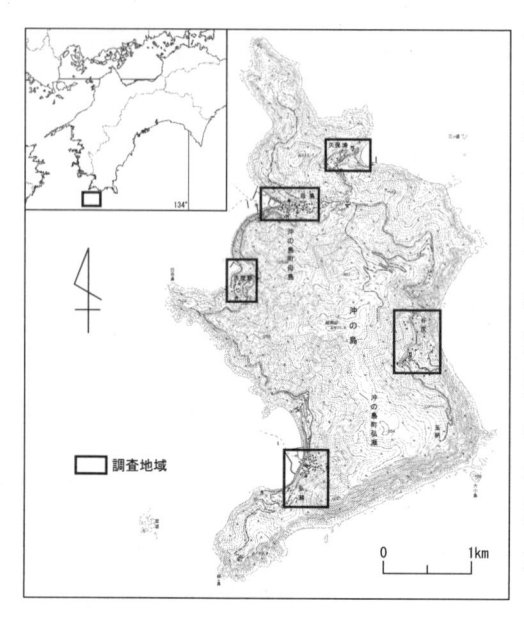

図1　沖の島の調査位置図
2万5千分の1地形図により作成

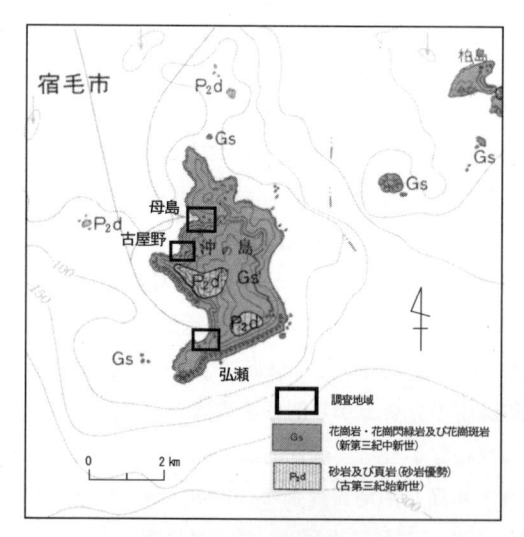

図2　沖の島の地質略図
地質調査所(1989) より作成

1970；Ota・Yoshikawa, 1978).　また，太田ほか（2004）は，段丘の変位から求められる第四紀後期の地殻変動の傾向は，より長期的な変動を示す山地の高度分布と不調和で，内陸への傾動の開始が第四紀中期以降で新しいとしている．この沖の島の地域は，吉川（1968）のヒンジラインよりも内陸側に位置し，地震性の隆起地域よりも内側にある．このため，沖の島の段丘面の発達は悪い．しかし，時代未詳であるが，段丘面は少なくとも 2 段あり，弘瀬の南西に分布する．古屋野の西の白岩鼻にも 100m あまりの段丘面と思われる面が分布する．

2.2　沖の島の歴史

　藩政期には土佐藩と伊予宇和島藩が島を治めていた．母島は宇和島藩の伊達家の所領で，弘瀬は町を流れる川で二分され，右岸側は宇和島藩伊達家の所領で左岸側は土佐藩の山内家の所領であった．1874（明治 7）年に宇和島領は高知県に移管され，1889（明治 22）年に高知県幡多郡沖の島村となった．1954（昭和 29）年には宿毛市沖の島町となった（宿毛市史編纂委員会，1977）．

　文化的にも二つの藩に統治されていた影響があり，家屋の建築様式が異なる．母島では家屋の柱や板をすべて紅殻(べにがら)で赤く塗り，木蝋で磨かれているが，弘瀬の民家はすべて白木造であり，母島に比べて入母屋と寄棟家屋が多い（山崎，1954）．現在も母島には赤く塗られた瓦屋根がみられるなど，二つの集落の伝統的建造物には差異がある．

　民俗調査をした八木橋（2000, 2001）によると，土佐藩と伊予藩に分割統治されていたことは言葉や気質の違いにあらわれているが，全島の運動会の実施などを通して交流が行われてきているという．

2.3　島の人口と産業

　1905 年から 2000 年の沖の島の人口と世帯数の推移を図 3 に示した．人口と世帯数は 1950 年まで増加していたが，その後減少に転じ，特に 1970 年に急減した．2000 年の沖の島の人口は 314 人であり，世帯数は 179 である．若年人口は少なく，65 歳以上人口は総人口の 44.9％を占めており，生産年齢人口に匹敵する．

　1979 年 7 月の沖の島の状況について調査した邢(けい)（1981, 1982）によると，農漁混合体であった．イモは 1976 年に 225t の生産があるが，1980 年には 12t に減

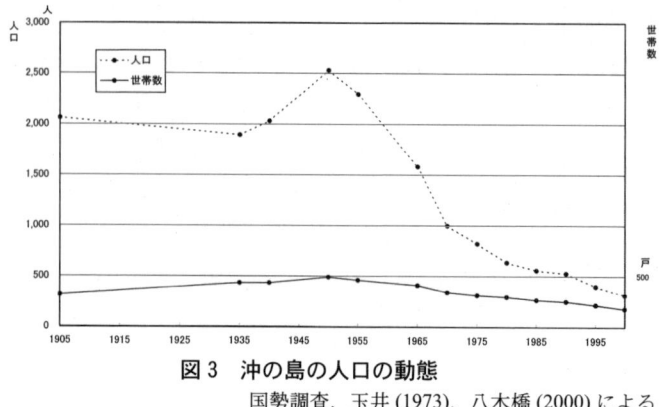

図3 沖の島の人口の動態
国勢調査，玉井 (1973)，八木橋 (2000) による

少している．魚類の生産量は1976年の258.5tから1980年には56.1tにまで減少している．1975年には，15歳以上人口は684人，そのうち60歳以上は267人となり，39.0％を占めている．邢の調査した1979年には，15～44歳の基幹労働力が人口の27％であり，60歳以上の人口が18.9％であり，その要因として零細規模の自営業・漁業主で退職一時金を受け取る職種でないこと，雇用労働者として就労可能な分野が限られ，高齢者を雇うに至らないこと，複数の年金受給者と島外からの送金による世帯が多いことを挙げ，「若年齢階級減少・中高年齢階級残留型」の孤立小型離島と規定した．

　沖の島の漁業は，好漁場が近海にあるにもかかわらず，市場から離れているために不利である．漁業者は島外の遠洋漁業への出稼ぎに出て離島する場合も多く，過疎化が進み漁村としての性格は弱くなった（大津, 1981）．

　農業のうち主な栽培作物は甘藷，麦類，落花生，大根である（山崎, 1954; 玉井, 1973）．風速10m/s以上の日が142日あり，他の作物の栽培が困難であるという理由で, 作物は限られている．玉井（1973）の作成した1971年の母島の土地利用図によると，1966年以前と1966年から1971年までの耕作放棄地が示されおり，集落の中心から離れた急傾斜地から先に手放されたことがわかる．現在では，さらに耕地の放棄が進んでおり，早くに放棄された耕地では，森林の中に畑の土留めの石垣のみが残っている．

　耕作放棄地を中心に，絶滅していたイノシシが近年繁殖し，畑を荒らす被害がある．海を泳ぐイノシシをみた漁師の目撃もあり，1998年11月には宿毛市の猟

友会の人々により大物が仕留められた（八木橋，2000）．近年では，イノシシの侵入を防ぐため，畑は木や竹の柵，金網で囲われている．

2000 年には，住民の就業する主な産業は，かつて中心であった農業と漁業の割合が低くなり，弘瀬では農業の就業者はなく，かわってサービス業が中心となっている．釣り客や海水浴客などを対象とする観光業が，沖の島の主な産業となりつつある．

2.4 沖の島の風

島の季節については，沖の島の人々は，季節風に図 4 のような呼び名をつけて呼んでいる．SE（コチゲ），S（マジ），SW の風は台風の時に吹く．母島と古屋野と弘瀬の集落は，この風向が台風時の強風の山影になるので，直接強風を受けない位置にあたっている．しかし，10 月から 3 月には NW の乾燥した冷たい風ヤマゼが吹くので，特に弘瀬ではこの風を避けるため，土留めの石垣の他に防風用に海側の石垣を立ち上げている．この風は 15m/s にもなり，沖の島の人々は嫌う．一方，この風は甘藷を干すために用いる．干しイモは干棚の上で北西の潮風にさらすことで，白い粉をふき，おいしく仕上がる．このイモを売って，もち米

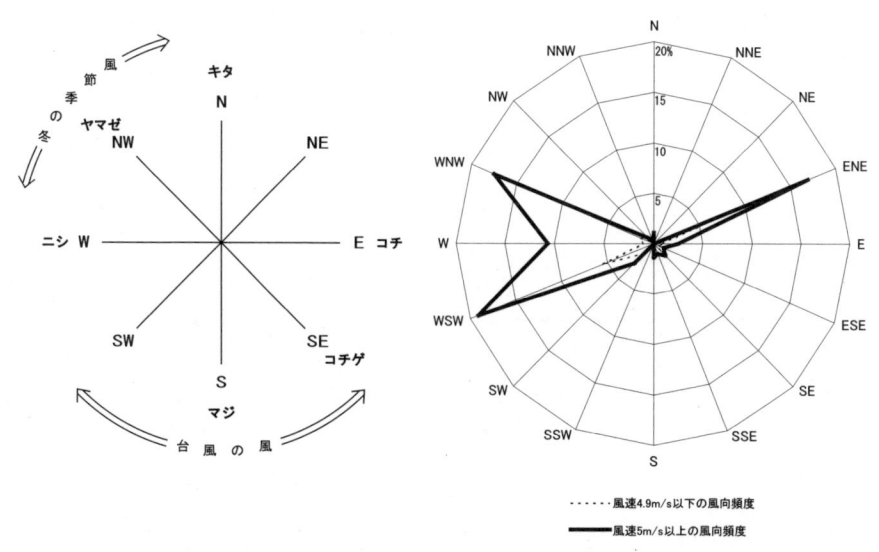

図 4　沖の島の季節風の呼び名　　図 5　宿毛における 2004 年の風配図

を買う．また東よりの風は山から吹き降ろし，雨をもたらすといわれている．したがって，各戸は東側に窓をつけない．また強い季節風に耐えられるように，重いマツ材をはりに用いるという．

沖の島には気象観測所がないので，宿毛のアメダスのデータを用いて，1年間の風配図を作成した（図5）．これによると，宿毛は冬の季節風に対して，半島の風影にあたるので，WNWからWSWまでの方位の5m/s以上の風が高頻度で吹く．WNWは10月から3月まで吹く．3月にはWSWの風もよく吹き，4月から8月にはWSWが5m/sを超える風の最多風向である．沖の島の母島で聞き取

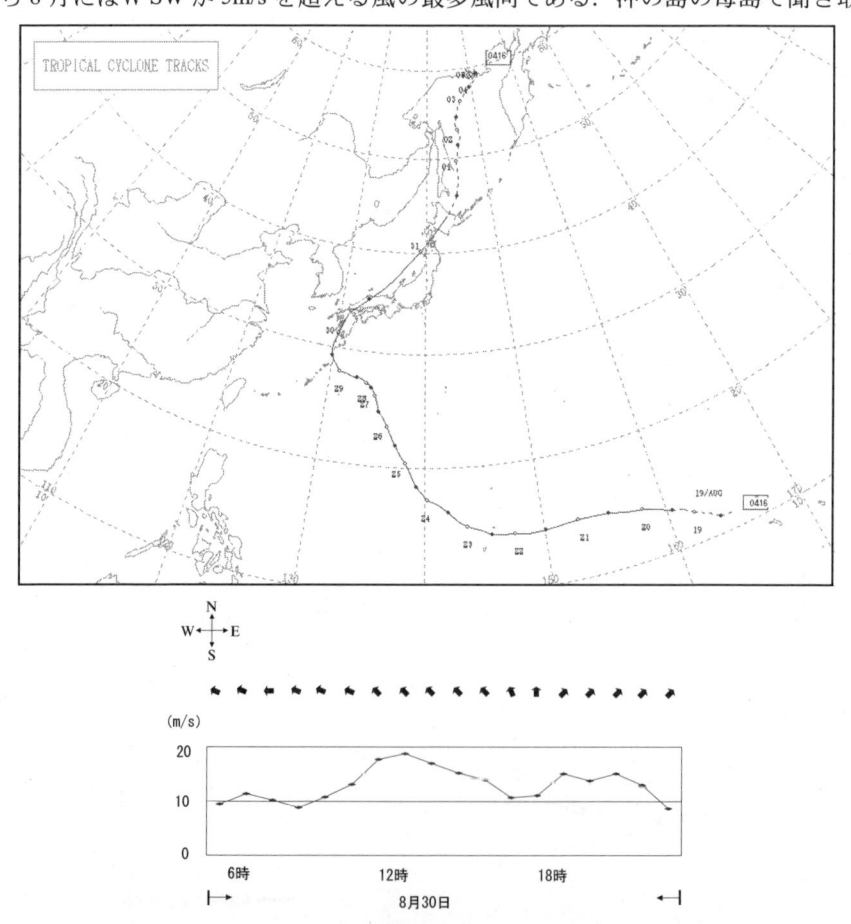

図6 2004年台風16号の経路と宿毛における風向，風速の変化

りの結果，NW の風（ヤマゼ）が 10 月から 3 月まで吹くという．この季節風は冷たく，風速は大である．したがって，沖の島の卓越風向は，宿毛とは正しく一致しないようである．台風についても沖の島のデータはないので，宿毛に強風をもたらした台風の例を，2004 年の例から選び出し，図 6 を作成した．これによると宿毛の西を台風が通過する時，強風は東側から南よりになり，最強の時はSSE から S へ SSW へと変化する．宿毛の最低の気圧は，台風通過時，977.8hPaであった．これは，母島の聞き取りによると，沖の島においても台風時の風はSE から S，SW までの範囲であるという．したがって，台風時は沖の島も宿毛もほぼ同一方向からの強風を受けると思われる．

3. 沖の島の石垣の分布

この島は，急傾斜地が多いため，土留めを兼ねて石垣を築いている．石垣には近場に産する花崗岩を用いる．たとえば母島と古屋野は茶褐色に酸化の進んだ花崗岩を用い，弘瀬では白い花崗岩を用いる．島の全域では，石垣は野石積みであり，樵石は用いていない．また積み方は隅角が算木積みで，穴太積みによく似る．そして高さが 2m を超えると反りをつけ始めるという特色を持つ．

島内の集落の位置によって，防ごうとする主な風が異なる．島の東に位置する長浜や久保浦と谷尻では，台風の南東よりの風にさらされているので，これを主として防御せねばならない．しかし，北西の季節風に対して風影にあたるため，冬の季節風に対しては防風設備を設ける必要はない．一方母島，古屋野，弘瀬は島の西に位置するので，台風の南よりの風のうち SW の風を警戒しなければならない．一方冬の季節風NW に対しては 3 集落ともに何らかの防風対策をせねばならない位置に相当する．

1980 年当時の島内の石垣は，原田ほか(1980)が，詳細に報告している．この中で，宝暦年間（1751~1763）や，安永年間（1772~1781）に鹿垣を築いたとある．1843（天保 13）年，鹿の被害が拡大するため，人夫 1,215 人を投入した．また 1845（弘化 2）年にも，鹿垣費用のため，雑木を売ったと述べられている．防風以外の目的でも石垣を必要としていたことがわかる．またこの文献では，母島と弘瀬の石垣を主として紹介し，当時御存命だった石垣師（中谷家）も含め，それぞれの石垣師の築いた石垣について記述し，構築者ごとに作風が異なることを述べている．

写真1 母島における花崗岩を用いた石垣
干棚用の石材のはり出しが残る．防風用の石垣はすべてブロック塀に変わっている．

3.1 母島

母島の石垣は，急傾斜地に築いた土留め用の石垣がほとんどである．また，大規模な土留めは，沖の島小中学校の間知積みの土留めの石垣が残る．しかし，全集落の防風用石垣は，すでにブロック塀に変わっている．母島の最も典型的な家屋を写真1に示した．干棚に用いた石柱が石垣から突出する．また南東側には窓がないかまたは小さい．石垣は赤みを帯びた花崗岩で，野石積みであり，隅角は算木積みである．母島の風景や干棚は山崎(1997)と，郷土誌編集委員会(1982)に示されている．特に山崎は1953(昭和28)年当時の母島の生活がわかるような写真を載せており，興味深い．

写真2 古屋野の反りを持つ隅角と，算木積みの石垣

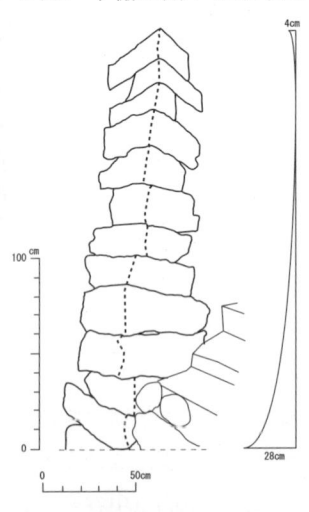

図7 古屋野における石垣の隅角
算木積みで反りを持つ．

写真3 古屋野における褐色の花崗岩を用いた野石積み
隅角は算木積み

写真4 古屋野における北に面した畑の防風用の竹囲い

3.2 古屋野

　集落は大きくないが，急傾斜地で，南に面する斜面の集落の最高地には寺があり，西向き斜面の高地には神社がある．空き家ばかりでなく，すでに石垣のみが残る空き地率も高い．しかし写真2と図7にみるように算木積みの隅角を持ち，高さ2mを越すと反りをつけ，土留めの面が広くなると，アーチ型にし，強度を増すように設計されている．写真3には褐色の花崗岩を用いた野石積みの石垣を示した．集落の石垣の分布図は図8に示し，写真2の位置は★印で示した．この★印の対岸側には薪が積まれ，

写真5 古屋野の空き地に残る干棚あとの石の柱を持つ石垣

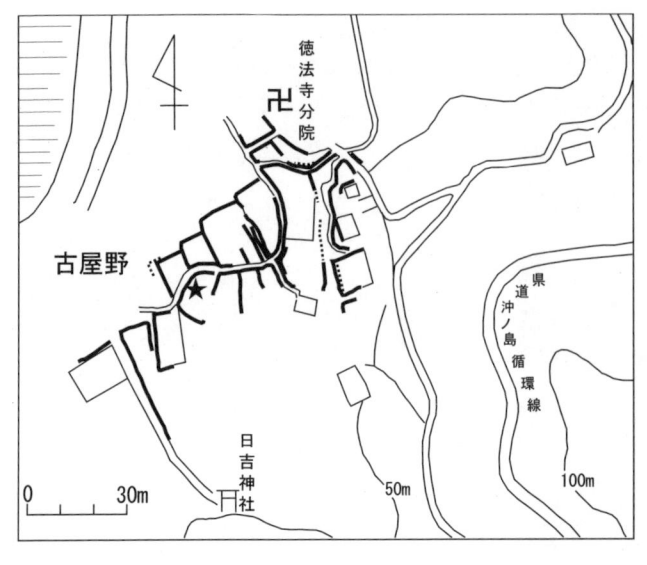

図8 古屋野における
　　石垣分布図

―――― 石垣（野石積，礎石）　………… ブロック，コンクリート　★隅角サンプル地点
　　　　　　　　　　　　　　　　　　　　　　　　　　　　　　　（写真2の地点）

写真6　古屋野における干棚
　　　　　すでに住居はない．

見事な干棚が設けられているのが，写真で示されている（高知新聞社編集局学芸部，1997）．残念なのは撮影年度が入っていないことである．今は同じ場所も空地となっていて，石垣のみ残っている．★印の位置は隅角が見事な算木積みとなっており，2m以上の比高を持つ．宅地前面側は石垣の面が最大であるが，その面はアーチ型となり，強度を増すように工夫されている．この方法は，城や神社，仏閣等の大型建造物の場合用いられる方法であり，石工の技術の高さを示すものである．また，西側の海に面する位置には，防風

用石垣がない場合でも写真4でみるように1.2mの竹囲いをして，冬の季節風を防ぎ，耕作をする工夫がされている．空き地になって久しいと思われる場所でも，強い台風を幾度も受けたに違いないが，石垣は十分な強度を保ち，崩れていない．写真5には空き地になっても残る干棚跡と，住居はなく干棚のみ残る石垣（写真6）を示した．

3.3 弘瀬

弘瀬は，急傾斜地の土留め用の石垣の他に，防風用石垣（高さ1m前後）が残る集落である．北西の風に対して開口部のある集落であるため，母島よりも冬の季節風の影響は強い．弘瀬には土佐と伊豫国境跡が残り（写真7），土佐藩側だった川の左岸の仲崎と呼ばれる地区の石垣を主に調査した．

弘瀬について実測調査した明治大学神代研究室（1973）によると，ほぼすべての民家は風に対して開口部を向けないために妻を海に向け，入り口はすべて南側の石段道か家の東側を通る水平な道に面して開かれている．集落のほぼ中央に「三浦の広庭」があり，荒倉神社が集落の最高部に鎮座する．神代（1975）は，1955

写真7　弘瀬集落内に残る土佐と伊豫国境跡の碑

写真8　弘瀬集落の白い花崗岩を用いた野石積み
　　　　反りを持ち，穴太積みを思わせる美しい石積み

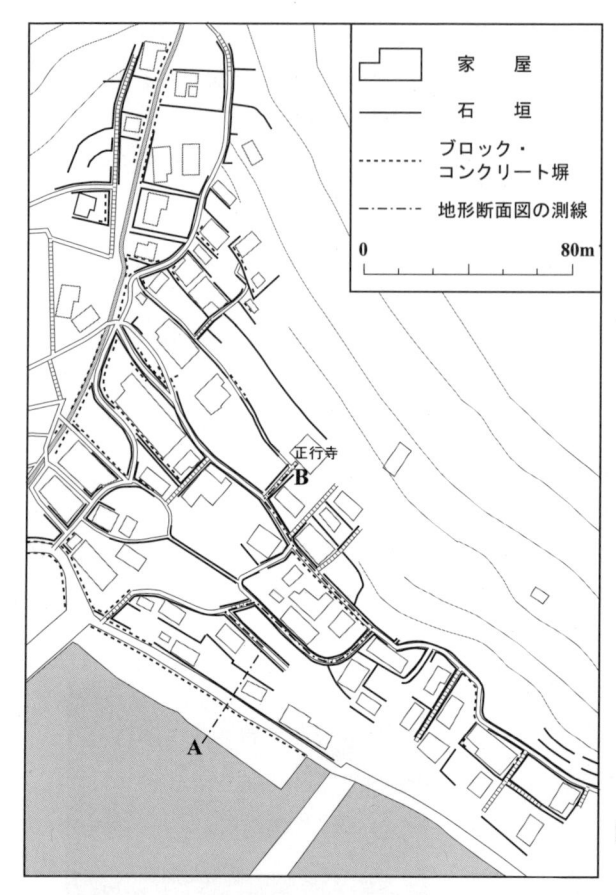

図9 弘瀬における石垣分布図

年頃までの弘瀬の集落は，200戸1,000人という理想的な規模のコミュニティの大きさであったと記述している．

　図9に弘瀬の石垣の分布を示し，A-B断面を図10に示した．弘瀬の石材は花崗岩であるが，母島や古屋野に比較して白く，褐色に変色をしない．また石積みの様式は坂本の穴太積みを彷彿とさせる造形であり，隅角は算木積みである．写真8には海岸近くの白い花崗岩を用いた野石積みを示した．大小の野石を積み，隅角は反りを持たせた算木積みで，穴太積みと同様の石積みがある．

　各集落には石工がおり，それぞれの集落の石垣を積んだという．弘瀬には最後の石工澤近長助氏がおられた．婿の岡崎力男氏所蔵の道具のうちハンマーとノミ

8　高知県宿毛市沖の島における石垣　139

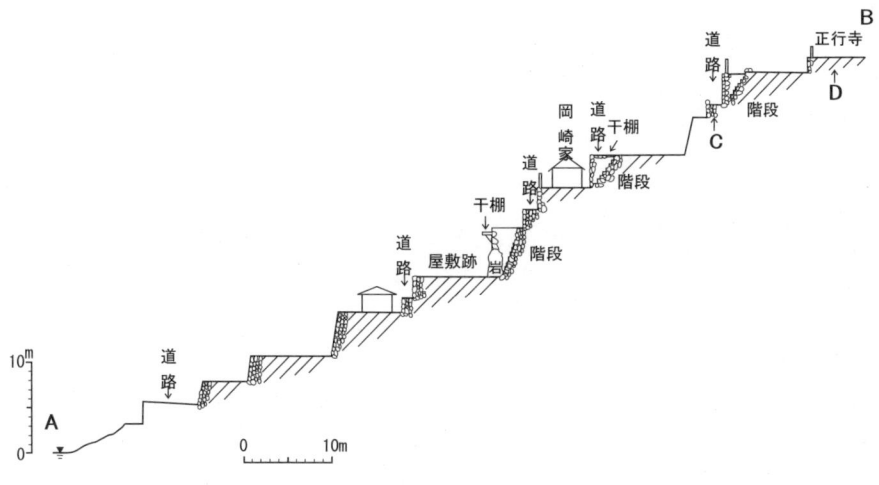

図10　弘瀬の横断面図（A‐B）

写真9　弘瀬の最後の石工澤近長助氏の道具（ハンマー類）

右から左へ．大玄翁（クサビをたたく）．ハリマワシ2個（石の角を整形）．セットウ（クサビやノミをたたく）．岡崎力男氏提供．

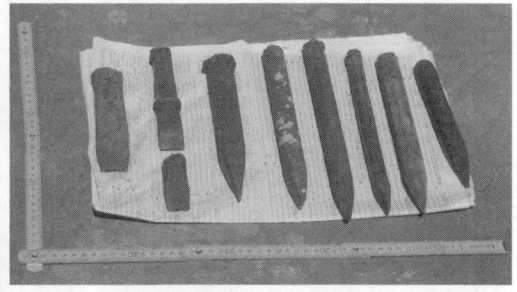

写真10　弘瀬の最後の石工澤近長助氏の道具（ノミ類）

右から左へ．右2個ノミ（クサビを刺すためのもの）．3個ノミ（クサビが打てるように空間をつくり，ならす）．1個ノミ（最初に打つもの）．矢3個（先端は平らで幅2〜2.5 m）．木割矢（幅3m）．岡崎力男氏提供．

写真11 弘瀬にみる畑用の高さ約1mの防風石垣

写真12 弘瀬集落における図9の断面図のC地点
細い道路と石垣

写真13 弘瀬集落内でみる公道をまたいで築いた干棚
竹材が一般的であるがパイプを用いている．一部鉄パイプやエンビのパイプを用いている．

を写真9に示した．大玄翁，ハリマワシ，セットウと呼ばれる種類があり，用途に応じて使用されている．また柄は，軟らかく，撓るグミの枝を用いて作ってある．喜界島の石工吉沢氏所蔵の石工の道具の場合にも，ハンマーの柄は，撓るグミの枝を用いていた．場所が異なっても，日本の自然環境の中で物作りに適した材料を見出していくという工夫は，共通することがわかった．写真10に示したノミ類は，クサビをさすためのもの，クサビが打てるように空間を作るもの，最初に打つノミ，矢，木割矢に分かれている．とりわけ花崗岩に，先端が平らで，幅約2〜2.5cmの矢を入れるときには，石が跳ねることがあるので，カヤの木の葉を敷いてから矢を差し込むという．

また，弘瀬では，畑の海側のへりにも防風用の石垣を築いており，約1mの高さしかないが，冬のNWの季節風に備えている（写真11）．写真12には弘瀬における分布図のC付近の細い道路と野石積みの石垣を示した．

干棚は各戸が必ず海側に面した位置1ヶ所に，竹を敷くか，パイプで作っている．写真13のように公道の上に作られている場合もある．干棚は3〜5年に1度作りかえる．宅地が狭く，庭のない民家にとっては，重要な空間である．干棚は物干し場，涼み場として大きな竹で木の枠を組み，その上に小さい竹を乗せて編んだものである．石垣が海側からの涼風を妨げる（明治大学神代研究室，1973）ため，夏は干棚で夕食をとり，夜半過ぎまで仮眠に使われた（郷土誌編集委員会，1982）．また，1953年の弘瀬の状況を示した山崎（1997）の写真によれば，干棚に薪をうず高く積み，切干甘藷，豆類，魚，海藻などを干しており，夏の夜は団らんの場として用いられた．薪を干棚の上に積んでいることが示されているが，それは干棚の持つ防風効果を高めるためであった．

弘瀬にはかつて段畑があり，丘陵のほぼ頂上に至るまでその段は百段にも及んでいた（山崎，1997）が，かつての段畑は今は放棄されて山林と化しており，当時の状況を推し量ることはできない．

3.4 沖の島東岸側の集落

島の東海岸には，谷尻（長浜），久保浦に集落が立地するが，いずれも東の太平洋を向く位置にあたり，中平節子氏宅では，台風の風に対して，次のような防風対策をしている．長浜（谷尻）の太平洋に向かってSE向きに建てられた母屋

写真14 (a) 久保浦の海水を煮詰める作業　　(b) 煮詰めた塩を天日で干す作業

に対して，前面に約1.5mのブロック塀と，干棚を作っている．また，母屋の背後は，道路を挟んで畑の石垣が母屋から約5.2m立ち上がっている．SEの風が台風時に吹くと，この石垣に当たった潮を含んだ戻り風が，母屋の背後に当たる．したがって，この戻り風を防ぐため，母屋の背後の空間に屋根をかけて，石垣との間を塞いでいる．また中平氏は，海水を薪で煮詰めて塩を作る作業をし，味の良い塩を島の特産品にしようとされている（写真14 (a) (b)）．このような人々の努力で，貴重な昔の味を入手できるのは嬉しいことである．

4．まとめ

　宇和海に位置する沖の島は，外泊と同じように急傾斜地に石垣を作り，平坦地を確保し，石垣で防風をしている島であることがわかった．その特色を以下のようにまとめた．

1) 沖の島は，急傾斜地の土留めの石垣と，台風や冬のNWの季節風に備えて防風石垣を築いている．
2) 母島は経済力があるために，防風石垣は約1mのブロック塀に全戸変わってしまっている．今は土留めの石垣のみが残る．しかし，弘瀬には土留めの石垣の上に防風用石垣が約1mの高さで海側に立ち上がっている．
3) 用いている石材は第三紀に貫入した花崗岩である．軟らかく，加工しやすいため，野石として加工した．沖の島で用いるハンマーは喜界島で石工が用いていたグミの柄と同じであり，道具は遠隔地であっても共通するものを

用いている.
4) 石積みの様式は，隅角を算木積みにし，高さが約2mを超えると反りがつく．高く長い土留めの場合はアーチ型の壁面に石積みをし，強度を高めている．この島の石垣は穴太積みに代表される典型的な本州様式である．
5) 島全域で干棚をベランダの代わりとして設ける．干棚はこの島独特の工夫である．これは自宅の石垣の上にせり出す様に，竹またはパイプで作る．しかし道路の上をまたいで設置している場合もある．農産物や海産物をここで干すが，この干棚は防風の効果があると住民はいう．急傾斜地を這い上がってくる風に対しては防風効果があると思われる．昭和30年代初めまでには，干棚に薪を積んで防風効果を一層高めたというが，今は薪は用いられていない．

　沖の島の調査の結果，防風のための石垣の設置については，1)～4)のように他の調査地と共通することが多かった．5)の急傾斜地を有効活用するための干棚の設置が，防風効果を高めていたのは沖の島の特徴であった．

参考文献
地質調査所（1989）：1/20万地質図「宇和島」．
原田大道・田中稔・樋渡洋三・宮森雅久（1980）：集落石垣調査報告（No‐C）．長崎総合科学大学紀要，21 (2)，207-214．
神代雄一郎編（1975）日本のコミュニティ．SD別冊 (7)，鹿島出版会，180p.
邢鑑生（1981）：孤立小型離島における人口・世帯構造について―昭和54年7月高知県宿毛市沖の島の場合―．大阪学院大学商経論叢，7 (1)，83-105．
邢鑑生（1982）：孤立小型離島における産業構造と労働力構造について―昭和54年7月高知県宿毛市沖の島の場合―．大阪学院大学商経論叢，8 (2)，41-64．
高知新聞社編集局学芸部（1997）：土佐の民家．高知新聞社，311p.
黒田隆之助（1991）：高知県宿毛市沖の島―柏島花崗岩質岩．日本地質学会学術大会講演要旨，98，536p.
郷土誌編集委員会（1982）：わが故郷土佐・沖の島．弘瀬小学校，283p.
明治大学神代研究室（1973）：石で斜面に築いた集落(デザイン・サーヴェイ/高知・沖の島)．建築文化，316，129-152．
村上允英・今岡照喜（1985）：高知県足摺岬のラパキビ花崗岩．地質学雑誌，91 (3)，

179-194.

Ota, Y. and Yoshikawa, T. (1978): Regional characteristics and their geodynamic implications of late Quaternary tectonic movement deduced from deformed former shorelines in Japan. Jour. Phys. Earth, 26, 379-389.

太田陽子・成瀬敏郎・田中眞吾・岡田篤正 (2004):日本の地形6 近畿・中国・四国. 東京大学出版会, 383p.

大津昭一郎 (1981):過疎化による漁村の変容―高知県宿毛市沖ノ島町の事例―. 大津昭一郎・酒井俊二, 『現代漁村民の変貌過程』, 御茶の水書房, 131-188.

宿毛市史編纂委員会 (1977):宿毛市史. 宿毛市教育委員会, 1370p.

玉井建三 (1973):高知県沖の島における農業について. 駒沢地理, 9, 107-116.

八木橋伸浩 (2000):土佐・宇和島境界域海村の民俗変化―高知県宿毛市沖の島町鵜来島・沖の島の事例から―(Part I). 玉川学園女子短期大学紀要「論叢」, 24, 125-141.

八木橋伸浩 (2001):土佐・宇和島境界域海村の民俗変化―高知県宿毛市沖の島町鵜来島・沖の島の事例から―(Part II). 玉川学園女子短期大学紀要「論叢」, 25, 129-143.

山崎修 (1954):高知縣沖の島の地誌―異質的勢力接合地の考察―. 人文地理, 6 (5), 360-373.

山崎修 (1997):土佐を歩く―風景は語る―下. 飛鳥出版室, 117p.

吉川虎雄 (1968):西南日本外帯の地形と地震性地殻変動. 第四紀研究, 7 (4), 157-170.

Yoshikawa, T. (1970): On the relations between Quaternary tectonic movement and seismic crustal deformation in Japan. Bull. Dept. Geogr., Univ. Tokyo, 2, 1-22.

9章　室戸岬における屋敷囲いとしての石垣

漆原和子・藤塚吉浩

1. はじめに

　四国の太平洋岸は台風銀座とも呼ばれ，強風のまま台風が通過する地域としてよく知られている．急峻な海岸段丘崖を伴う地形とあいまって，更新世段丘の段丘崖下に位置する狭い完新世段丘上の集落では，防風を考慮した住宅環境を作らざるを得ない．この地域は，岩崎（1938）が石垣の他に防風林の密度や，防風林の方向と風の関係について論じた．矢澤（1950）は全国の防風林の単位面積当たりの割合を求め，風速3m/s以上の強風地域との関係を考察している．矢澤の論文によると，室戸岬付近は，1月においても，9月においても3m/s以上の風が強く吹くところであるが，クロマツを主とする海岸防風林の密度は，全国平均に対してそれほど高い率ではない．すなわち，この地方は強い風に対して，防風林以外にも何らかの方法で防風を行っている地域とみなすことができる．それが，屋敷囲いとしての石垣や，高い防潮堤の存在であろうと考えた．
　前述の岩崎は，室戸岬付近の防風林に対して，「特異なる防風林」と述べている．防風林は段丘崖下に集中し，防風林または防風垣（石垣，竹垣，笹垣など）を伴うものである，と述べ，石垣の存在や，だんちくの存在に注目し，分布図にしている．そして，「コンクリートによる防潮堤が聚楽の外圏に形成される」，と述べている．本研究の目的としている防風のための，屋敷囲いの特異な存在については戦前より指摘されている．このように残存する石垣の存在が，強風地域に住む上で欠くことのできないものであることについて考察を試みた．

2. 調査方法

　室戸岬において，石垣の分布と様式と自然環境との関係を考察するために，下記の方法で調査を行った．調査地域には，比較的石垣の残っている室戸市高岡と

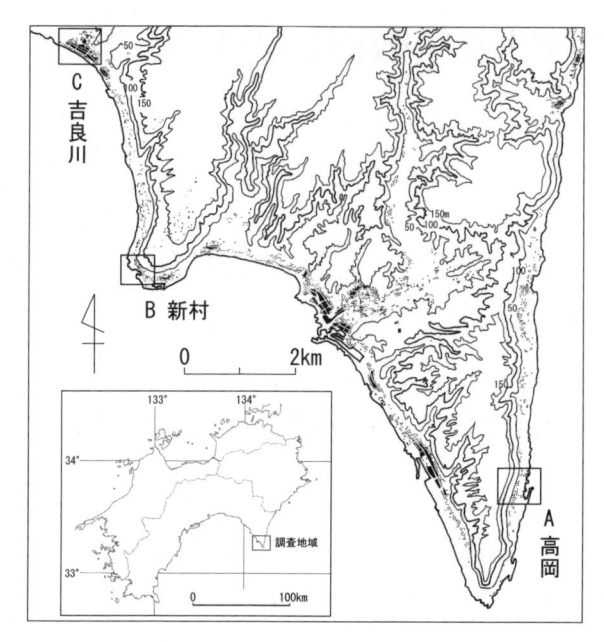

図1 室戸岬におけ
る本調査地域

新村，国の重要伝統的建造物群保存地区に指定されている室戸市吉良川の3地域を選んだ．図1にこれら3つの調査地点と地形を示した．調査は，2005年8月29〜30日に行った．

高岡と新村では，2千5百分の1都市計画図をもとに，石垣の分布図を作成した．また，ハンドレベルとポールを用いて簡易測量を行い，各地域ごとに典型的な民家の平面図と断面図を作成した．吉良川では，同じく簡易測量により，海岸から完新世段丘面上までの地形断面図を作成し，地形と石垣の関係を調べた．また，高岡と新村では，屋敷囲いとしての石垣を有する民家の聞き取り調査を行った．

現地調査で調べた石垣の分布や様式と，調査地域における風向，風速との関係は，室戸岬の地上気象観測地点（33°15.1′N，134°10.6′E，標高185m）のデータを用いて，風配図を作成し，考察した．

3. 地域の概要

四国南西部の調査地域は照葉樹林が覆い，隆起が激しく海成段丘がよく発達しているところとしても知られている．調査地域の地質，地形，植生について以下

のとおり詳述した．また，石垣以外にもこの地方独特の防風のための工夫が取られており，それらについても紹介した．

3.1 地質

四国中央部には仏像構造線が東西に走り，西南日本を地質構造の違いから外帯と内帯に区分している．四国北部（内帯）は石炭紀〜白亜紀の領家帯，三波川帯，秩父帯で構成され，四国南部（外帯）は白亜紀〜第三紀の四万十帯で構成される．本調査地域は四万十帯に相当する．安芸構造線を境に北帯と南帯に分かれる．北帯は，主に白亜紀の付加体堆積物である砂岩や泥岩からなるタービダイト層やチャートからなり，北側ほど年代が古い地層が分布し，南側ほど新しい地層が分布する（須鎗ほか，1991）．本研究における，3つの調査地域は，室戸岬の四万十帯南帯に位置し，第三紀始新世の砂岩泥岩互層（室戸層）からなる．したがって，主に石垣に用いている野石は，これらの第三紀層起源の亜円〜円礫である．

3.2 地形

室戸岬には，更新世と完新世の海成段丘がよく発達している．更新世段丘については，吉川ほか（1964）は段丘面区分とその分布を示し，海面変動と等速隆起から，段丘の形成過程とその時代を推定した．段丘面はH1〜2（高位面，羽根岬面），M1〜3（中位面，室戸岬面），沖積低地はL（低位面）に分類された．また，地震前後の変動量を水準点観測資料から求め，平均隆起速度を2mm/年と算出している．段丘面の形成年代は，高位面のH2面で酸素同位体ステージ7，M1面で5e（最終間氷期の高海面期，約12.5万年前），M2面は5c，M3面は5aに相当すると考えられている．5eに相当するM1面は室戸岬に広くかつ連続して分布し，その高度は，室戸岬で約200mである．

完新世段丘については，金谷（1978）により3面の段丘面区分（L1〜L3）がなされ，更新世段丘と同様の変動様式を示すと述べられている．その中で，最高位のL1面を^{14}C年代測定で6,000年前の縄文海進時の面とみなしたが，L2面の年代を決めることはできなかった．その後，前杢（1988）により，ヤッコカンザシや石灰質遺骸による^{14}C年代測定が行われ，旧海水準高度がⅠ〜Ⅵに区分された．旧海水準高度のレベルⅠは，6,000〜5,000y.B.P.，レベルⅡは4,000〜2,700

y. B.P., レベルIIIは 2,600 〜 2,200y.B.P., レベルIVは 2,000 〜 1,100 y.B.P., レベルVは 1,000 〜 800y.B.P., レベルVIは 700 〜 200y.B.P. の年代値が示された．旧海水準高度と地形面区分から，金谷（1978）と同じように段丘面を L1 〜 L3 に分類した．ただし，前杢の見解は，地殻変動の様式が更新世段丘同様の等速隆起であるとした金谷（1978）とは異なっており，前杢は完新世においては大地震に伴う急激な隆起により，段丘面が形成されたと考えている．

それぞれの完新世段丘面の高度は，金谷（1978）による旧汀線高度測定値によると，高岡では L2 面 7.6m，行当岬では L1 面 12.5m，L2 面 7.9m，吉良川で L1 面 10.8m，L2 面 8.7m と求められている．本調査地域の高岡と新村の集落は，完新世段丘面の L1 面に相当すると考えられる．また，吉良川の丘地区は，L1 面上に立地し，浜地区は，砂丘に覆われた L2 の段丘面上に立地していると考えられる．

3.3 植生・風向の特色

室戸岬は，本州地域の中では最も暖地を好む植生が分布する地域の一つである．主にタブやカシ，シイ類等の常緑広葉樹等で構成される暖温帯林が広がり，アコウ (*Ficus superba var. japonica*) やビロウ (*Livistona rotundifolia*) などの亜熱帯の植物も多く見られる．ウバメガシ (*Quercus phillyraeoides A. Gray*) やイヌマキ (*Podocarpus macrophyllus*) は自然植生の中にも混じるが，民家の生垣にも使われている．ウバメガシは良質の木炭の原料（備長炭）として用いられるが，乾燥にも強いために生け垣にもよく使われている．吉良川では，近世からウバメガシを材料とした備長炭を京阪神に出荷しており，製炭業により繁栄してきた町でもある．

図2には，室戸岬の 2004 年度地上気象観測のデータから，毎日の

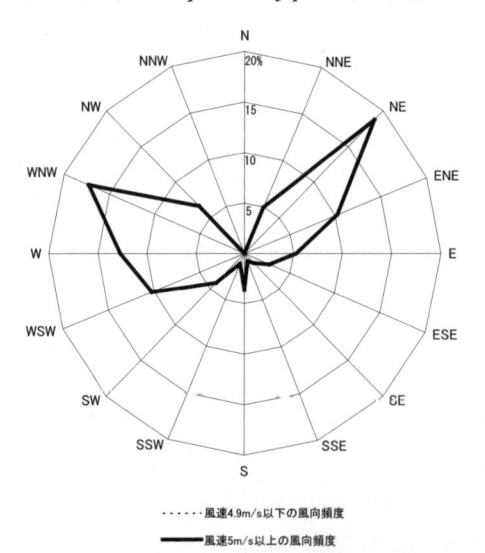

図2 室戸岬における室戸の風配図

風向と風速の頻度を365日を100%として表示した．この結果，4.9m/s以下の風の日は1日しかなく，他はすべて5m/s以上の風が吹いている．そのうち，6月，9月，10月と冬季にはNEの季節風を主とした風が吹き，W～WNWは1月と2月，4月，7月に多い．WSWは4月，5月，6月に吹く風が主である．台風の経路は，太平洋側を通過していく場合と，室戸岬から内陸へ上陸して，瀬戸内を通過する場合とがある．いずれの場合も風向は変化するが，土佐湾側は強風が吹く．太平洋側を台風が通るとき，土佐湾側は東よりの風が吹くが弱い．しかし，岬の東側（高岡側）は，太平洋側を台風が通過するとき東よりの風が強く吹き，この時波のうねりが強くなり，高波と塩風の影響を強く受ける．

3.4 調査地域における防風のための工夫

本地域では，強風に対して屋敷のまわりに種々の防風の工夫が凝らされている．ここでは，石垣といしぐろ，水切り瓦について検討する．

3.4.1 石垣

室戸岬沿岸には，防風雨対策としての石垣が広く分布する．しかし，現在は，手間不足や技術の継承者がいないなどの理由で，多くがコンクリート塀やブロック塀に変わっている．この調査地域の範囲でみた石材は，すべて第三紀の砂岩または泥岩の野石であり，門のような限られた場にのみ樵石が用いられている．石積みは坂本積み又は穴太積みと呼ばれる積み方で，野石の間を細かい石で詰めているものが多い．隅角は算木積みにしてあり，隅角の稜は角張っており，反りを持つ場合もある．

本地域における気候（主に台風を中心とした暴風雨）と気候景観の関係を論じた文献は，岩崎（1938）が初めてである．岩崎が，主に室戸岬海岸における農業形態や栽培作物の分布について述べた論文中に，石垣と防風林の分布図が示された．詳細な記述は，その後，岩崎（1939）が，樹種別に分類した防風林や，石垣の分布図を描き，その地域性を述べている．それによると，高岡や新村は防風林の密度が最も高い地域に相当し，吉良川は最も低い程度1に分類されている．室戸岬の先端に近い高岡と，行当岬に位置する新村で密度が高いのは，それぞれ岬の突端部に位置するからだと述べられている．また，岩崎（1941）は，室戸岬沿岸集落の石垣の高度と厚さ，屋根の高度と傾斜，軒の高度を計測し，防風防潮との関係を論じた．そ

れによれば，石垣が高く軒の低い家屋は，岬突端部に多く集まり，これは，さきに述べた岩崎（1938）の防風林の結果と調和的であるとしている．また，屋根の傾斜は 12 〜 18°が一般的であり，本州域よりも緩い．これは，雨量と風力の関係に見合った建築様式であると述べられている．また，各家屋における石垣の断面図と平面図を実測し，防風との関係を，原田ほか（1980）が論じた．原田は台風ばかりでなく，北西の季節風への備えも必要であると述べている．新村の石垣の厚さが天端（上部）で 70cm 以上，基礎部で 95cm であることから，石垣が重い重量を持ち，風に十分抵抗できると述べている．古川ほか（1998）では，高岡の小笠原家において石垣，樹種樹高，家屋断面の計測と，風向風速計による風の実測を行った．その結果，小笠原家の石垣は防風に対しては極めて高い効果を示すことがわかり，石垣はコンクリート塀よりも温熱・風環境がよいと述べている．

3.4.2　いしぐろ

　いしぐろは積むことを意味する土佐の方言であり，いしぐろは石を積んだものを意味する．石垣も，石を積んだものであり，広義のいしぐろに含める場合もある．しかし，日本民俗建築学会（2005）は，いしぐろを「高知県東部の沿岸部では広く見られ，吉良川町とその周辺では漆喰と赤土を練って石の間を埋めている石垣の練塀のこと」と述べている．いしぐろは，河原や海岸の礫（野石）をそのまま積んだものと，野石を半分に割り，きれいに整形した面を表に見せて積んだ

写真 1　安芸市土居にみられるいしぐろ
玉石を漆喰で固めた石垣．2005 年 8 月 29 日漆原撮影．

ものがある．本稿では日本民俗建築学会にしたがって，狭義のいしぐろを用いる．安芸市土居の集落に今も残るいしぐろの写真（写真 1）を示した．いしぐろは台風や地震にも耐える技術と意匠である．いしぐろは，丸石を並べたり，割石を用いるなど，その意匠面においても優れており，景観的にも値が高いと室戸教育委員会（1996）は述べている．吉良川には水切り瓦をつけた母屋や，土蔵とともにいしぐろが残されている．藤塚（2007）によれば，いしぐろの分布範囲は安芸から室津と，佐喜浜までである．

3.4.3 水切り瓦

　土佐湾北東岸では，台風による暴雨対策として，家屋の壁面に，水切り瓦と呼ばれる瓦で小屋根をつくり，それが何段も付いている家が残る（写真2）．これは，降水や，海水飛沫が壁に染み入るのを防ぐために作られたものである．壁には，消石灰にネズサ（発酵処理したワラスサ）を混ぜて練った土佐漆喰が用いられている．米田（1976）によれば，水切り瓦は，石灰の開発（享保15年，1730年）に始まり，瓦の生産地である安芸の量産に伴って，江戸後期以降に生産された．安芸市郊外で瓦産業が始まったのは元禄年間（1688～1703年）であり，天保年間以後に一般上層階級に瓦が普及したという．明治期から，昭和期にかけて，吉良川付近は土佐備長炭の生産でうるおい，経済的に建設費がかさむ土佐漆喰の外壁や水切り瓦のある土蔵や母屋を建設することが可能だったとされている．その分布は，特に高知平野東半の市街地中心部に多く，山間部では稀である．

写真2　安芸市にみられる水切り瓦
2005年8月29日
漆原撮影

4. 調査結果
4.1 高岡における屋敷囲いとしての石垣の分布

　徳島県南部から室戸岬先端にかけて，屋敷囲いとしての石垣がよく分布する．石垣は，ほとんどが野石を利用したもので，樵石を積んだ石垣はみられない．まれに，門の一部に使われているのみである．また，隅角の石積みは必ず稜があり，算木積みにしてあり，少なくても石積みの様式からは，本州域でみられる穴太積み又は坂本積みと呼ばれているものと一致する．

　高岡では，屋敷囲いとしての石垣がよく分布していることから，分布図を図3のように作成した．また，分布図上に示したA-Bの基線に沿って，地形断面図を図4に描いた．高岡付近では，国道に平行して，海岸にはコンクリートで作られた10mを超える堅固な防潮堤が連続して分布する．この防潮堤（波けし堤防）によって，かなり高波が防げるようになったと地元の人は言うが，海側に向けて，堅固なコンクリートの高い塀を築いた家々や，石垣を海側に高く築いた家々が目立つ．1例として，図5には小笠原家の平面図と断面図を示した．小笠原家は海からの距離は320〜330mである．小笠原家の石垣の実測値と詳細な記述については，古川ほか

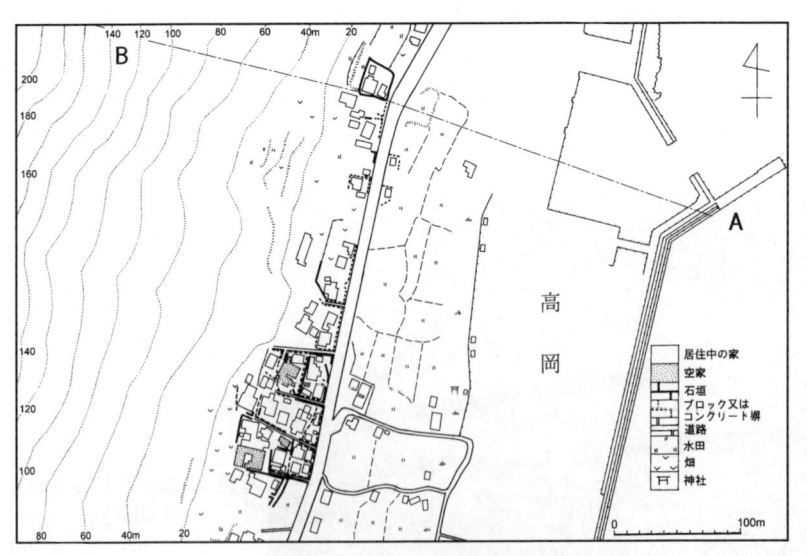

図3　高岡における石垣の分布

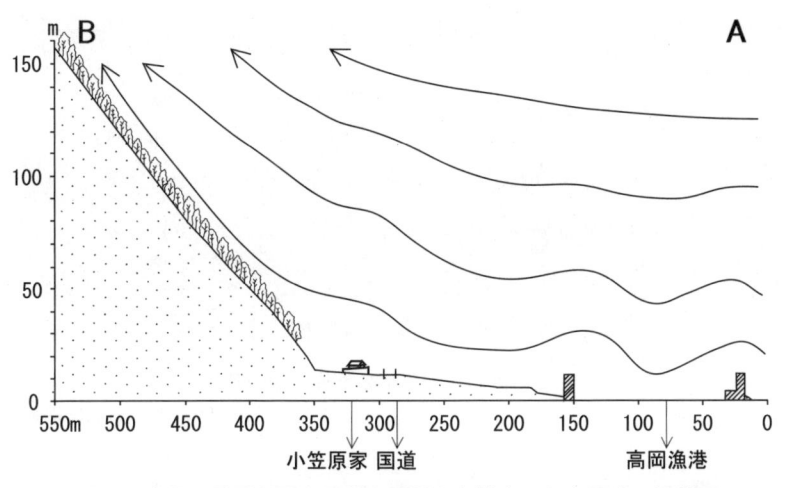

9 室戸岬における屋敷囲いとしての石垣　153

図4　高岡の地形断面と石垣の配列から推定した台風時の流線図

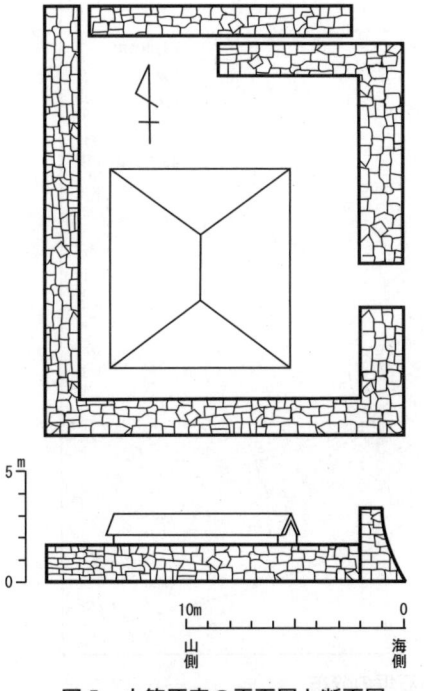

図5　小笠原家の平面図と断面図

(1998) でも述べられている．小笠原家では，山側に相当する母屋の背後に段丘崖が迫るにもかかわらず，山側は低い石垣で囲われている．これは，高岡の集落の母屋に共通することであり，山側には高い塀を持たない．このことは，後述する新村にはみられない特色である．また，住民からは，「太平洋の沖を台風が通るとき，高波のうねりが強調されて，異常に高い波になることがあり，波けし堤防はなくてはならない．また，海側からの塩水のしぶきがひどい．」という話は共通して聞かれた．しかし，崖側から吹き返してくる風はないという．これらの聞き取り結果にしたがって，矛盾のないように台風時の推定流線図を図4に入れた．後述する

写真3　新村における五十嵐家の土佐湾側の石垣

2005年8月30日漆原撮影

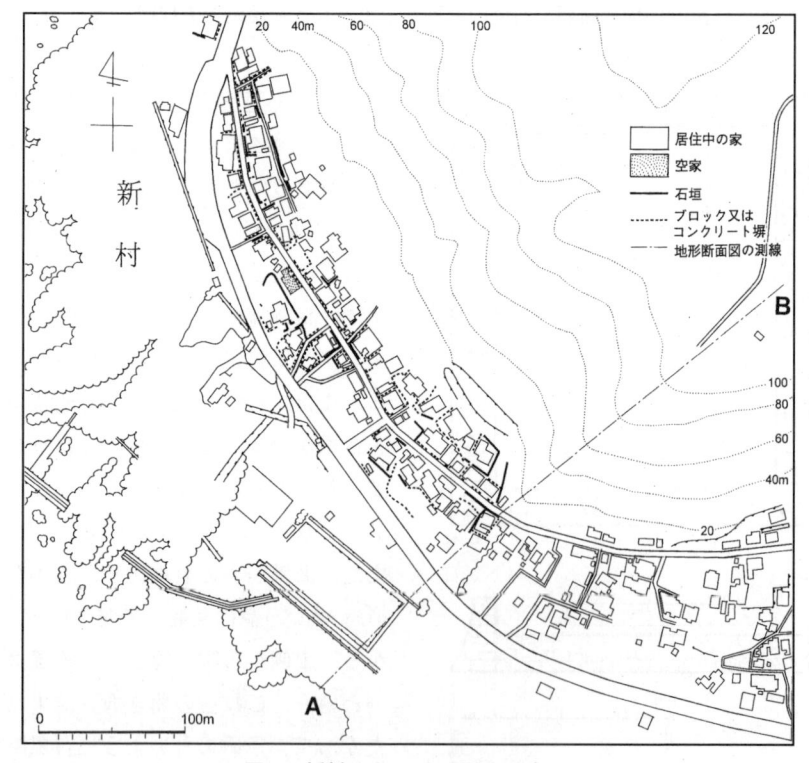

図6　新村における石垣の分布

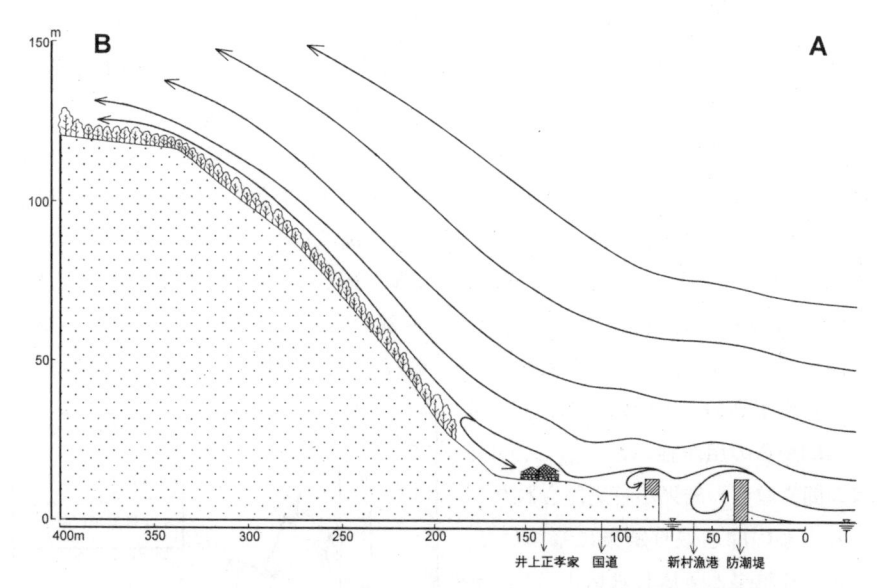

図7 新村の地形断面と石垣の配列から推定した台風時の流線図

吉良川や新村に比べると，岬の東側の海岸では防ぐべき風の風向は東風であり，岬の西側の土佐湾側の集落と違うことがわかった．

4.2 新村における屋敷囲いとしての石垣の分布

新村は，室戸岬の南西側で土佐湾側にせり出した行当岬付近にある．集落は，標高約6mの完新世段丘面上に位置するが，背後に更新世段丘の段丘崖が迫る．新村にみられる典型的な石垣を写真3に示した．写真3の五十嵐勇家における石垣の実測値と詳細な記述については，原田ほか（1980）に述べられている．図6には，新村の石垣とブロック塀の分布と，図7には新村の海

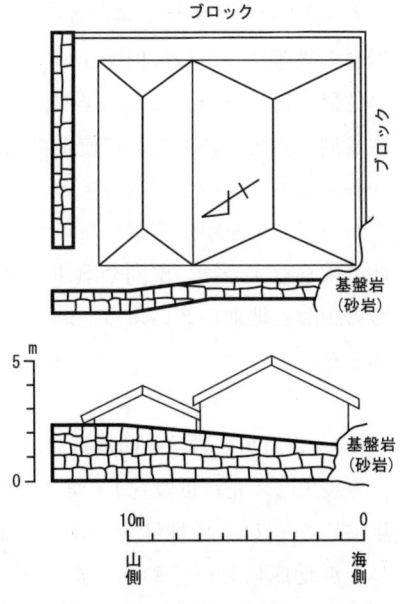

図8 井上家の平面図と断面図

側から山側への断面をA-B基線に沿って描いた．また，崖下の井上正孝家の石垣と，家の平面図と断面図を図8に示した．井上家は海から150mの位置にある．井上家の聞き取りによって，「台風時に強い塩風が段丘崖に向かって吹くと，崖側から反転する塩風が強く吹き返してくる．このため，崖側に面した石垣の内側の窓や縁側は厳重に板をはめて防御せねばならない．また，この反転する塩風を防ぐため，石垣は海側ばかりでなく，山側にも高く築かねばならない」という．また，「冬の季節風は台風並みに強く，西風である」という．前述の図2には，年間の5m/s以上の風の頻度を示したが，西風の強風は頻度が高い．図7の屋敷を囲う石垣の断面図からも，海側は1.6mの石垣で山側は1.9mの石垣があり，山側の石垣が高いことがわかる．反転する山側からの風が強いことがこの井上家の聞き取りの結果から実証された．

　井上家の聞き取り結果に基づいて，聞き取り結果と矛盾しないように，台風時に吹く風を推定して流線図を作成した．図7にその断面と流線を示した．新村の集落は，かつて旧道が崖下に近い位置を通っていたこともあり，強い吹き返しの風を防ぐために崖側の石垣を有する家々が崖下に沿って並ぶ．したがって，塩風が崖下から反転して海側に吹き返すのは，風向や風速と海からの距離と地形があいまった結果であると考えた．

4.3　吉良川における防風施設

　吉良川は，完新世段丘L1面（6,000年前）からなる丘地区と，国道に面した浜地区に分けられる．浜地区では街道に面して間口のある街村の形

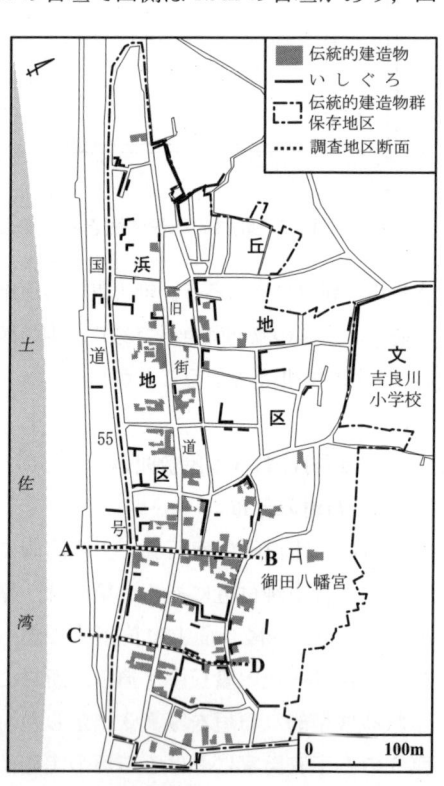

図9　室戸市吉良川町の伝統的建造物と調査地区

室戸市教育委員会（1996）による．藤塚作成

態をとっており，隣接する商家の間に小路を設け，商家奥の居住部への出入りを可能にしている（藤塚，1999）．一方丘地区では，御田八幡宮を中心に住宅の区割りがなされており，18世紀末の集落体制を受け継いでいる（室戸市教育委員会，1996）．いしぐろは，より風雨に強くさらされる丘地区に多数存在する（藤塚，2005）．吉良川にはこのいしぐろと，後述の水切り瓦が多く残されており，1997年11月に重要伝統的建造物群保存地区に指定されている．

　吉良川の集落は，一般的に高さ約10mの完新世段丘上に神社や古い集落がある．この段丘面上に分布する古い家屋は一階建てで，家屋の周りは石垣を伴っている．海側へは一段低くなり，低くなったところには二階屋が分布する．海岸に平行に走る，国道よりも海側で再び高まる高みは形成年代が不明ではあるが，砂丘列である．砂丘列の上には主に一階屋からなる母屋が分布する．2004年10月の台風22号によって，防波堤のすぐ内陸側で，民家が壊れ，住民が亡

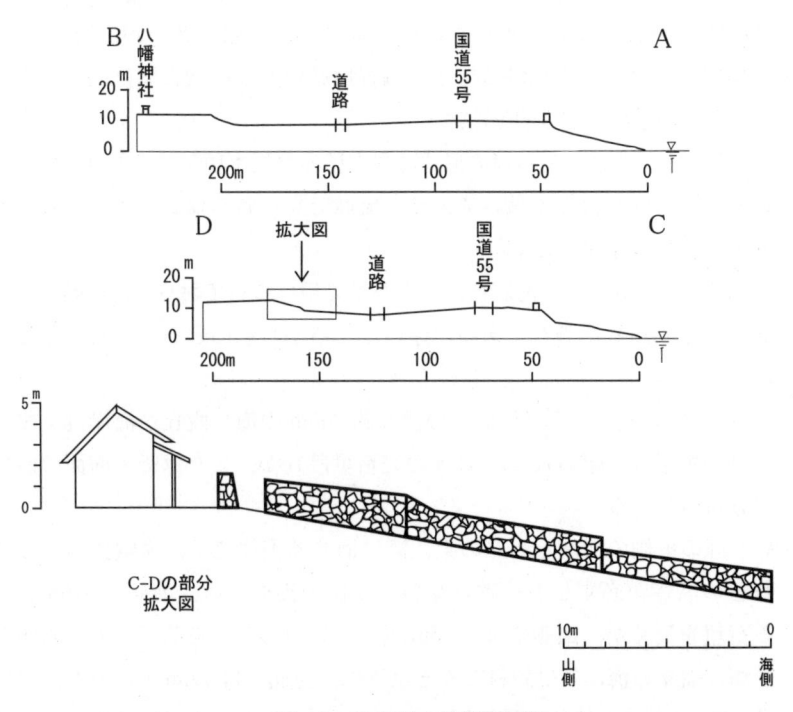

図10　吉良川の地形断面図

くなった．最も海側に位置する砂丘列の前面には，10m を超えるコンクリートの防波堤がある．いしぐろや，水切り瓦を含む伝統的建造物の分布は，図9に示したとおりであり，断面図を作った基線は，図9中の A-B と C-D である．A-B と C-D の地形断面図は図10に示した通りである．A-B, C-D 断面とともに，土佐湾に面した前面の砂丘を利用した家並みは一階屋が多く，約10m の完新世段丘の上も石垣の屋敷囲いを持つ一階屋が並ぶ．しかし，国道沿いの両高地の間の低地では相対的に風が弱く，二階屋が並び，水切り瓦を有する家屋が多く分布する．

5．まとめ

高岡と新村，吉良川の3集落で調査した石垣の分布と様式の違いを，以下の通りまとめた．

1) どの集落も多くの場合，頻度高く襲う強い台風に備えて，石垣を築いていて，既にコンクリート塀やブロック塀に変えた家も多いが，岩崎 (1938) の作成した分布図と比較しても，調査地域は石垣の残存率は高い．海側には 1.8m を超える高い石垣が多い．

2) 3集落とも，共通して石垣の形式は穴太積み（坂本積み）であり，野石を用いている．隅角は算木積みであり，琉球で見られる様式とは異なり，本州域でみられる様式である．

3) 石垣は身近に分布する泥岩と，砂岩が多く用いられており，河床礫もしくは海浜礫を利用した野石である．遠いところから別の岩石を運んで積んだものではない．

4) 室戸岬は 5e (約 12.5 万年前) の標高約 200m の海岸段丘が海岸近くまでせまり，集落は，幅の狭い約 10m の完新世段丘か，またはその前面の砂丘上に分布している．

5) 室戸岬の東側の海岸と西側の土佐湾に面する海岸では，屋敷囲いとしての石垣の高さが必ずしも一致しない．東側の海岸では，海側に 3.5m を超える石垣を築くが，山側には，1.5m 以下の石垣のみである．一方，西側の土佐湾に面する海岸では新村でみるように，海側には 1.6m であるが，山側には 1.9m の石垣を築いている例が多くみられ，防風しなければならない風は

海側からの強風ばかりでないことがわかった．すなわち，西側海岸では台風時に海岸段丘崖で反転する風があることがわかった．屋敷囲いの石垣も，この風に対して山側を高くしていることがわかった．
6) 段丘崖で反転する風がある場合は，海からの距離が150m前後であり，反転する風がない場合は，段丘崖の位置が海から300mを超える場合である．

　以上のように石積みの文化からは，室戸岬とその周辺は，明らかに本州域の穴太積みまたは坂本積みの文化領域に入る．室戸岬付近は台風以外にも常時5m/sを超える強風の吹く地域であり，防風のため今も屋敷囲いとしての石垣が残るところである．局地的な強風の風向や塩風に対処するよう，工夫が凝らされている．台風時であっても局地的な風をも考慮していることがわかった．

参考文献
藤塚吉浩（1999）：室戸市吉良川町　重要伝統的建造物群保存地区．日本地理学会発表要旨集, 56, 276-277.
藤塚吉浩（2005）：室戸市．山本正三編，『日本の地誌9　中国・四国』，朝倉書店, 605-606.
藤塚吉浩（2007）：高知県東部の歴史的集落における伝統的建造物．国際日本学, 5, 113-125.
古川修文・宮武直樹・中澤治重・山田水城・溝渕博彦（1998）：室戸の民家の外部空間構成と風・温熱環境に関する研究．民俗建築, 113, 29-37.
原田大道・永田康博・橋本慎・平田耕一（1980）：集落石垣調査報告（No‐D）高知県室戸市新村集落．長崎総合科学大学紀要, 21 (2), 215-222.
岩崎健吉（1938）：土佐室戸岬附近に於ける若干の現象の地域的性質に就いて．地学雑誌, 50 (589), 129-141.
岩崎健吉（1939）：土佐室戸岬附近海岸に於ける防風林の分布に就いて（南四国の研究第2報）．地理学評論, 15 (2), 110-133.
岩崎健吉（1941）：土佐室戸岬附近沿岸集落に関する形態計測結果の分布に就いて．地理学評論, 17 (4), 284-304.
金谷明子（1978）：室戸半島の完新世海成段丘と地殻変動．地理学評論, 51 (6), 451-463.
前杢英明（1988）：室戸半島の完新世地殻変動．地理学評論, 61 (10), 747-769.

室戸市教育委員会（1996）：伝統的建造物群保存対策調査報告書　吉良川の町並み．室戸市，143p．

日本民俗建築学会（2005）：写真で見る民家大辞典．柏書房，468p．

須鎗和巳・岩崎正夫・鈴木尭士（1991）：日本の地質8　四国地方．共立出版株式会社，277p．

矢澤大二(1950)：景観に現われた気候的特性－わが国に於ける防風林の分布について－．地理学評論，23（12），1-9．

吉川虎雄・貝塚爽平・太田陽子(1964)：土佐湾北東岸の海岸段丘と地殻変動．地理学評論，37（12），627-648．

米田藤博(1976)：高知県における特異な民家景観．地理学報,15, 1-11．

10章　紀伊半島における屋敷囲い としての石垣

漆原和子

1. はじめに

　紀伊半島南端は台風銀座と称されるほど，多くの台風が，強風のまま通過する地域である．四国の室戸岬において，すでに屋敷囲いとしての石垣が分布することを報告した（漆原ほか，2006）．紀伊半島の潮岬・紀伊大島・串本においても同様に，強風に対する屋敷囲いの工夫がされているだろうと考え，調査地として選んだ．屋敷囲いが，石垣だけで作られているのか，生垣や防風林と組み合わせているのかを検討し，他地域の石垣との比較を試みた．

2. 地域の概要
2.1 調査地域

　紀伊半島の最南端で，最も太平洋岸にせり出した串本町と潮岬，紀伊大島を調査対象とした．本州最南端に相当する潮岬は，33°26′N，135°46′Eであり，八丈島相当の緯度である．潮岬と，半島の本土側とは陸繋砂州（トンボロ）で繋がっており，串本の市街地は，このトンボロに位置する．また，串本の対岸にある紀伊大島（面積9.93km^2）は，民謡串本節にもうたわれているように，本土との間を船で航行していたが，1999（平成11）年9月に「くしもと大橋」の開通により，本土と繋がった．

　気候的には，黒潮の影響を受け，串本では年平均気温17℃±，冬の日平均気温6〜8℃で，極めて温暖である．2005年11月には，ラムサール条約締約国会議で，串本町は「世界最北限のサンゴ群落の保全地」として認定を受けた．しかし，台風時には，太平洋にせり出している潮岬や，低平なトンボロの上に立地する串本町市街地は，強風と高波にさらされる．串本町では，埋め立てを行う前の海岸線に近い位置に石垣が残る家屋が多いので，その分布を調べることにした．また，トンボロの先の潮岬に立地する多くの集落は，段丘面上に位置する場合は，石垣

と刈り込んだ厚い生垣を組み合わせて防風を行っている．今回は最先端の潮岬に明治初年に築いた潮御崎神社宮司の母屋（横屋）の，屋敷囲いとしての防風石垣を調査対象とした．紀伊大島は風待港として栄えたこともあり，本土側に位置し，台風の最大の強風を避ける位置に立地する．しかし，調査地の一つとした須江は，尾根の風影に立地するとはいえ，例外的に太平洋側の海岸に位置する．このため，台風に対する防風用の石垣がよく残されている．しかし，海岸段丘上に位置する樫野や上野では，石垣と刈り込んだ厚い生垣とを組み合わせて防風を行っている．

　調査地域付近の集落の特色については，次の文献によって戦前の状況をよく知ることができる．岩崎健吉による（三野編，1973，岩崎，1936）紀伊半島南海岸の研究では，1935年ごろの集落の分布図が示されている．潮岬・紀伊大島の住民は，主に南洋における貝採り（真珠貝採取）漁民として出稼ぎし，東海岸の住民は，北アメリカや，カナダの漁業従事労働者として出稼ぎした．西海岸の住民は，カリフォルニアにおける農園労働者として働きに出た．帰国後の彼らの住居は，本来の紀伊半島のものとは異なっている．従来の民家は，室戸岬などに似るものである．その一例として，潮岬村上野の農家の写真（岩崎，1938）が示されている．軒の高さを超す野石積みの石垣が築かれ，玄関入口は樵石で算木積みにしてあり，わずかに反りがあるタイプで，穴太積み，または本州様式としてこれまで紹介してきた石積みと一致している．潮岬村上野では，もう一枚の写真が示されていて，石垣と防風林の組み合わせの例が示されている．したがって，上野は戦前には石垣の屋敷囲いと，防風林と石垣の組み合わせで対応する地域であったことがわかる．

　今回の石垣調査の対象とした地域は図1に示した．串本市街と，潮岬，紀伊大島の須江である．

2.2　地質と地形

　調査地付近の地質は，5万分の1地質図「串本」が1965年に出版されていて，これによって詳しく知ることができる（地質調査所，1965）．地質図と説明書によると，串本から潮岬，紀伊大島周辺は，新第三紀の中新世中期の堆積岩からなる．この層は紀伊半島を広く覆い，全体としてNNE～SSWないし，NE～SWの走向を持つ．SEに10～30°傾き，単斜構造を持つ．しかし，紀伊大島には，後に酸性岩である紫蘇輝石石英安山岩が貫入した．また，潮岬付近と出雲崎付近は塩基性岩

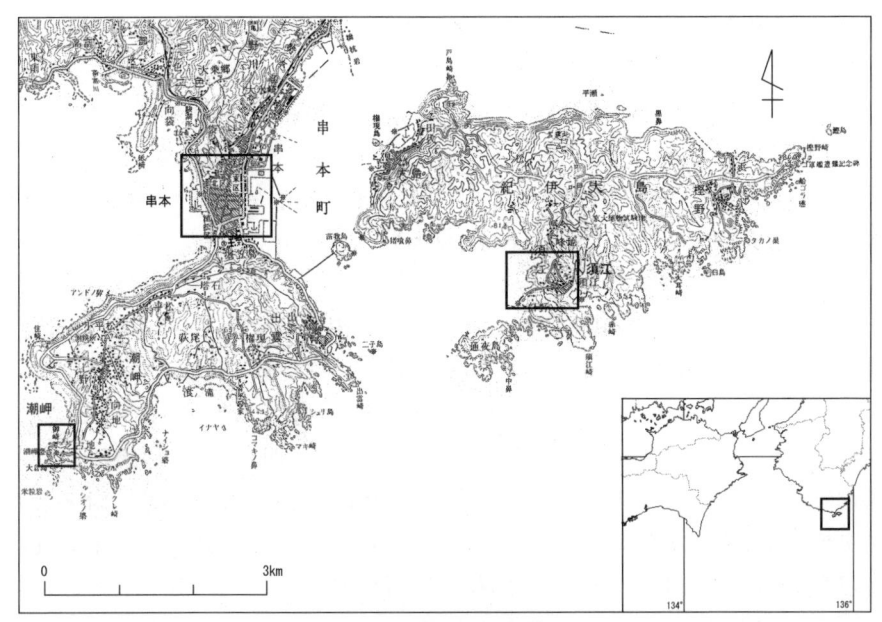

図1　調査地の位置図

5万分の1地形図より作成

である輝緑岩が貫入し，その内陸側は斑糲岩ないし閃緑岩が分布する．しかし，権現から萩尾，平松付近は酸性岩である花崗岩や，石英斑岩が分布する．地質横断面から判断すると，古期から新期の地層へと，新第三系の帯状配列がみられる．その後に，花崗岩が貫入し，その境界部に塩基性岩が貫入したことがわかる．

　石垣の調査地域とした紀伊半島南端部は，太平洋側のなかでも室戸岬と同様に隆起地域として注目され，多くの研究がされてきたところである．これまでの研究では海岸段丘面と，完新世のベンチがよく発達し，完新世には串本のトンボロが発達したことがわかる．米倉（1968）は，紀伊半島の海岸段丘区分を行い，段丘形成と地殻変動について述べている．南海道沖を震源とする地震は，約120年に一度発生する．この地域では，地震は隆起を伴う．この地域の段丘は高位段丘群（H）と，低位段丘群（L）に大別される．L1は半島南部全域に分布する．L1面が新宮から串本にかけて分布し，標高は約60mである．そして，L1面は串本付近での隆起に伴って，北西方向へ傾動している．また，L1面の形成年代はRiss-Würm間氷期と考えられるとしている．さらに米倉（2001）は，紀伊半島南部で，巨大

地震である東南海地震が1944年に，南海道地震が1946年に，南海トラフで発生した．このような巨大地震は，この地域を隆起させる．ステージ9に対比される段丘（H1）は紀伊大島で125mである．ステージ5eに形成された面は，紀伊大島で80m（L1またはM1と表現）付近であると述べている．また，完新世のベンチがよく発達していて，前杢・坪野（1990）は，6回の旧海水安定期（レベル）と急な隆起時期（イベント）があり，イベント6は6,000〜5,000yrB.P.，イベント5は4,000〜3,800yrB.P.，イベント4は2,600〜2,400yrB.P.，イベント3は2,000〜1,800yrB.P.，イベント2は800〜600yrB.P.，イベント1は200yrB.P.に生じ，レベル1は6mに達すると述べている．太田ほか編（2004）では，前杢・坪野（1990）の成果を報告している．それによると，潮岬灯台下の高度2.8mに付着するヤッコカンザシの年代は2,330±170年，2,290±150年B.P.を示していて，明らかにこの調査地域は隆起傾向にあることを示している．また，串本町史編さん委員会（1995）によると，この地域は地震性の隆起を示す地域としても知られており，1946年の南海道地震では急激な隆起を示している．その後徐々に地盤が沈降していると述べている．

　串本町の市街地は，トンボロの上に位置するが，この砂州はかつて島であった潮岬の地域と，半島側を結ぶように成長し，完新世に発達したものである．しかし，串本ではこれまで主に東海岸を埋め立ててきた．串本町史編さん委員会（1995）には，「串本では，大正7年以来埋め立てが数回行われてきた．東海岸通り以東は埋め立て地である」と述べられている．また，この地方には姶良カルデラ起源のAT火山灰（22,000yrB.P.）と，鬼界カルデラ起源の約6,500年前のAh火山灰が広く覆っており，段丘堆積物の上に発達する茶褐色のクロボク土として，これをみることができると述べられている．この地方では，火山灰に覆われた海岸段丘面を平見とよび，その地域では主として畑作が行われている．

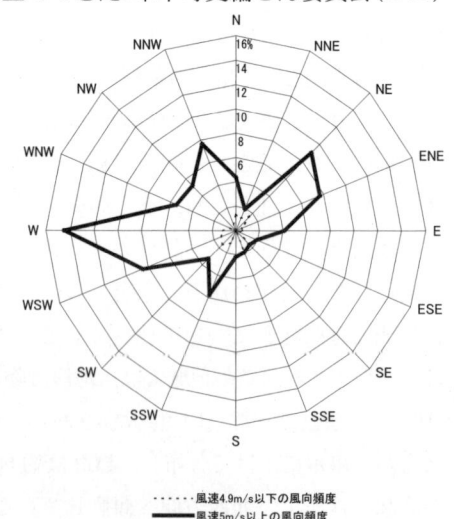

図2　潮岬における2004年の風配図

2.3 気候

串本は台風銀座と呼ばれている．1951年から1990年までの日本本土に接近した台風のうち，約50%が串本に影響を与えた台風である．また，同一の期間中に紀伊半島西海岸に上陸したものは，全台風の15.4%に達しており，串本は「台風銀座」の名に相応しい（串本町史編さん委員会，1995）．

潮岬のアメダスのデータにより2004年の風配図を作成した．その結果を図2に示した．この図では5m/s以上の風が二つの極を持つ．すなわち，WとNEである．

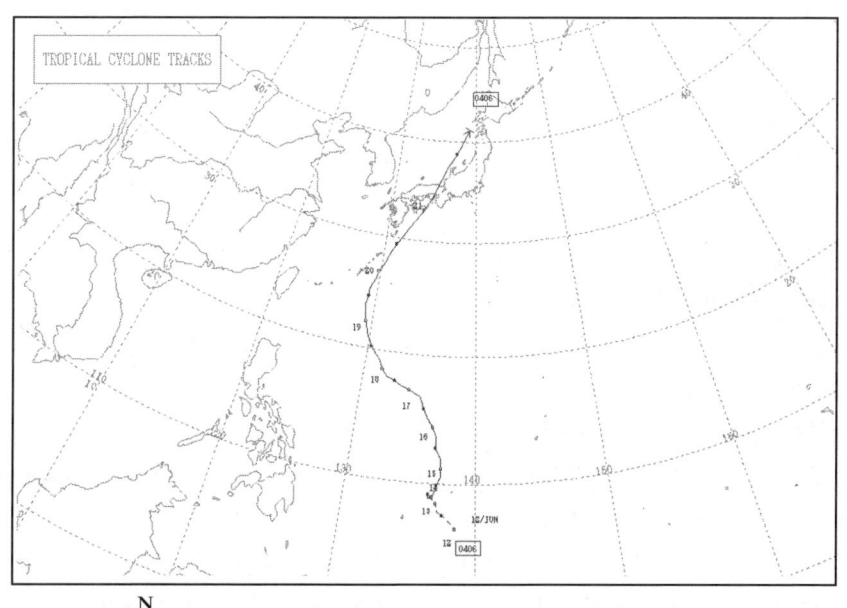

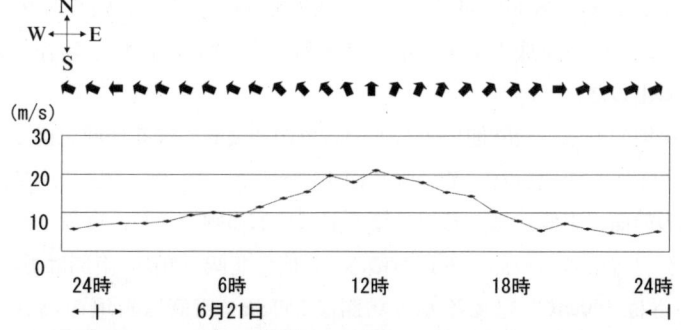

図3 2004年台風6号の経路と潮岬における風速，風向の変化

月ごとの風配図をみると1月と2月はNW〜NNWにピークがある．2月から9月まで5m/s以上の風はWとWSWが最多風向であるが，3月と4月から6月までNEにもピークが出現する．8月から10月にはENE〜Eの風が強い．11月から12月はNNWからNである．したがって，冬季はN〜NNWで，暖候期はW〜WSWか，またはENE〜Eの2方向の風が卓越していることがわかった．

次に，串本・潮岬付近を通過する台風の例を，2004年の台風から選択した．6月12日に発生した台風6号の経路図と，潮岬における毎時の風向と風速を図3に示した．潮岬では6月21日の12時に最強風速を記録し，その時点での気圧は978.5hPaであった．台風の風は，EからSへ変わり，通過後はW方向に転じた．したがって，この台風に代表されるように，台風時にはNを除くどの方位の風も吹くため，どの方位に対しても，防風対策を完全に行わなければならない土地柄であることがわかる．

3. 屋敷囲いとしての石垣の分布
3.1 串本町

串本町の面積は135.78km^{2}であり，平成17年度の世帯数は9,420戸，人口は20,779人である．人口密度は，153人km^{2}である．調査地として選んだ潮岬は，世帯数1,360戸で，人口3,190人，須江は世帯数175戸，人口366人である．人口ピラミッドでみると，年齢と共に人口は増大し，男女共に56歳から58歳までが極大値で，次の膨らみは62歳から77歳までである．年間の観光客数は3月と8月に日帰り，宿泊客共ピークに達する．平成16年度のデータでは，3月の宿泊客35,070人，日帰り客89,394人，8月の宿泊客44,094人，日帰り客97,241人となっている．2005（平成17）年4月に串本町と古座町は合併し，現在の東牟婁郡串本町が誕生した．

串本市街地のうち，屋敷囲いとしての石垣が密度高く残る地域を選び，串本町の石垣の分布図を作成した．その図を図4に示した．この分布図の中で，矢倉甚平衛氏宅の前面（東側）は，石垣を築く前は旧海岸線であり，砂浜が続いていたという．石垣は東側の一部のみ野石積みで，他の北側，西側，南側は樵石である．東側の高さは300cmを超えるが，北側は250cm，西側は石垣の高さは200〜190cmである．したがって，海岸側に高く築いたことがわかる．写真1には，東

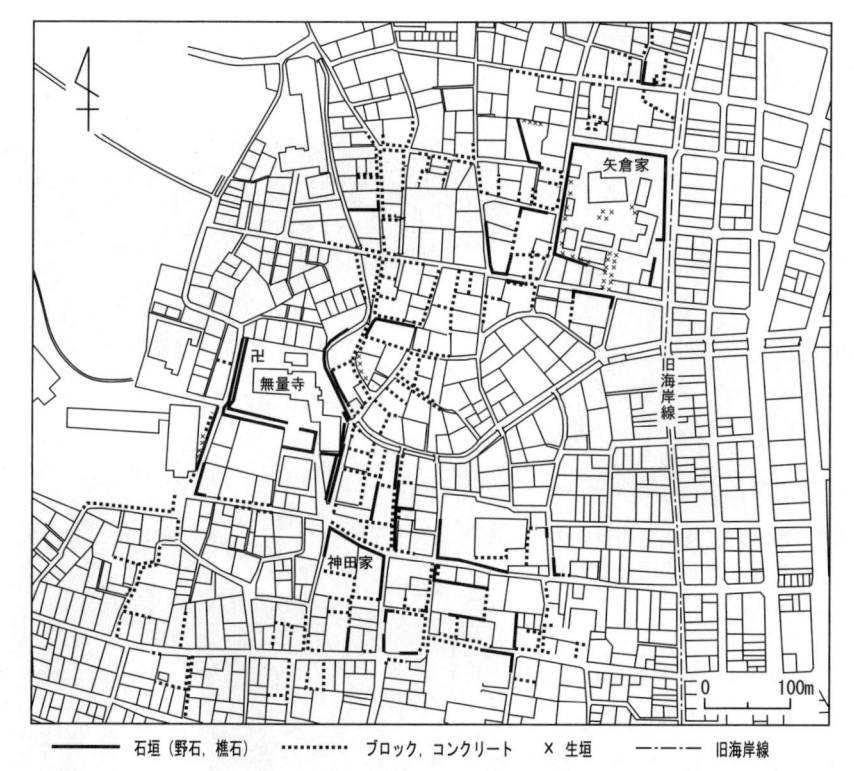

図4 串本市内における石垣の分布

凡例: ── 石垣（野石，樵石）　……… ブロック，コンクリート　× 生垣　─・─・─ 旧海岸線

側の反りのある算木積みの隅角の石垣を示した．この高さは337cmである．この他にも，無量寺とその南には，樵石を用いた石垣が連続する．その高さは，無量寺で最高185cmである．この他にも，神田清右エ門氏宅で樵石195cmである．写真2には，神田家の195cmの樵石からなる石垣を示した．トンボロの東海岸を埋め立てる前は，市街地のトンボロの幅も狭く，住居への海水飛沫は現在よりも多く，強風の影響をより一層受けたであろうことが推定できる．屋敷囲いとして樵石が多く用いられているが，樵石のほとんどが砂岩からなる．この砂岩は古座川沿いのうつぎ石である．

市街地の中で屋根の下の妻側や平側にスカートを履かせたような板が垂れさがる場合がある．これは，ウチオロシと呼ばれ，塩風が母屋をいためないようにする工夫とされている．写真3にこの例を示した．ウチオロシについては，米

写真1 串本町矢倉氏宅の東側の
樵石と野石を用いた石垣
隅角は算木積みで反りを持つ.

写真2 串本町神田家の樵石からなる石垣

写真3 串本町の平側に用いたウチオロシ

田 (1974) が, 紀伊半島の防雨の工夫であるとして紹介をしている. その分布は 1966～1968年では四日市と津の間に境界があり, 和歌山と田辺の間に境界があり, それぞれの境界より南東の太平洋側に分布する. 特に尾鷲から新宮の間までが最も多い. そして, その分布は最多雨月降水量 250mm 線とよく似ていて, それより雨が多いと, ウチオロシが増えると述べている. しかし, 現在では米田の報告時よりかなり減少しているものと思われる.

3.2 潮岬

潮岬は, 最も太平洋にせり出した位置にあり, 岬の前面の海には潮目がある. 串本町史編さん委員会 (1995) によると, 潮岬沖では「下り潮」は藍の花のように美しい黒潮で,「上り潮」は白っぽい水色になり, 潮境は潮目としてはっきりみることができると記載されている. この潮目付近は, カツオ, グレ (黒ダイ) などの好適

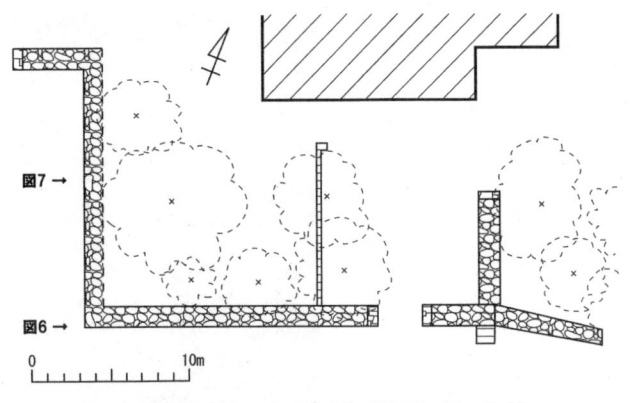

10 紀伊半島における屋敷囲いとしての石垣

図5　潮御崎神社の宮司母屋（横屋）前の石垣

な漁場である．860年頃の記録に，火災のため「しおみのはな」へ社殿を移したとある．その後は，潮御崎神社は約40mの海岸段丘の上にあった．すなわち，江戸時代末まで，潮御崎神社の社殿は現在の燈台の位置にあった．明治政府は，現在の岬の先端の位置に燈台を建てるために，神社に社殿の移動を要請した．明治元年に社殿を移動する際，段丘崖に野石の石垣を築き，宮司の母屋（横屋）の周りに屋敷囲いを築いた．岬の海岸に分布する輝緑岩の野石を利用して積んでいるが，直径1mを超え

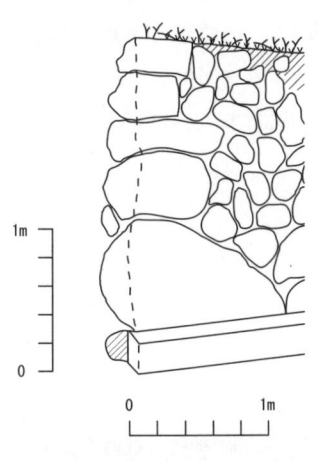

図6　潮御崎神社の宮司母屋（横屋）の南隅角の野石積み

写真4　潮御崎神社宮司母屋（横屋）の屋敷囲い
輝緑岩を用いた野石積みで，算木積みとなっている．

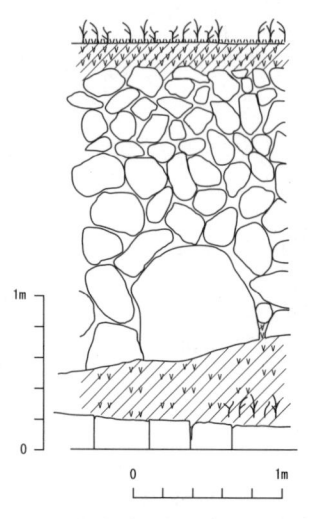

図7　潮御崎神社の宮司母屋（横屋）の西側の野石積み

写真5　潮御崎神社宮司母屋（横屋）西側の屋敷囲い
西側の野石積み

る巨大な亜円～円礫の野石を用いながら隅角を算木積みにして仕立てている．この隅角は，野石積みで高さが約160cm，その上に土を積んだ土手が約40cmあり，合計で200cmである．玄関に至る門とその隅角は樵石を用いている．樵石は，やわらかい古座川のうつぎ石を用いている．図5には，母屋の周りの前面に位置する海側の石垣の平面図を載せた．また，図6には，隅角の野石積みを図化し，同じ場所は写真4に示した．また，西側の側面に相当する位置の石垣は図7と写真5に示した．

写真6　潮御崎神社の社殿を支える段丘崖に積まれた野石積み
高さ約7mで，反りを持つ．

北側の社殿は段丘の上に位置し，社殿を支える石垣は，段丘崖の部分では682cmある．反りがあり，城郭の石積みを思わせる，野石積みの石垣である（写真6）．江戸時代末から明治元年の石積みの年代が判明していて，当時の技術の水準がわかる好例である．この石垣は，台風によって壊されたことは1度もない．しかし，1944年の東南海地震，1946年の南海道地震で石垣の一部が崩れ，野石を一部積みなおした．

潮岬に分布する標高40〜50mの段丘面上に位置する上野の集落の防風用の屋敷囲いの防備は，海岸からの距離と高さに反比例していると思われる．上野は岩崎（1938）が1935年当時を示したように，今も生垣と石垣を組み合わせた農家が多い．写真7には，上野の農家の玄関にみる石垣と生垣の組み合わせを示した．生垣は，イヌマキ，トベラ，ハマヒサカキ，ウバメガシ，マサキなどを組み合わせたものが多く，平均的な幅は100cm，高さは石垣と生垣を合わせて約200cmである．生垣の樹種は混合しているが，必ず刈り込んであるのが特色である．屋敷囲いのすべてを樵石の石垣で作っている場合は，高さが160cmまでである．したがって，海岸の住居よりも少なくても40cm以上低いことになる．

写真7　潮岬上野にみる農家の屋敷囲い
石垣と生垣の組み合わせで，高さは約200cm

3.3　紀伊大島

紀伊大島には，石垣の残る集落が多い．大島は風待港として栄えた港町であり，南よりの強風が避けられるように，島の北側に位置する．しかし，須江は太平洋側に開いた，東に流下する谷の出口に立地する集落である．この集落は，生垣による防風は行われず，石垣か，コンクリート塀またはブロック塀で防風垣を築いている．石垣がまだ残っている比率が高いので，須江を調査地とした．須江における石垣の分布は，図8に示した．また，A-B，C-Dの断面を描いて，海から内陸側への石垣の高さの変化をみた（図9）．断面図から，この集落の海側の地区

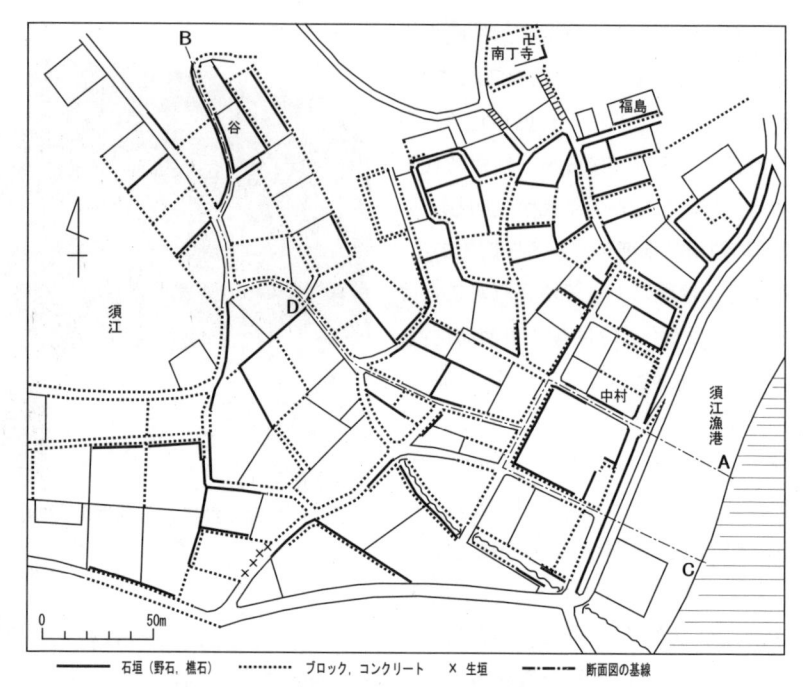

図8 紀伊大島，須江における石垣の分布

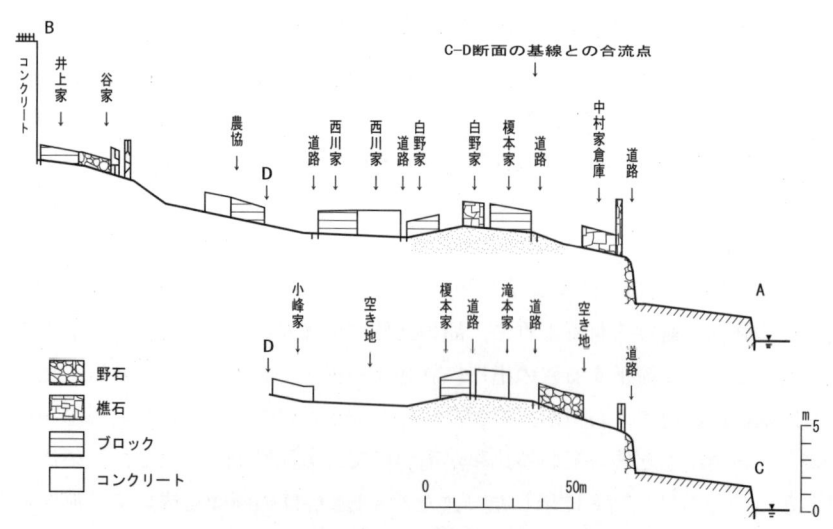

図9 紀伊大島，須江における基線に沿った横断面図

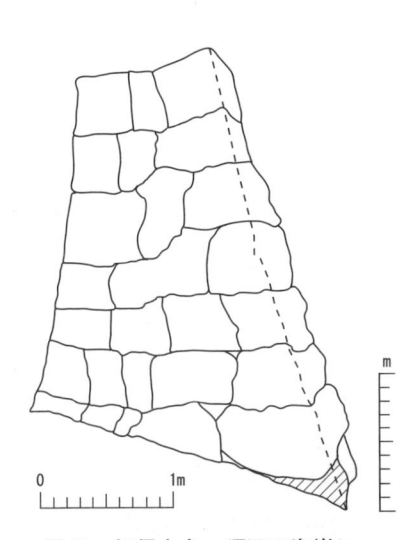

10　紀伊半島における屋敷囲いとしての石垣　173

図10　紀伊大島，須江の海岸に
　　　位置する中村家の石垣

写真8　紀伊大島，須江の海岸沿いにみる石垣
　　　　樵石を用い，隅角は算木積み

は浜堤の上に立地している．今は埠頭になっている前面に面した浜と，集落の前面には240cmの防風石垣がある．写真8と図10には樵石で算木積みの隅角を持つ中村家の石垣を示した．この石垣が最も高く，次いで浜堤の標高約7mの微高地の上は，樵石か野石の石垣，コンクリート塀，ブロック塀があって，この集落の中では塀の高さが高い．しかし，浜堤の背後にあたる凹地で，浜堤より約1m低い地域は，石垣がなかったり，コンクリート塀またはブロック塀となり，防風垣は低くなる．Bはコンクリートの道路の土留めの下まで住宅があるが，直接海から風があたるところは屏風のように，樵石で200cmの石垣を築いている．しかし，谷家にみるように住宅そのものの石垣は低くなり，160cmである．

　この集落では海からの距離との関係が明らかであり，母屋が浜堤の風上側にあたる位置にあるのか，風影側にあたる位置に相当するのかによって，石垣の高さに変化がみられた．この集落の人たちの聞き取りによると，この集落は大きな台風や，大地震の際，被害が大きかったことがわかった．この須江の集落では，1934年の室戸台風では，海岸に近い7mの浜堤の近くまで海水が来た．また，1959年の伊勢湾台風の時は，海岸の家の屋根はみな壊れ，石垣も一部壊れた．

台風のSWの風が吹くときは，風が最も強く吹くが，伊勢湾台風の時はSW～Sの風だった．昭和30～40年代には，湾の出口にテトラポッドを投入し，堤防を築いて砂浜を徐々に埋め立てた．このことによって今は，台風の被害が減った．また，「今から60年前には，地震のあとに津波があり，4～5mの波が押し寄せてきたので，高台の寺まで逃げた」という話を聞いた．このお年寄りの経験は，1946年の南海地震時に相当する．

4. まとめ

紀伊半島南端で観察された防風用の屋敷囲いとして石垣を用いる例について，以下のようにまとめた．

1) 紀伊半島南端の串本は，砂岩の樵石を用いた石垣が多く築かれている．しかし，トンボロの東海岸の埋め立てが大正年間から行われたことによって，次第にブロック塀やコンクリート塀に変わったり，取り壊す例が増えていった．また，1944年と1946年の大地震を機会に，壊れた石垣を取り壊し，ブロック塀やコンクリート塀に変えた例もある．

2) 紀伊半島南端では石垣の石材は近場の岩石を用いている．樵石である場合も，野石を用いる場合も，隅角は算木積みにしており，高さが2mを超える場合は反りをつけている．しかし，野石積みであっても，隅角は算木積みにしており，その石積みの様式は本州様式である．

3) 紀伊半島南端では，集落の海岸に最も近い位置で，石垣の高さは300cmから240cmである．しかし，内陸へ入るにしたがって，石垣は低くなる．須江では，海から300m内陸で石垣の高さは160cmになる．また，上野集落のように内陸の40～50mの段丘面上でも，最大の石垣の高さは160cmである．この地域では，海からの距離や段丘面の高さと，石垣の高さは反比例するという規則性がみられる．

4) 潮岬・紀伊大島・串本市街地は，強風に対して石垣が最適であり，海岸から少し内陸へ入ると，屋敷林を刈り込んで，厚い生垣にしたものと石垣を組み合わせる型が出現する．今後，海岸からの距離や，集落の立地する標高を合わせて，屋敷囲いの形式や高さ，厚さの関係を解明する必要があると思われる．

5) 上野にみるように，段丘面上の内陸に位置する集落では，屋敷囲いとして，生垣と石垣を組み合わせて用いる比率が高い集落が出現している．その理由は，石垣で防風をしようとする四国南東端の室戸岬よりも，紀伊半島南端は強風の頻度が少ないか，または風速が四国より弱い台風が多いためであると考えた．

以上の5つの特色をもとに，この地域は，本州における防風石垣の分布地域東端に近いと考えた．紀伊半島南端は石垣の形式上の特色や，石積みの方法から，本州様式が卓越している地域である．

参考文献
地質調査所（1965）：串本（京都 - 第109号）5万分の1地質図幅説明書．25p（英文要旨3p付）．
岩崎健吉（1936）：紀伊半島南海岸に於ける海外出稼移民の研究（第1報）．地理学評論，12（7），589-611．
岩崎健吉（1938）：紀伊半島南海岸に於ける海外出稼移民の研究（第3報）．地理学評論，14（4），302-320．
串本町史編さん委員会（1995）：串本町史通史編．串本町，1071p．
前杢英明・坪野賢一郎（1990）：紀伊半島南部の完新世地殻変動．地学雑誌，99（4），349-369．
三野与吉編（1973）：地理学者岩崎健吉 その生涯と学界活動．朝倉書店，276p．
太田陽子・成瀬敏郎・田中眞吾・岡田篤正編（2004）：日本の地形6 近畿・中国・四国．東京大学出版会，383p．
漆原和子・藤塚吉浩・羽田麻美・乙幡康之・宇野重久（2006）：室戸岬における屋敷囲いとしての石垣の分布と様式．法政地理，38，13-24．
米田藤博（1974）：紀伊半島における防雨民家の分布と景観．地理学報，(13)，1-15．
米倉伸之（1968）：紀伊半島南部の海岸段丘と地殻変動．地学雑誌，77（1），1-23．
米倉伸之（2001）：紀伊半島．小池一之・町田洋編，『日本の海成段丘アトラス』，東京大学出版会，58-60．

11章　澎湖列島と金門島における防風のための石垣

漆原和子・陳　国彦

1. はじめに

　日本では，防がねばならない風は地域によってそれぞれ異なっている．すなわち，日本海側では冬の季節風であり，一方，太平洋岸や南西諸島では台風である．いずれの風の場合も，極めて風が強く当たるところでは，石垣を屋敷囲いとしていることがわかった．石垣がなくなる東縁地域に向かうにつれて，常緑樹を利用した植え込みや生垣を，石垣と組み合わせて用いる様式が出現する．強風がやわらぐ地域になるにしたがって，石垣から生垣や屋敷林に変化することもわかった．
　日本におけるこのような屋敷囲いとしての石垣の特色と分布が明らかになるなかで，南西諸島の南の台湾において，どのような様式がみられるのかを検証しようと試みた．台湾海峡は，気候学的には東アジアの中で最も強風が吹くところとして知られている．この地域において，屋敷囲いとしての石垣を築いて，藁屋根や瓦屋根の母屋を守るという対応をしているのかどうかを知ろうとするのがこの章の目的である．

2. 台湾の概要

　台湾島は，ほぼ21°53′N～25°17′Nで，120°02′E～122°00′Eに位置し，その中央を北回帰線が通り，熱帯～亜熱帯気候である．そして，西に台湾海峡があり，海峡の両側に群山が対峙する．両群山の間を気流が通過するために，海岸は強風地帯となる（福建省気候資料室〈台湾気候〉編写組，1987）．
　台湾本島は，3分の2を山地が占める．主要な山脈は5列ある．海流は，2月の表層流についてみると，台湾海峡を台湾の西海岸に沿って南下するものと，金門島を含む福建省の海岸を南下するものとがある．5月の台湾海峡の表層流は，北上する方向に転ずる．夏季，北上する海流が卓越するが，11月には再び表層

流は南下し，台湾の南西海岸に沿って北上する海流と，澎湖列島南部で対峙する．このことが，澎湖列島付近で漁業が盛んである理由である．一方台湾の東海岸の表層流は年間を通して，常に南から北上し，台湾南端で分派するが，台湾本島の南西海岸に沿って年間北上する．この北上流が冬季も夏季も常にみられる北限は，高雄市付近までである．

　沖積平野は，ほとんどが台湾本島の西に位置する．人口は西側の沖積平野と山麓に集中している．台湾の北部は，冬の季節風によって雨がもたらされる．本島の南部は，南の季節風により，雨がもたらされる．年によって南部は干ばつの被害があり，また熱帯低気圧の襲来もある．西側では沖積低地と山麓で，米，サトウキビ，茶，熱帯果物の生産が盛んであるが，東側ではわずかに宜蘭 (Ilan) に水田があるのみで，北から南への山麓部において，極めて狭い幅で畑地が分布する (Dobby, 1970)．台湾の名は，このような風景を表し，Formosa とは"段々畑のある丘陵 (terraced hills)"の意味である (Cressey, 1963)．

　今回の調査対象とした地域の一つである澎湖列島（図1）は，台湾海峡南部に位置し，冬季は南下する海流と，北上する海流が列島南部で対峙する位置にあ

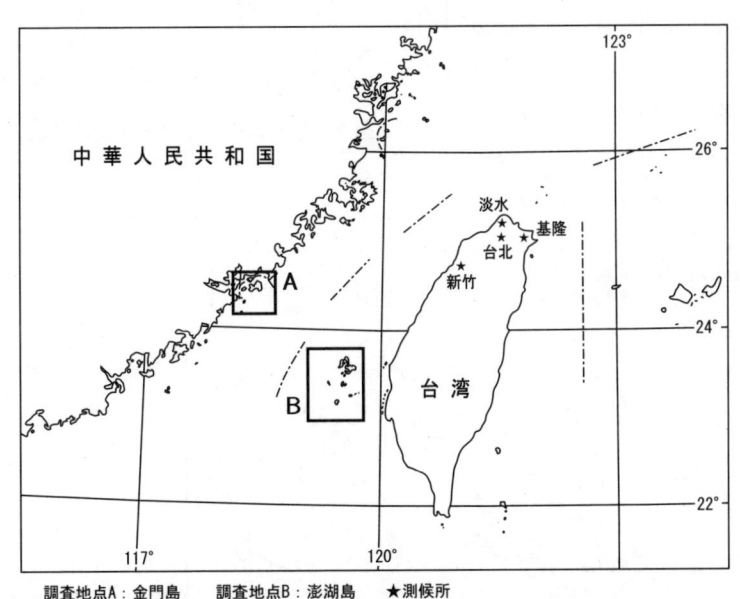

調査地点A：金門島　　調査地点B：澎湖島　　★測候所

図1　台湾における調査地点図

る．澎湖列島は馬公，漁翁，吉貝等の大小合わせて，64の島々からなり，南北約60km，東西約40kmにわたる（図2）．列島を合わせ，その面積は126km^2，人口11万人余りで，人が住んでいる島々は21ある（出典の年代から，このデータは1980年ごろと推定される）．馬公島は，標高50mを超える高地はなく，島は低平で，土壌は薄く，やせている．台風の襲来は10月までであり，その後3月までは北東の季節風が強く，海水飛沫が飛散する．平田 (1952) は海水飛沫について次のように述べている．「馬公島では暴風時，海水の泡沫が拡散し，細霧となって植物に害を与える．これを鹹雨と称する」（平田，1952）．

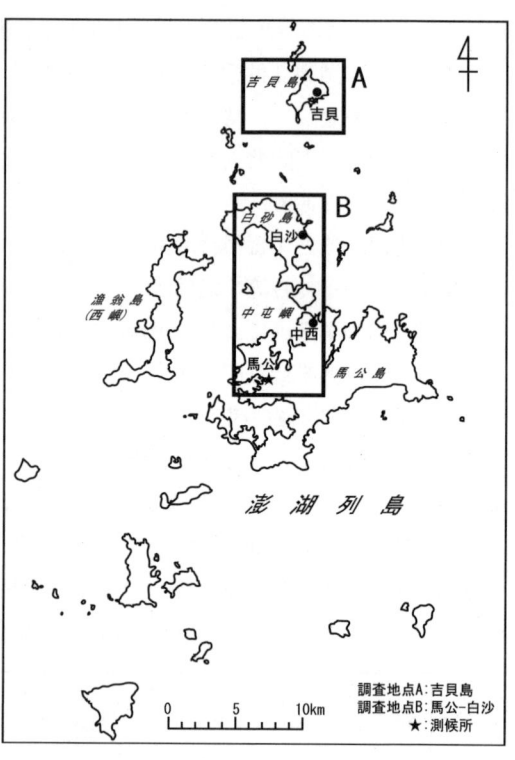

図2　澎湖列島における調査地点図

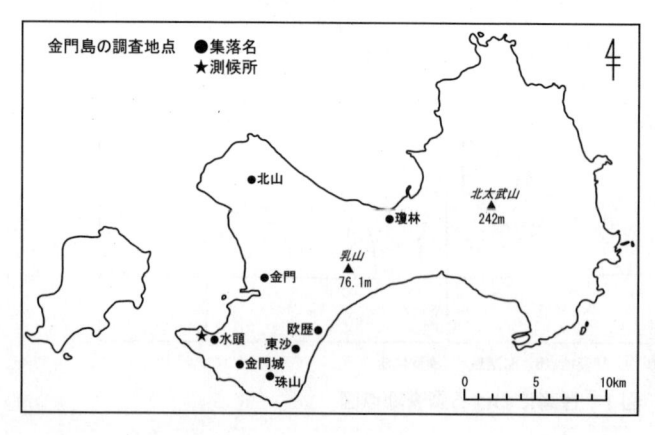

図3　金門島における調査地点図

澎湖列島は雨が少なく，水不足であり，甘薯，高梁，落花生などを産するが，自給はできない．樹木はわずかであり，島の80%の人口は漁業によっている．

もう一つの調査地である金門島（図3）は，中国の福建省に極めて近接した位置にある．金門島付近の大陸沿岸では，表層流は，冬季に海岸線に沿って南下し，5月には北に転ずる．夏季は北上し，11月には再度南へ流下する．

3. 台湾の気候
3.1 台湾の水収支

陳正祥・黄宗輝（Chen, Cheng‐Siang・Huang, Tsung‐Hui）(1956) は，Thornthwaite (1948) の方法を用いて，台湾の過去10年間の100地点に及ぶ気候データをもとに，気候区分を試みた．台湾の気候区分のほか，台湾の13測候所の年の水収支の結果が示されており，水不足量（Water deficit）が11月から4月まで出現するのが台南で，1月から4月までが恒春，11月から1月までが台中，新竹は10月のみ，苗栗は10～11月に出現する．他の地点は年間を通じて水過剰量（Water surplus）が多く，とりわけ夏に水過剰量が大である．しかし，馬公（Makung）のみが特異で，極めて乾燥しており，年間を通じて水過剰量を示す月はなく，水不足量は9月から1月と，5月に出現している．台湾本島に比較すると，馬公島は極めて乾燥した島であることを示している．

気候区分では，澎湖列島はC1A'dで，本島は西海岸の台中とその南のみ熱帯で乾燥し，C2Aである．新竹，苗栗，嘉義，台南，高雄，恒春から南東海岸は熱帯で湿潤であり，BA'である．台北は多湿な温帯で，BB'であり，台湾の海岸部の中ではしのぎやすい．基隆と宜蘭は台湾の山麓部と同様に温暖多湿で，AB4と区分されている．

福井（1960）は，澎湖島の気候と植生は相互に関連しあっていると述べている．また，年平均風速は6.5m/sであり，日本のどの地点より大である．また，年候でみると，ケッペンの気候型ではBS～BWが出現する年もあると述べている．

3.2 年間の風向と風速

台湾の6地点の風配図を作成した．6地点は，基隆，台北，新竹，淡水，澎湖（馬公），金門島である（図1）．1年間の日平均風速にもとづいて，2004年の風を，

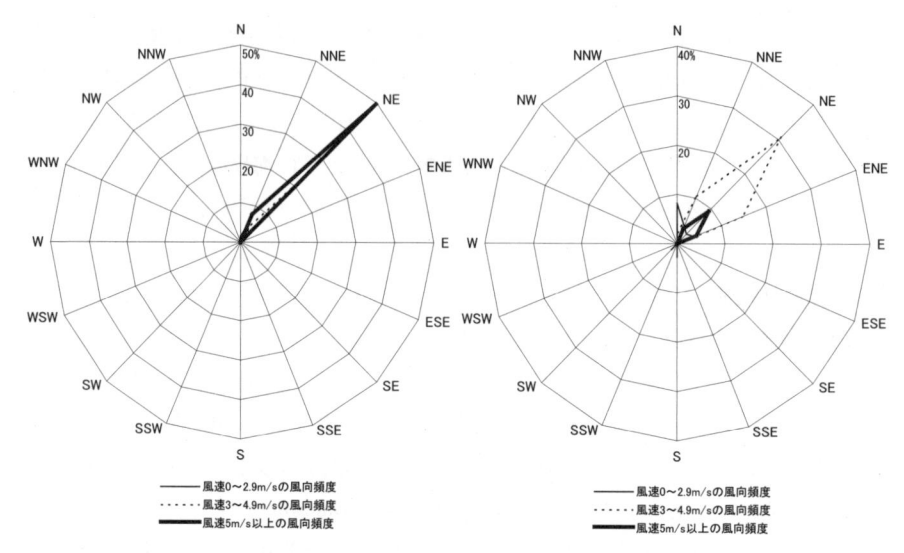

図 4　馬公島における 2004 年の風配図
1 ～ 3 月および 10 ～ 12 月

図 5　金門島における 2004 年の風配図
1 ～ 3 月および 10 ～ 12 月

4.9m/s 以下と 5.0m/s 以上に分けて，風配図で示した．

　調査地の一つである馬公は，2004 年 1 年間の風配図（図 4）をみると，5.0m/s 以上も 4.9m/s 以下の風も，いずれも NNE ～ NE が最多頻度である．中でも 5.0m/s 以上の NE がほぼ 28% を占める．NE が卓越するのは 1 ～ 6 月までであり，7 月から 5.0m/s 以上の風は，SSW が卓越する．この傾向は 8 月までであり，9 月には S の風と NE の風が相半ばし，10 月から NE の 5.0m/s 以上の風が卓越し，11 月も同様である．12 月は NNE ～ NE の 5.0m/s 以上の風のみで 80% を越す．1 月は 5.0m/s 以上の風は NNE ～ NE で 60% 以上を占める．冬季には，強い季節風（NNE ～ NE）が卓越していることがよくわかる．

　もう一つの調査地点である金門島は，2004 年における 1 年間の風配図（図 5）をみると，馬公島ほど風は強くないが，4.9m/s 以下と 5.0m/s 以上の風は NNE ～ NE ～ ENE が多い．一方 S ～ SW の風は 4.9m/s 以下のみであり，南成分の風はそれほど強い風ではない．季節的にみると，1 月は NE の 4.9m/s 以下の風が最多である．この傾向は 2 月，3 月まで続き，4 月には 4.9m/s 以下の風は NE で，5.0m/s 以上の風は ENE である．5 月には NE ～ ENE の 5.0m/s 以上が最多とな

る．6月には 4.9m/s 以下の風が NE～ENE と，SW～SSW の風向で相半ばする．7月には SW の 5.0m/s 以上の風が多く，8月は 4.9m/s 以下の風のみで，WSW～SSE の風向が卓越する．9月には NE に転じ，10月は冬の季節風が強くなり，4.9m/s 以下も，5.0m/s 以上の風も同じく NE の風向である．11月，12月はほぼ同じで，4.9m/s 以下の風も，5.0m/s 以上の風も NNE～NE，ENE の範囲を示す．冬の季節風の型を示す．両調査地点は1年間の風配図から判断すると，台風の強風に対する防風の必要性はそれほど強くはないが，冬に常時吹く，強い季節風に対して防備する必要があることが明瞭である．

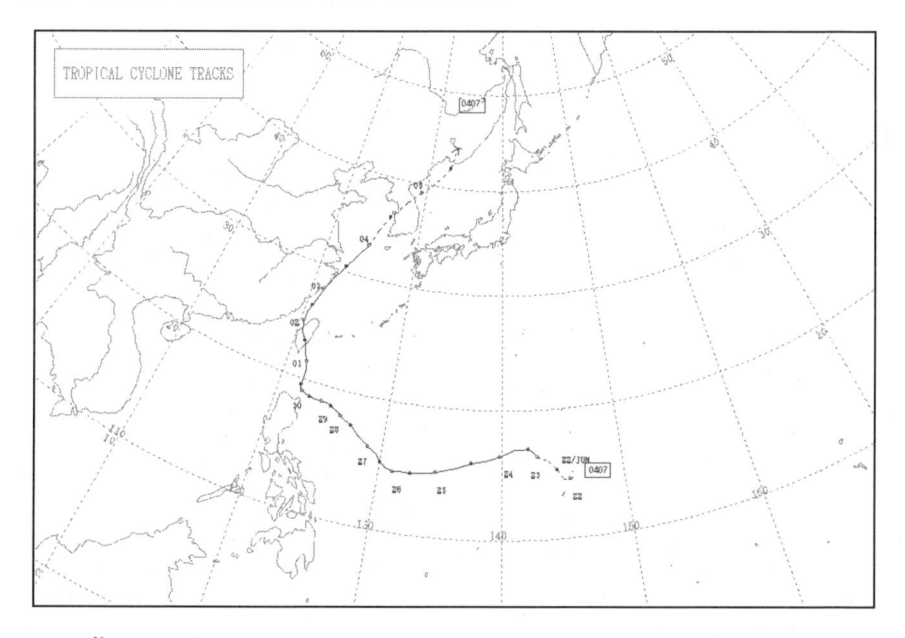

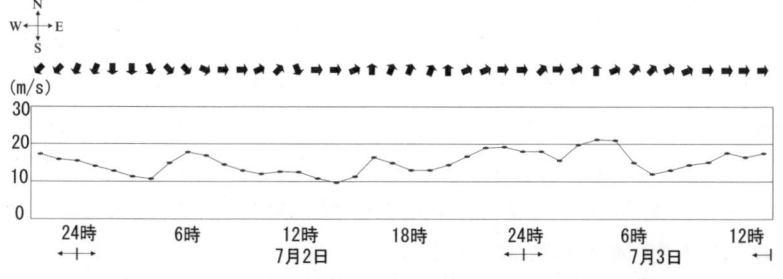

図6　2004年台風7号の経路と澎湖列島における風速，風向の変化

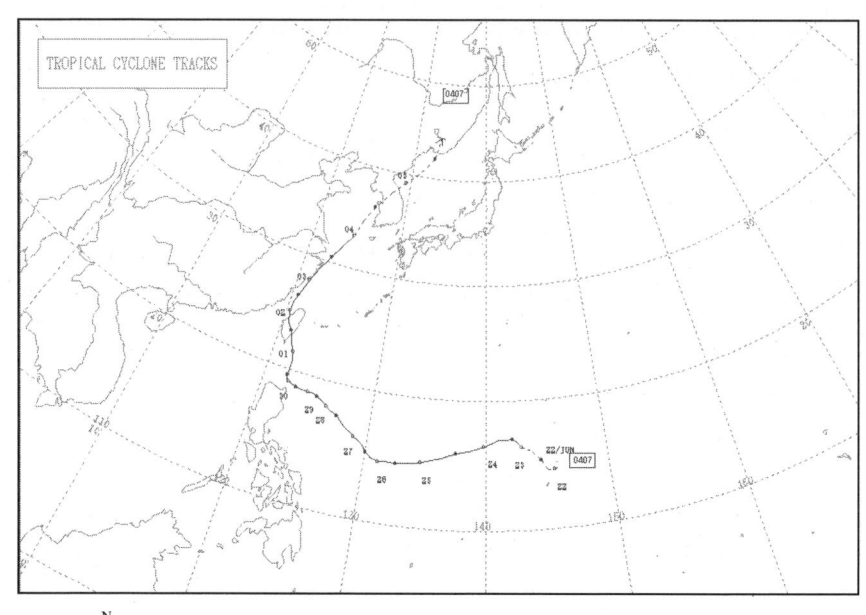

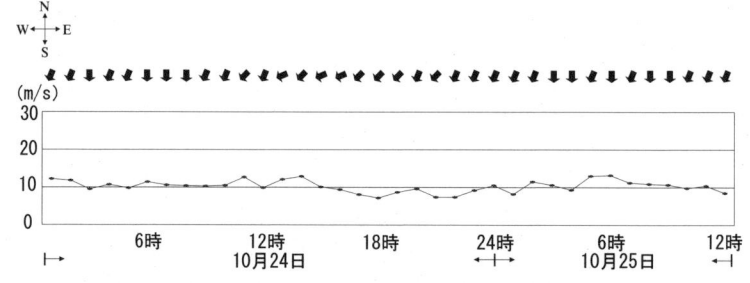

図7 2004年台風24号の経路と金門島における風速,風向の変化

3.3 台風による風

2004年には,台湾海峡に強風をもたらした台風は3つあった.すなわち,7月初めの台風7号と,9月10日頃の台風20号と,10月末の台風24号である.

台風20号は台湾の東海岸から大陸へのルートを通ったが,最低気圧は1001.9hPaであり,弱い台風であった.澎湖列島は9月11日5時に最大17.6m/s,NEであった.金門島は9月13日23時に8.9m/s,SWであり,台風としては弱かったので,今回の検討材料とはしなかった.

台風7号(最低気圧988hPa)は,台湾海峡の北部を通過したので,その経路

と澎湖における最大の風向と風速を図6に示した．台風の接近とともに馬公島ではN〜NEの風を示し，台風の目が馬公に近づくと西風になり，通過した7月2日夕方から南風と西よりの風に転じた．最大風速20m/sを超えた時間は7月3日の3時間で風向はS〜Wである．このことから，馬公が台風の被害を受けることは稀であり，台風に対しては，日本の南西諸島のように石垣で屋敷の周りを囲わねばならないほどではないことが明らかになった．

台風24号（最低気圧1008.9hPa）は，台湾の北東海岸を通過した．金門島にその影響が強くあらわれた10月24日から25日までの経路図と，最大風速と風向を検討した（図7）．この図から，金門の最大風速は10m/sを超える時間は短く，また風速15m/sを超えることはなかった．また10月24日から25日にかけて，風向は常にN〜NE方向であった．金門島は澎湖列島よりも台風による強風にさらされる機会が少なく，10m/sを超える台風は稀であるため，ほとんど台風に対する特別な対応はしなくてもよいところであるといえる．

4. 澎湖列島

4.1 澎湖列島の風

大小合わせて64の島々からなる澎湖列島（澎湖群島とも呼ぶ）の中で，最大の島が馬公島であり，満潮時に64km^2，干潮時は79km^{2}である．今日では，中屯嶼，白沙島，漁翁島（西嶼）は橋でつながっている．この列島が東アジアで最も風が強い．吉野（1999）によれば，馬公市における1897〜1949年の平均値にもとづく5日平均の風速（m/s）は図8に示すように，冬の季節風のときが最も強い．強風期間は10〜3月で，NEの風である．12月には9.3m/s，1月には10m/s以上となる．なお，2004年の風配図は3．2の項に示した．夏は冬より弱いが，4〜5m/sである．また，強風が吹く理由は次のように考えられる．第1に冬の季節風の流れは，南西諸島ではNからNEであり，台湾付近ではNEである．このNEの気流は台湾海峡を吹きぬけるとき，風洞で風をしぼった状態になる．いわゆるチャネル効果によって加速されることになる．第2に華南の陸上の山岳地帯と台湾島は，海面より空気力学的な摩擦が大きく，海上は摩擦が小さいことによる．したがって海峡部は風速が大きい．夏のSWの季節風のとき，風向はまったく逆になるだけで，チャネル効果や地表面効果は同じように生じる．また，台

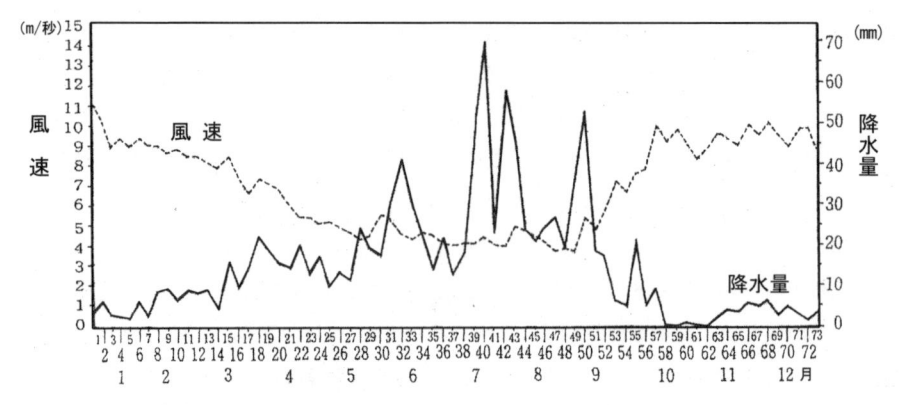

図8 馬公市における1897〜1949年の平均値にもとづく5日間平均の風配図
Chen(1953)による

風の経路によっては，澎湖列島でも強い風が吹くことがある．澎湖列島は台湾の脊梁山脈の風下側に位置するので，太平洋上より弱い．しかし，台風の中心位置によっては，南よりの風が加速されて，強風が吹く．

この島の地形は低平で，馬公島での最高地点は48mである．また，お盆を伏せたような形をしており，ほとんど地形的に風をさえぎるものがない．年降水量は，2004年に1166.6mmであるが，1983〜2002年までの平均降水量は年940mmで，夏にその80%がもたらされる．しかし，暖候季としては極めて乾燥した状態となる．降水量が少ない上に，強い風が土壌中の水分をうばい，植物体の表面から水分と熱をうばう．このため樹木の生育が極めて難しい．また，農業を行う上で，風により表土が運ばれ，風食が盛んになる．したがって後述のように畑地も，防風のための石垣を作るなどの工夫が必要となる．また，3〜4年に1度の強い台風は，植物や農作物に塩害をもたらす．

この諸島21島のうち6番目に大きい吉貝島(チーベイ)は，満潮時3.05km^2，干潮時3.64km^{2}と約2割面積が増大する．最高の高度は18mである．澎湖島は玄武岩からなる溶岩台地であり，海岸には海食のため，玄武岩の岩塊や礫が多数ある．これらが石垣や石壁の材料として用いられる．この他に海底のサンゴの塊が台風時にうちあげられ，海岸に流れついたものを石材として用いている例もあるが，少ない．吉貝島は塩基性の玄武岩が主体であるが，澎湖島本島は玄武岩とドレライトである．K-Ar法にもとづく年代は，吉貝は14.5±7Maであり，澎湖島の馬公で

12～13Maである．すなわち，第三紀中新世である．台湾中西部のこの玄武岩を主とする石材は住宅用，石塔，石敢當，井戸や，菜宅として畑の防風垣に用いられている．また，硬い玄武岩に彫刻を施し，道教の神様を飾っている例もある．澎湖群島は晩中生代の石英斑岩，第三紀中新世の玄武岩と堆積岩，第四紀の堆積岩からなる．澎湖島の玄武岩の噴出は，新生代末期に，台湾海峡西辺付近が開き，マントルが地殻を突き破り，噴出したものと考えられている．また，玄武岩層の層間に細～中粒の火山砕屑岩や，枕状溶岩中にラテライトなども含む．小門付近で，このラテライト様の岩塊も，石垣の石材として用いられている例がみられた．1992年に政府は，文化資産保護法により「澎湖玄武岩自然保留区」を定め，この景観と岩石の保護に努めている．

4.2 澎湖列島の歴史

歴史の概略を澎湖縣文化局（2004）と澎湖縣誌（陳（Chen, Cheng‐Siang），1955）によってまとめると次のようである．澎湖列島には多くの先史時代の遺跡が残る．これらから，少なくとも5,000年前には，この島において，人間活動があったと思われる．歴史時代には漢人の開拓が行われ，遅くとも唐末～五代十国時代（907～960）に行われた可能性が大である．この頃は，この島は一時的漁業拠点と考えられていた．しかし，南宋（1171）の頃には，定住が行われた．宋元の時代，澎湖は「平湖」または「彭湖」と呼ばれていた．1281年に元朝のフビライ・ハーンがこの地に巡検司を置き，澎湖の開発を進めた．清の康熙年間（1661～1772）の後，「澎湖」と呼ばれるようになった．

1604年，台風にあったオランダ船が澎湖の媽宮に停泊した．しかし，これは一時的なものであった．1620年，オランダとポルトガルのマカオでの戦いがあり，敗れたオランダの艦隊の一部が澎湖に駐留し，風櫃尾（Fungkuiwei）の蛇頭山に城郭を築いた．この位置は，馬公湾を守る戦略上の要地であった．この城郭は砲台を備えたものであり，1624年明朝と一戦を交えた．その後の話し合いで，オランダは台南一帯に退去し，風櫃尾は明朝によって接収された．中華民国の鄭成功は1661年，100隻の軍艦を澎湖に駐留させ，台湾へ上陸し，オランダ軍に勝利した．その後1723年には，澎湖の媽宮（のちの馬公）に安撫司を置き，大規模な兵力を駐屯させた．その後も1884年，清朝とフランスの間の清仏戦争が

勃発した際，フランス軍が一時澎湖を占領していた．1885年フランス軍が撤退した後，1889年に媽宮（Makung）城を完成させた．この城は，澎湖城，光緒城とも呼ばれていた．現在は6ヶ所の門のうち，次の二つが残っている．すなわち，西門，小西門（順承門）である．清朝はその後，澎湖を台湾を守るための重要地点としていた．1894年に勃発した日清戦争の折，短期間ではあるが，日本軍によって占領された歴史を持つ．

日本統治の時代，学校，灯台，水産加工用かまどや，動力を備えた漁船を導入し，漁業の発展を図った．馬公には，電気，水道，バスなどを整備し，戸籍と，地籍台帳を作成し，馬公港を南太平洋に対する勢力拡大のための拠点として開発をした．太平洋戦争後は，中華民国政府の統治により，台湾防衛のための前線基地，そして，金門島，馬祖島の前線に対する補給基地としての，役目を担うことになった．1945年に台湾の澎湖縣となった．1954年当時，全島の人口は83,037人，戸数14,570戸であった．澎湖県長は中央から任命されていたが，1970年代になって，現地人による首長が担われるようになった．1987年に戒厳令が解除されてから，西嶼－白沙間の橋梁建設，火力発電所の建設，海水淡水化施設の導入，全島への水道，電力の供給，港の拡張，国際空港の設置が行われてきた．

4.3 植生破壊の歴史

調査地域とした馬公島，吉貝島，漁翁島，白沙島は，現在ほとんど樹木がない．現在では，白沙島でフェンスを作り，保護しながら植林を進めている（写真1）．また，冬の北東の強風のため，樹木が南西へ偏形している．馬公空港の北の海岸

写真1　白沙島における植林と
　　　　カリフォルニア型風車

写真2　白沙島の畑の防風垣

では，カリフォルニア型風車（三矢式，67m 高）を用いた風力発電が行われている．ギンネム林の内陸側には約 2.5m 高で，モクマオウ，テリハボク，シャリンバイを組み合わせた防風林が，20～30m 間隔で植えられている．また，畑ではサンゴ石灰岩を用いて 1.8m の石垣を築き，畑に防風をした上で野菜を植えている（写真2）．

この島では，歴史時代において，森林を失う大きなきっかけになったのは2回ある．第1回目は，元朝のフビライ・ハーンがこの地に巡検司をおいてこの島の開発を行った時．第2回目は，鄭成功(ツェンツェンコウ)が拠点として，大量の造船を作り，戦った時とされている．この2回にわたっての大規模な植生破壊は，金門島と同じ時期である．

4.4　防風のための工夫
4.4.1　馬公島，白沙島，漁翁島
馬公は都市化が進行し，すでに伝統的な家屋や崩れた石垣の一部は，裏通りにわずかに残されているにすぎない．1886 年の媽宮の門は，まだ残っている．また，第一級古跡の石造りの媽祖も残っている．

白沙島の北東側では，風力発電のためのカリフォルニア型風車が設置されている．また，モクマオウ，シャリンバイを用いた防風林の育成中である．さらに漁翁島の最北端の小門には，畑に約 1.3～2m の高さで，幅は 25cm の石垣を築き，ネギやトウガラシ，トマトなどを植えている．また海岸の強風があたる台地の上には，鎮風塔(ツンフンター)（写真3）がある．この島でも，強風に対してその強度を少しでも弱める願いを込めた塔をみることができた．石壁の家屋をつくり，母屋に続く石塀を持つ，伝統的な民家を造った．畑の石垣や，家のまわりの石垣は，曲線を描

写真3　漁翁島の小門に設置された鎮風塔

いているものが多く，90cmの辺をもつ正三角形の頂上から50cmの位置を通る曲線を示すものが多かった．しかし都市化の進んだ馬公では，コンクリートの堅固な民家が多く造られている．

4.4.2　吉貝島

　林（Lin, Wen‐Tsen）（2004）では吉貝島の石滬(スーフー)の分布について述べており，大変興味深い．また，古い石造りの伝統的家屋の石細工の飾りや，石のすかし彫りの飾りの写真などものっている．しかし，1970年代以後，伝統的な家屋が少なくなっていくことや，吉貝集落の北方の強風を受ける位置に，玄武岩または，サンゴ石灰岩を用いた菜宅があることも紹介している．溶岩台地状の吉貝島では田畑に防風の石垣を用い，家の壁を石材と土壁で作るといった利用ばかりでなく，海中に石垣を積み，独特の漁法を行っている．海岸線は崖をなすが干潮時の潮間帯の幅は広く，干潮時は満潮時の約20%島の面積が増加する．サーフベンチの発達もよく，海食洞も形成されている．この特色を活かし，漢民は石滬を潮間帯につくる．玄武岩の礫を積み重ねた長い堤で，二重のハート型や，ロート型をした堤の中に満潮時に魚は回遊する．しかし，干潮時にこの石垣の中に取り残された魚を網で一網打尽にするやり方である．この堤を築く時は，日本の「ゆい」のような親族の共同体があり，これが協力して補修を行う．現在も88ヶ所あり，それぞれ型が違う．また，石滬の祭の時，潮が引いたあと，石滬の中へ最初に網を入れる人を決める．この順は毎年変える．

　吉貝の集落は島の南東側に位置し，北東の強い季節風に対して，島影の風下に

写真4 a（左），b（右） 吉貝の集落にみる
外壁の隅角の算木積み

あたる最も季節風が弱い位置に立地する．吉貝集落は漁村であるため，家々は立て込んでいて，狭い路地で接している．40年前からすでに過疎化が進行しており，現在は空き屋が多い．母屋の壁をそのまま利用し，正面玄関までの石塀で囲み，連続した石塀を持つ家が多い．石塀の角は樵石を用いて，隅角は，算木積みに似た積み方をしている（写真4 a，b）．石材はサンゴ石灰岩の樵石を用いている．母屋の壁を，野石を壁土で塗りこんだ石造りにしているために，石垣をその外側に築く必要がない．また，北東の風があたる側には，窓は極めて小さく，かつ，1ヶ所のみつけている．この方向に，全く窓がない家もある．

吉貝には，町の石造りの家に関する碑があり，木に彫った説明が書かれている．それによると，石造りの家は咾咕石屋（ローコーチョウー）と呼ばれ，サンゴ石灰岩を用いて壁を造り，

写真5 吉貝集落の東側に
位置する菜宅

窓飾りなどの美しい装飾をつけていた．サンゴ石灰岩の塊は防風垣としても用いる．防風垣に囲まれた畑は菜宅(ツァイツァイ)とも呼ばれ，蜂の巣状の畑とも呼ばれる．

　吉貝集落の東側の浅い谷には，各戸の野菜畑がある．この畑はサンゴ石灰岩の野石を積んだ石垣に囲まれている．石垣の高さは，風下側は 1.4m，風上側の NE 側は 1.9〜1.6m であり，一枚一枚の畑をすべて石垣で囲っている．石垣で囲われた畑は菜宅と呼ばれ，この谷の畑全体は，上からみるとその名の通り蜂の巣状にみえる（写真 5）．

5. 金門島
5.1 金門島の集落と防風

　金門島のコウリャンの収穫は，夏と秋の 2 回行われる．金門島は太武山(タイウーシャン)(23.5m)が最も高い山地であるが，ほかは極めて平坦である．金門島の集落名と，測候所はその位置を図 3 に示した．金門島の珠山集落の民家については許（Hsi, Tsu‐Chie）(2003) が調査をし，分布図を書いた．これによると，集落は東に珠山を背負い，その西側の盆地に集落が分布する．これは，盆地中央に池があり，山を背に，前面に池を配した風水にかなった立地である．この集落は薛氏の家廟があり，単一の血縁の集落である．600 年前に大陸から移り，その後フィリピンで華僑として成功したといわれているが，1991 年に 26 世に相当する薛氏家廟前には武官であったことを示す太鼓をかたどった石が玄関の脇に置いてある．

　許（Hsi, Tsu‐Chie）(2003) によれば，現在は 1966 年に 34 戸，人口 198 人，1976 年に 35 戸，人口 162 人，1986 年に 50 戸，168 人，1991 年には 59 戸，166 人となっている．1994 年から 1997 年までの姓と人口を合計すると 167 人のうち薛の姓を名乗る人は 116 人である．今も 69％ を単一の姓が占めている．薛氏は 1792 年の記録にすでにあり，この集落の家の作りは基本形式とその変型からなり，そのモデルは図 9 に示した．棟の数が一落から二〜三落へと増加する．この伝統的な家屋の形式は，福建省の伝統的な家屋である閩南(ビンナン)建築に酷似している．この伝統的な形式の家は 87 戸で，新固宅や固宅，洋風建築は合計 17 戸であり，この集落に占める薛代の伝統的家屋は，今もなお 84% を占めている．洋風建築 5 棟のうち，1930 年代に建てられたものが 3 棟ある．5 棟のいずれもが薛姓であり，南の東南アジアの国々で華僑として成功した後，建てられたものである．

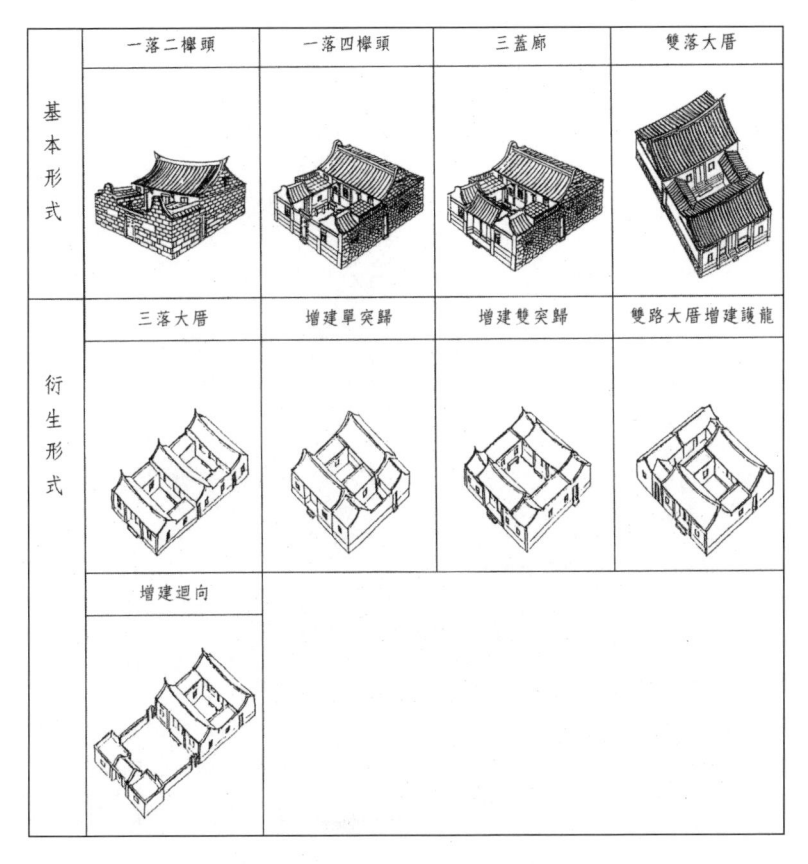

	一落二欅頭	一落四欅頭	三蓋廊	雙落大厝
基本形式				
衍生形式	三落大厝 / 增建迴向	增建單突歸	增建雙突歸	雙路大厝增建護龍

図9 金門島における家の作りの基本形式

江 (1998) による

　1997年の薛氏の台湾での居住は台北県に166人，台北市に32人，高雄に30人となっている．このほかに大陸内部や南洋地区實叨（新加波）に出ている．珠山がNEの風をさえぎる位置にあり，集落の中の伝統的家屋の向きは，図10にみるように南西向の家屋が最も多い．ついで南を向く，あるいは池の方向を向く家屋が多い．この家屋の配列は風水にかなっているともいえるが，風水とはその家の住み心地のよい，強風などを避ける位置であることをも意味すると思われる．
　金門島南西部には，NEの季節風を避けるように山を背負い，盆地内に位置する集落が多くある．華僑として出て行った人たちが家を建てたり，小学校を寄付

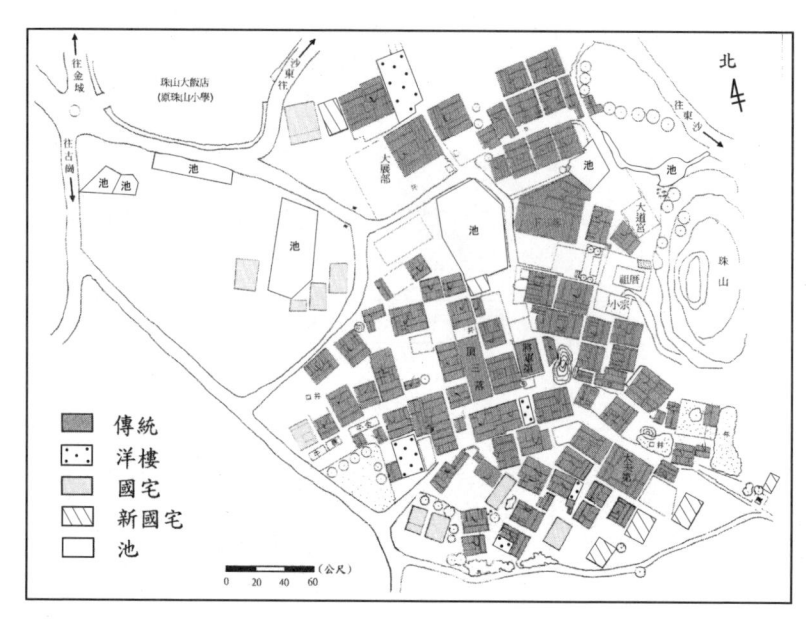

図10　珠山における伝統的家屋の分布

許(2003)による

した集落の例がある．例えば，水頭はインドネシアの華僑が洋館を建て，華僑たちが寄付した小学校がある．黄氏が1766年に建てた園地型の家屋が残り，玄関には文官であったことを示すカマボコ型の石が置かれている．東沙には黄氏の集落がある．また，陽厝の集落は背に山を，前面には池をのぞむ．欧陽家一族の家々が立地する．島の北東部は防風林をもつ部落が多い．また，町の南には風獅爺(フォンスーヤ)が多く，魔除けと同時に，強風を鎮める役割を担って建てられた．したがって，特にNEを向くものが多く，赤

写真6　金門島復国における伝統的家屋と，防風のためのヒンプンに似た壁（照壁(チャオビ)）

い布をまとっている例が多い．1958年の記録では，軍人として活躍した家は30〜40戸であったとある．1992年に政府が金馬地区戒厳解除の後，この集落も相当大きな変化をしたと述べられている．

　金門島は，花崗岩の樵石を用いて家の石壁としている例が多い．金門島の東海岸の復国では，東向きに，幅2m，高さが2.5mの壁を家の入口の前に立てている例がある（写真6）．これは照壁（チャオピ）と呼ばれ，家の中が外から見えないようにするためのものであり，家を出るとき，自分の顔を照らす意味もあるという．これは，琉球のヒンプンによく似る．

5.2 強風に対する守り神

　金門島には，集落のはずれや，畑のわき，家屋の壁などに風の守り神を建てているのがみられる．この神様は風獅爺と呼ばれている．大きさは大小様々である．風獅爺は花崗岩や土造りのものがあり，地面に立つもの，台座があるもの，屋根の上にあるものもある．金門島の風獅爺については陳（Chen, Ping-Jung）(1997)はその分布と，調査資料一覧を出版しており，なかには家屋の頂についている場合もあると述べられている．また「石敢當」とかかれた石碑もあり，石敢當も風獅爺も形は違うが，風を鎮め，邪をはらうという意味においては，同じことを願って造ったものである（陳（Chen, Ping-Jung), 1997）．また，金門縣政府（2005）では，風獅爺のみをあつかっており，その分布について述べている．

　この島には2回の植生破壊の事件があった．第1回は，元の時代，蒙古が軍隊を率いて占領したとき，塩を造るために木を切った．第2回は明国の復興を唱えて立ち上がった鄭成功がこの島を拠点にし，造船のためと，軍隊に食糧供給のために木を切って開墾した．この2回は澎湖列島でも植生破壊が進んだとされている．金門島ではその後，風害が強くなり，農作物の被害が大になった．冬の風害や食糧不足に対して，風を抑える防風の願いを込めて獅子を造り，守護神としてまつるようになっていった．そして，次第に魔除けの意味ももたせるようになっていった．風水から必ずしもNEばかりではなく，瓊林村では西をむいている風獅爺もあった．墓はトラを意味し，獅子は墓のトラをおさえる．そのため，トラの方向を向いているのもある．願い事がかなうと，お礼として赤いマントを着せてやるのだという．

写真7a（左），b（右） 金門島の集落の外れに設置された風獅爺（フォンスーヤ）

　以上の様に，本来防風の願いを込めて作った風獅爺は，各村々で，この像を防風効果の高まる方向に建てたことが始まりである．しかし，その後魔除けの意味を持たせ，個人の願いを込めて祈る対象となり，また，トラの邪気を抑える獅子の意味を持たせるように次第に役割が加わっていったと思われる．

　日本の南西諸島における赤瓦の屋根におかれたシーサーと源を同一にするようにも思われる．ただし，シーサーは犬である．しかし，金門島の風獅爺は，獅子であり，立像や片ひざつきなど，姿が様々である上に，表情がいかめしいものは少なく，どれも愛嬌のある獅子である．写真7a，bにはその例を示した．

6. まとめ

　台湾の最も風が強く吹くとされている台湾海峡において，金門島と澎湖列島では，どのような防風対策をしているかを調査した．その結果にもとづいて，両島に共通することと，日本列島の屋敷囲いとしての石垣の連続性からみたとき，異なることを以下のようにまとめた．

1) 両島において防風対策をせねばならない主要な風は，台風ではなく，冬の季節風である．
2) 澎湖列島においては，石材は玄武岩の礫が近場にある場合，民家の石壁を造るのに野石として利用している．しかし，母屋の隅角の四角い型に細工を必要とする場合，樵石にしたサンゴ石灰岩を用いている．その他に古くは家や窓の飾り部分もサンゴ石灰岩の樵石に細工をして用いた．野石のサン

ゴや玄武岩を壁に用いる際は，壁土で塗り固めた．このことができるのは，風化の進んだ熱帯土壌であるために，藁などをすき込んだ壁土にしなくてもよく，泥土をそのまま塗り込む材料とすることができたためと考える．また，金門島では花崗岩を石材として，花崗岩の樵石で家屋の石壁を造る例が多い．

3) 澎湖列島と金門島は冬の季節風が 5m/s 以上の日が多く，防風しなければならない風は冬の季節風である．また，2004 年に発生した台風のうち，3 例は澎湖島や金門島でも若干風が強かったが，最大風速が 15m/s を越える時間は，極めてわずかであった．したがって，日本の南西諸島とは異なって，台風に対する防風対策はあまり重要ではない．

4) 澎湖列島も金門島も藁で屋根を造るには季節風が強すぎること，乾燥し，植生破壊も進んでいたことから，茅で屋根を葺くには無理があった．このために，古くから瓦屋根が多かった．また，防風しなければならない風が長期間，強く吹くため，母屋を囲む石垣よりも，むしろ防風の石壁を持った母屋を造る地域である．

5) 台湾両島の石壁を，日本の南西諸島から済州島への石垣の広がりと比較して考察してみた．澎湖列島や金門島では，日本の南西諸島のように多湿で強風をうける地域と異なり，乾燥し，かつ冬期間の長い間強風域であるという自然条件のために，藁屋根で多くの民家を造れなかった．そのため瓦屋根を用い，かつ石壁でなければならなかった．石壁を塗り固める泥も，熱帯で風化が進行しているために，すき込む接着剤に相当する藁の様なものを必要としなかった．熱帯性の土壌が分布することが，土壁で野石を塗り固めることを容易にした理由と思われる．

参考文献
陳正祥（Chen, Cheng‐Siang）編（1955）：澎湖縣誌．澎湖縣政府出版，140p.
Chen, Cheng‐Siang (1953) : The Pascadores. Geographical Review, 43. 77-88.
陳正祥・黄宗輝（Chen, Cheng‐Siang・Huang, Tsung‐Hui）(1956)：台湾之気候分類興湿度帯．敷明産業地理研究所研究報告，67，1-28.

陳炳容（Chen, Ping‐Jung）（1997）：金門風獅爺．稲田出版，169p.
江柏煒（Chiang, Po‐Wei）（1998）：大地上的居所‐金門国家公園伝統聚落導覽．金門，金門国家公園管理處．
Cressey, B. George (1963)：Asian's Lands and Peoples. McGraw Hill, 663p.
Dobby, E. H. G. (1970)：Monsoon Asia, A Systematic Regional Geography 5. University of London Press LTD. 381p.
福建省気候資料室＜台湾気候＞編写組（1987）：台湾気候．海洋出版社，176p.
福井英一郎（1960）：澎湖島の気候と植生．東京教育大学地理学研究報告Ⅳ，41-56.
平田咸（1952）：澎湖島の鹹雨について．気象集誌，32（1），5-9.
許志傑（Hsi, Tsu‐Chie）（2003）：金門珠山薛姓血縁聚落時空間変遷的研究．国立高雄師範大学地理系教学碩士論文，177p.
金門縣政府（2005）：風獅爺千秋．金門縣政府出版，127p.
林文鎮（Lin, Wen-Tsen）（2004）：石滬島的対話—吉貝石滬文化館簡介．吉貝石滬文化館，92p.
澎湖縣文化局 (2004)：澎湖開拓館尊覽手冊．澎湖開拓館，126p.
Thornthwaite, C.W.(1948)：An approach toward a rational classification of climate. Geographical Review, 38(1), 55-94.
吉野正敏（1999）：風の島　澎湖島-東アジアで最強風のところ．UP8 (322), 東大出版会，8-13.

12章　済州島における石垣の屋敷囲い

漆原和子・勝又　浩

1. はじめに

　済州島は火山島であるため，石垣用の石材が豊富である．また冬の季節風が強く，防風のための石垣が多く分布する島として知られている．石積みの様式は，これまで南西諸島や九州，対馬などで，琉球様式と名付けた積み方とよく似ているのではないかと考えられる．一方，第二次世界大戦前には日本による統治が行われたことから，日本の九州以東でみられる本州様式も存在する可能性もある．以上のことから，済州島の屋敷囲いや，畑で見られる防風石垣の石積みを詳細に検討する必要があると考えた．戦前には桝田一二氏の優れた一連の地誌的研究があり，1980年代には，高野史男氏をはじめとする立正大学地理学科の地理的調査記録もある．それらの中に，済州島の強風に対する民家や石垣の工夫が述べられている．本研究では，特に屋敷の周りを取り囲む石垣の様式や，畑の防風石垣の石積みの方法を調査し，済州島の石垣の特色を明らかにすることと，石垣と風との関係を検討することを目的とした．

2. 地域の概要
2.1　済州島の地理的研究

　日本の済州島研究は，朝鮮総督府が行ったものの中に述べられており，気候に関わる調査報告や，地質，動植物の研究がなされている（川崎，1930；中村，1925；朝鮮総督府観測所，1936；森，1928；中村，1930）．また，第二次世界大戦前から戦中にかけて，ラウテンザッハ（Lautensach, 1935, 1945）によって朝鮮半島の研究が行われ，済州島についても述べられている．

　1930年代の済州島における多数の地誌的研究は，桝田の多くの論文によってなされた．済州島の記述に優れており，今日では当時を知ることのできるデータ

として貴重な論文である．たとえば，桝田（1934a, b）は済州島の海女や日本への出稼ぎ海女，済州島の牛や馬の放牧と石垣綱や養蜂について述べている．これらの中で，済州島の牛馬は終年放牧であることが紹介され，北向き斜面は冬の季節風が強く，冬季の放牧には不利であると述べられている．また当時，標高200～300mから600mの間は帯状の草地となっていた．600m付近は傾斜の変換点にあたるため湧水が多く，透水性の大な山地斜面では，牛馬の飼育にあたって，水確保ができることが放牧場立地の好条件であったようである．また，桝田のこれらの論文には上縁森林地帯との境界は上場城といわれる石垣を築き，下部の中間地帯との境界にも下場城という石垣を築いて，牛馬が他地域へ侵出しないようにしていた．その石垣が，今なお残存すると記述されている．そして土地利用上，(1)海岸地帯（0～200m）；土地利用度最高率地域，(2)中間地帯（200～250m）；半耕，半牧地帯,(3)山間地帯（350～600m）；放牧地帯, (4)森林地帯（600m以上）；傾斜度急変，と区別している．また，石垣については貴重な記述があり，「海岸地帯より中間山間と垂直的な横断路を選ぶ時，路上に休耕地に放牧地域に目撃する牛馬の群は夥しいものである．したがって人家はもちろん耕地は悉く120～130cm高度の石垣が築繞され，牛馬の侵入を防いでいる．環状道路全長160km余，両側石垣を連ねた景観は，小萬里の長城の観がある．」と述べている．2005年3月の今回の現地調査時よりもはるかに多くの石垣があったことがうかがわれる．また「その石は耕地内にありし石を拾ひ上げて，其周囲に積み重ねたもので，他より態々運ぶを要しない程に火山礫が分布する」とも記載されている．また自然条件からみると，北向き斜面では，馬が卓越し，牛や蜜蜂は南斜面に卓越していると述べている．

桝田（1935）は済州島から内地への出稼ぎについて紹介し，また，桝田（1939a, b）は済州島の聚落の地誌的研究（第1報），（第2報）について述べている．これらの中で，集落の立地条件は飲料水の確保を第一とした．湧水や井戸水利用の他に天水利用も行われており，天水の採水方法として，採水林があると述べている．民家は，石垣の内側に一見防風林のようにみえる椿やビワの林を有しており，幹から集水した水を甕，もしくは貯水タンクに貯めておく工夫がされている．この中で，済州島農家の間取りと，屋敷囲いとしての石垣の図面が示されている．石垣の隅角が曲率を持っていることも示されている．また石垣の高さは，1.5～2m

あり，石材は黒色玄武岩の角礫で，野石積みであることが伺える．「……角礫を積み重ねたにすぎず，礫間の空隙を通じて，内外両側から窺る程度で一見不安定感があるが祖鬆な礫面は能く組み合ってゐる．……実に石垣は島固有の文化景観であり顕著な地域性である.」と述べている．

戦後は韓国の研究者による地理的研究が多く発刊されるようになり，建設部国立地理院編（1986）「韓国地誌」や，済州道編（1982）「済州道誌上・下」，済州市編（1985）「済州市三十年史」などがある．文化人類学的観点からは，泉（1966）の「済州島」が発刊された．そして済州島研究が立正大学地理学教室と建国大学地理学教室の共同研究として，1984年から1987年まで行われた．その成果は，立正大学日韓合同韓国済州島学術調査団（1988）として発刊された．この報告書は自然的記述に加えて，1980年代の済州島の人文地理的事象がよく調べられており，前述の桝田氏の1930年代における地理的事象と1980年代の変化を追うことができる．たとえば海女漁業の変貌については元（1988）が述べている．また，高野（1996）はこの調査結果を踏まえ，「韓国済州島」として中公新書にまとめている．

2.2 済州島の地理的特色

済州島は，朝鮮半島の南端から約90kmの位置にある（図1）．漢拏山（1,950m）を最高峰とする円錐形の山地で，裾野には約360個の熔岩円錐丘をなす寄生火山が分布する．島の面積は1,840km^2，東西約73km，南北約31kmで長楕円形をなす．島の等高線と主な集落は図2に示した．玄武岩の熔岩と最後の活動による火山放出物は透水性がよく，降雨は地下水として流下し（崔，1988），山麓の低地で，かつ地下水か地表水のいずれかが得やすい場に集落が立地している．島全体として，海岸は崖

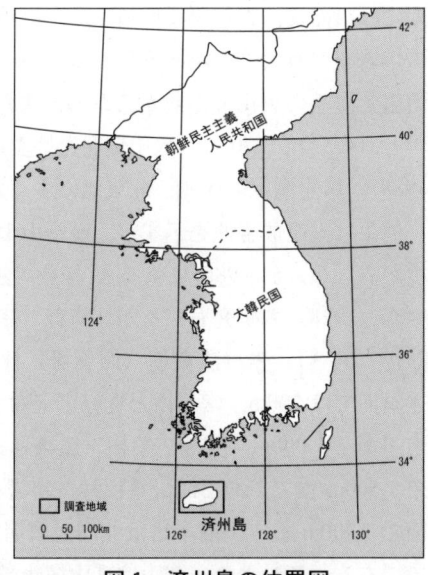

図1 済州島の位置図

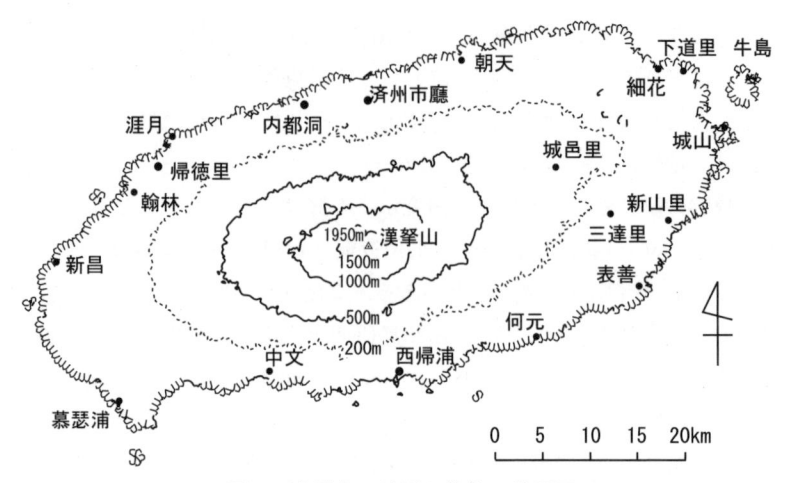

図2　済州島の地形と集落の位置図

をなす．高野（1988）は，南部に20m前後の段丘崖が連なることから，島の南側が隆起する地殻運動が存在すると考えている．

　第三紀末，浅い大陸棚を構成する花崗岩に粗面岩質の熔岩が噴出し，更新世中期には粗面安山岩が厚く堆積した．更新世末期には，それらの表面を覆う玄武岩の熔岩を伴う大噴火があった．したがって，済州島の表層は広い地域が玄武岩の熔岩と，その火山放出物からなる．また，火山の活動記録は，AD1002年，1007年と，1455年，1570年に火山爆発と地震があり，多くの被害が記録されている（姜，1988）．熔岩洞は北西側，北東側に多く分布する（洪，1988）．

　植生は垂直成帯性を示すが，漢拏山の北向き斜面と南向き斜面では植生帯の高度が異なる．金（1985）によると，植物の種は1,620種余である．植物相は泉（1966）や森（1928）の研究もあるが，高野（1988）から植生の垂直成帯を示す図を引用した（図3）．常緑広葉樹（照葉樹）林帯は，北向き斜面では450mまで，南向き斜面では700m，常緑樹と夏緑広葉樹木の混合林は，北向き斜面で700m，南向き斜面で1,000m，夏緑広葉樹（温帯林）は，北向き斜面で1,200m，南向き斜面で1,500mまでである．針葉樹林（寒帯林）は，北向き斜面で1,500m，南向き斜面で1,700mまで，灌木帯は北向き斜面で1,900mまで，南向き斜面で1,850mまでである．それよりも高山は高山植物帯となっている．近年カン（2003）は，済

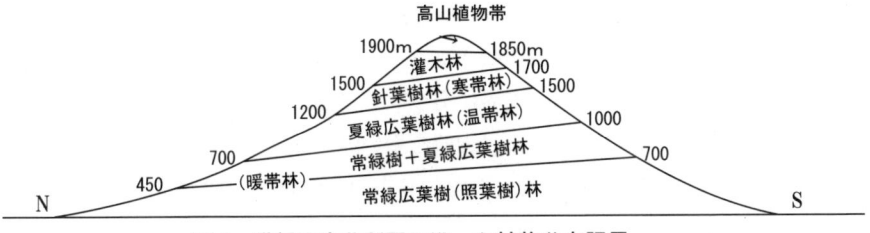

図3 漢拏山南北断面に沿った植物分布限界
高野 (1988) による

州島の高山の植生について詳しく紹介している．

済州島の気候は李（1988）によればケッペンの気候区分ではCfa（温帯湿潤）型である．四季ははっきり区分できるが，冬は朝鮮半島の他の地域より約1ヶ月短く，夏季は1週間長い．島の北側と南側では気候が著しく異なる．島の北部の済州では平均気温15.1℃，最寒月の平均気温が5.2℃である．島の南部の西帰馬では，最寒月の平均気温6.0℃，年平均気温は15.8℃である．年降水量は，済州は1,440mm，西帰浦で1,718mmである．済州島の降水は夏季集中型であり，冬季は黒潮により地形性の降水があるが，一般的に乾燥している．6月には南東季節風が卓越して，梅雨前線による降水が大となるが，南向き斜面で著しい．台風は8月に多いが，年3〜8回襲来する．冬季(11〜3月)は北西の季節風が卓越し，5m/s以上の風は済州で42.5％である．特に島の北側で，強風が長期にわたり吹き続ける．

3. 済州島の石垣

3.1 済州島における石垣の分布

山麓をめぐる標高200m以下の土地は傾斜3°以下の緩斜面で，よく耕地化されている．集落や市街地のほとんどは，この高度までに集中して分布している．しかし，緩やかとはいえ傾斜を有するので，土壌流出を防ぐことと，強い北〜北西の季節風を防ぐために，石垣を築いている．薄い火山灰土に覆われた畑の中の熔岩塊や礫を掘り出して，土地境界と防風と土壌流出防止を兼ねて畑の周囲に石垣を積んだ．その高さはばらつきが多いが，少なくとも高さ1.2mを超える．畑の境界に積んだ石垣はかなり特徴的で，日本の石垣と異なっている．明確な違い

は次の三つである．一つ目は，石垣は野石積みで，ほとんど一列に石を積み上げる．石積みの間はすいていて風が吹き抜ける．二つ目は，石垣の隅角はゆるい曲率持って道なりに，または畑の境界に沿うように曲げられていて，直角をなす隅角を持たない．三つ目は，重い玄武岩礫を用いる．

済州大学宋成大教授は，済州島の石垣の分布の条件を，次のようにまとめた（宋，2001）．

1) 玄武岩の石（礫）があること．
2) 火山灰の中に石礫があること．
3) 北西の冬の季節風が強いこと．台風は防風に対しては季節風ほどの影響がないこと．
4) 放牧している牛，馬が，自宅へ自力で戻る際，他の畑へ進入しないように，石垣で畑を囲う必要があった．
5) 各自の耕地や，屋敷の境界を石垣で明瞭化する．

済州島の石垣はさらに，畑や民家も含めて，次の三つの積み方に区分されると述べた．

1) 玄武岩を用いて，大きめの礫を一列で積み上げる．礫の間の空間はすかせておく．風の力で揺れるが，倒れなければよい．
2) 下方に小さい火山礫を積み，上方に大きな礫を積む．ただし，この型は小さい火山礫があるところに限られる．
3) 幅のある石垣を積み，外側は大きな玄武岩で積む．中に小石をたくさん入れる．この型は，烽燧台（チュゴン），城，砦，墓の周りなどに用いる．

また，金（1998）は，修士論文として石文化について述べ，その中に石積みの種々の様式をまとめている．カン（2000）は，畑の石垣を空中から撮影し，その分布が格子状ではなく，地形に応じて曲率を持って曲線状に走る石垣であることを紹介している．

3.2 中山間部にみる石垣

高野（1996）の記述から，牧場についてまとめると次のようである．

標高200mから600mまでの傾斜地は，耕地としては利用されず，放牧地として利用されていた．この斜面では，済州島の牛と馬の放牧を行ってきた．本格

写真1 牛島に面した済州島東海岸に放牧されている馬

的な牧畜が開始されたのは，済州島が元の支配下に入ってからとされている．済州島にはもともと野生在来種の済州馬（ジョラン馬）が生息していたが，元はさらに蒙古馬を導入し，専門家を送り込んで軍馬の飼育にあたらせた．14世紀後半には，高麗朝の支配のもと，島内10ヶ所に官営牧場が設けられ，10,000～20,000頭の馬と，3,000頭の牛が飼育された．朝鮮王朝（李朝）時代には，官営牧場がいっそう整備され，監牧官制度が導入された．牧野は13ヶ所に分けられ，その境界は石垣で明確に区分された．

　日本の統治下に入ると，官営牧場は閉鎖され，13の牧野は112ヶ所の部落共同牧場に分割された．1939年当時，約21,000頭の馬が飼育されていた．1945年の解放直後の混乱で激減し，1957年には約7,000頭まで減少した．1966年には20,000頭まで回復したが，そのあと減少の一途を辿り，1990年代には約3,000頭まで落ち込んでいる．写真1には牛島に臨む海岸で放牧している馬を示した．すでにこの島には固有種であった済州馬は存在せず，交配の進んだ馬である．

　漢拏山麓の北側斜面と南東斜面の中腹に，今も朝鮮（李）王朝時代に牧野の境界として築かれた石垣が残っている．北斜面の済州市背後の300～400mに40km以上にわたり，また南東斜面の300～400mに約25km，200m等高線にそって約30kmにわたり残っている．これらは，放牧された牛馬が高地の森林地帯や，斜面下方に入り込まないように築かれた石垣の一部である．1947年3月のデモに端を発し，1948年4月3日に武装ゲリラと島民が立ち上がり，ヨムサン事件が勃発した．このため中山間部の村民や集落を海岸地帯に移し，1949年までに多くの中山間部の村は全滅した．1953年頃にはゲリラ活動もなくなり，

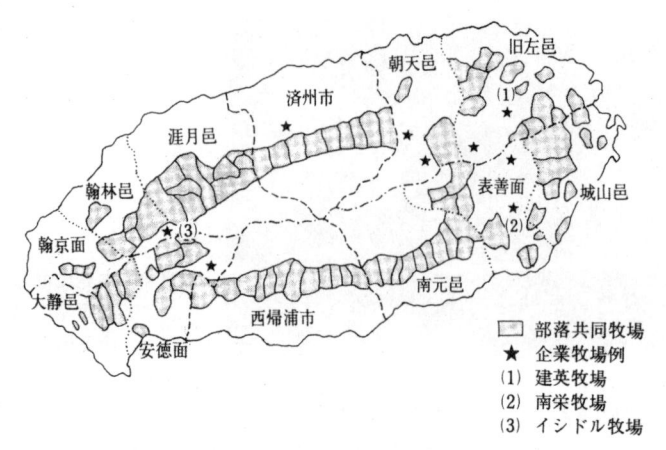

図4　部落共同牧場の分布

高野 (1996) による

1954年に漢拏山の立入禁止も解除され，事件は終わった．この事件の際，放牧地の石垣はかなり破壊された．しかし，1950年代の石垣はキム (2000) の写真に示されており，当時の石垣を知ることができる．済州大学の宋成大教授は，1950年代末から石垣が少なくなってきたようだと話している．図4には高野 (1996) による部落共同牧場の分布図を示した．何年の状態を示すのかは明確に示されていないが，中山間部の牧場の分布がわかる．

3.3　民家の特色と屋敷囲いとして石垣

　済州島の民家は極めて特徴的であり，草屋根を縄でおさえた屋根が一般的であった．筆者の1人漆原は1980年代の済州島には，現在よりはるかに多くの草屋根の民家があった事を観察している．草屋根で冬の季節風や台風に備えるためには，軒を超える高さの石垣が必要である．また，草屋根の補強のために，縄をかける必要があり，伝統的には稲藁の縄を用いたが，今日ではゴムのひも（車のタイヤを細く切って作る）を用いている家が多くなった．韓国の伝統的な民家について，張 (1989) は次のように述べている．その屋根はチガヤで葺いてあり，1～2年に一度葺き替える．茅縄で網状に押さえをするが，縄の太さは，島の東半分では直径3cm内外であるが，西半分では直径4cmのものを用いる．これは冬

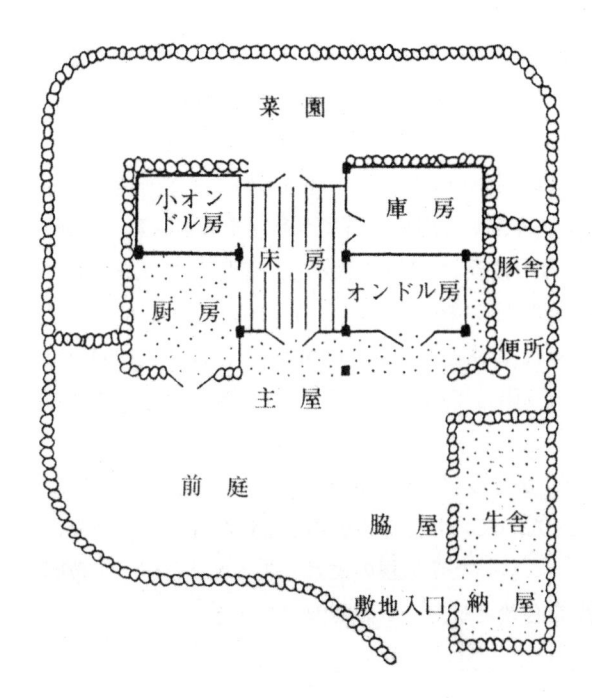

図5　済州島の民家形態
高野 (1996) による

季の北西風と夏季の南西風が西半分の方で強いためである．また，縄をかける網目は大きいもので 40 × 42cm，小さいもので 17 × 15cm，平均で 25 × 25cm 程度であり，これには，地域差は明瞭ではないようである．屋根の葺き替えは，個人かまたは共同で行う．共同作業を（寄り合う，オウンダ）といい，寄り合い（オウルロ）といっているという．また，茅葺きの他にスレートやトタン，瓦もある．

　高野（1996）は，このような典型的な伝統的民家について述べ，図5のように典型例をモデル化して示した．屋根はゆで卵を伏せたような型で，草葺き平屋形式であり，草葺き屋根は風に飛ばされないよう縄を網目状に編んだネットでしっかり固定されている．民家の壁は熔岩塊を積んで固めた石壁である．間取りは標準的なものは三間型であるが，厨房のかまどが朝鮮本土と異なる南方的形態であること，便所と豚舎が未分離状態であるなどの強い南方的要素を持つ．一方でオンドル房など北方大陸文化的要素が混合していると述べている．この記述にある豚小屋と便所が一体になった型は，今も沖縄本島や，渡名喜島で，その痕跡を見ることができる．高野のいう南方的要素，すなわち豚小屋と便所が一体となった

型は，琉球を中心とする南西諸島の文化と一致すると考える．次の項で考察する石垣の様式でも，南西諸島の様式と済州島の様式が一致することと共通しており，石垣も豚小屋や便所の様式も，共通した文化圏であることを物語っていると考えた．

次に屋敷囲いについては，敷地の周囲を高い石垣で囲っていて，熔岩塊を積み上げただけの石垣か，あるいはセメントで固めた石垣が存在すると高野（1996）は述べている．済州教育大学鄭光中教授は1970年代から，石垣がブロック塀に変わってきている．それは，道路などの整備が行われ，石の積みなおしに伴って行われたと述べている．また，年代は明確に示されていないが，高野（1996）は農漁村でも，ブロック造りの2〜3階建ての近代家屋へと建て替えが進んでいると述べている．

2005年3月初旬の調査時には，かなりブロック造りの建築物が増加していて，草屋根の民家の比率は極めて低くなっており，今後保護しなければ残らない文化遺産となっていく可能性がある．こうした草屋根の民家であったことが，屋敷囲いとして軒の高さを超える石垣を必要とした一つの要因であったと考える．

4. 北海岸の石垣

4.1 内都洞

北の海岸に近い内都洞や，帰徳里，翰林には，民家の屋敷囲いとしての防風石垣と，畑の中に続く長い防風石垣が分布する．写真2には，内都洞に分布する畑の防風石垣を示した．2005年3月5日の雪まじりの冬の季節風が，一列に積んだ野石積みの石垣の間を吹きぬける．一列積みの場合の石垣の幅は40〜50cmまでである．写真2下のように野石の間がすいていて風が吹き抜けても，その風力が減ずるので，畑の被害を最小限にするのに十分な防風効果がある．石垣は火山礫を一列に積んでいるだけであるが，玄武岩の火山礫を用いるため，一つ一つの礫は十分に重量があり，石積みをした後人間がゆらしてみて，たとえゆれて動いても崩れなければ強風でも崩れることがない．北海岸とその内陸部では，畑の石垣は極めて密度が高い．これは冬の季節風が強いためと思われる．写真3には内都洞集落における曲率を持って築かれた屋敷囲いを示した．石材は玄武岩の火山礫をそのまま用いてあり，野石積みである．高さは約1.5 mある．石垣の幅は日本の南西諸島に比較すると狭く，約60〜70cmである．

写真2 上：済州島北海岸の内都洞付近に分布する畑の防風石垣

下：直径30～50cmの玄武岩の火山礫を用いた石垣．石積みは一列で，風は吹き抜けるが弱まる．

写真3　内都洞集落における曲率を持って築かれた石垣．玄武岩の火山礫を用いた屋敷囲い．

4.2　帰徳里

　帰徳里は漁村であり，海岸から内陸に向けて集落が分布し，狭い道路で隔てられた民家はどの家も高い屋敷囲いを持つ．写真4上は海岸に立地する屋敷囲いである．この石垣が高さ2.2mであった．しかし，内陸側約150mに位置する写真4下は，石垣の高さが1.5mである．いったん内陸へ入ると，防風石垣の高さは

写真 4 済州島北西海岸帰徳里における防風石垣
上：海岸に立地する屋敷囲い．高さ 2.2m．
下：内陸側に立地する屋敷囲い．高さ 1.5m．

急に低くなる．海岸からの距離に応じて石垣の高さは減ずるが，その高さはサンゴ石灰岩を積む喜界島より，はるかに低い．喜界島（漆原・羽田，2003；漆原，2005）では海岸近くで 2.7 〜 3.7m あったのに比較すると，済州島の海岸では最高 2.2m の高さである．これは，風力のちがいの他に，済州島の野石の重さが喜界島に比較するとはるかに重いためであろう．

4.3 城邑里

城邑里は島の東部に位置し，その標高は約 190 〜 200m である．村の一部は民俗村として観光客に公開されている．村の人々が今も住む集落の一部を図 6 に示した．道路の交差点は複雑であり，野石積みの石垣が完全に屋敷を囲っている．石垣の幅は 40 〜 50cm である．石垣の高さは約 1.5m である．道路幅は主道路が 4m を超え，脇道は 2m かそれ以下である．民家はすべて草葺き屋根で，豚小屋

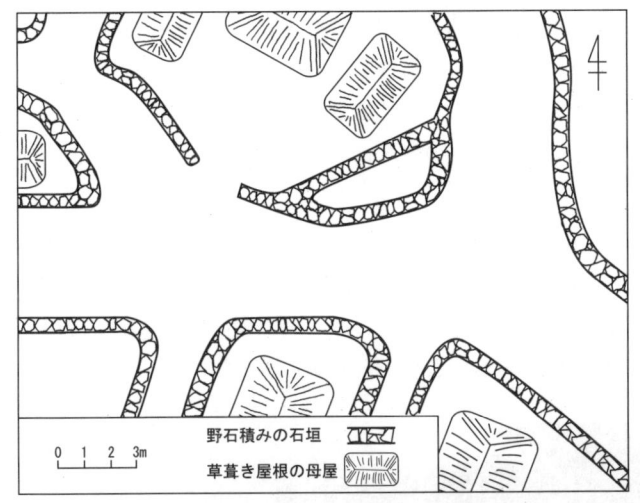

図6　城邑里における集落中心部の石垣
曲率を持った隅角を持つ石垣

と便所が一体になった型が今も残る．伝統的な集落の原型がよく残る村であるが，最も特徴的なことは，石垣で作られた道路の隅角は稜を持たず，曲率を持った丸い隅角を持つことである．この形式は，日本では南西諸島と対馬に分布する様式と一致する．

写真5左には，城邑里の集落で見られた今も縄を用いて固定している草葺き屋

写真5　左：城邑里の草葺き屋根と，縄で固定した民家の屋根
　　　　右：シュロの樹幹を用いて雨水を集めた甕

根を示した．伝統的な石と粘土を用いた壁を有している．写真5右にはシュロの樹幹を利用して甕に集水している様子を拡大して示した．中山間部は地下水が得がたいので，樹木の幹を利用し，降水を集める工夫をしている．このような天水の取水方法は，家の周囲の椿の木などにもしつらえてあった．

4.4 新山里

済州島の南東部に位置する海岸部の集落である．この周囲は温暖であることを利用し，温州みかんの栽培が盛んである．石垣の他に生垣も併用している場合が多く，みかん畑には防風林として日本から導入したスギも併用されている．新

写真6 新山里集落の周辺における防風石垣
　　　道路の曲がりに沿って曲率をつけて積んだ石垣

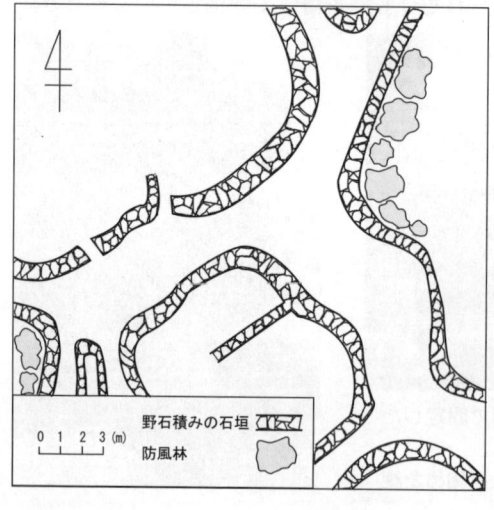

図7 済州島東海岸の新山里における曲率を持つ集落の石垣
　　　稜を伴い，角度を持った隅角はない．

山里は緩く海に向かって傾斜するため，道路はすべて曲がっていて，直線状ではない．集落の一部の石垣を写真6に示した．図7には集落中心部の石垣のある道路を図化して示した．道路幅は3〜4mあるが，必ずしもその幅は一定ではない．また，石垣の幅も狭く，40〜50cmまでである．用いられている防風林はシロダモで，他にも椿などの照葉樹を用いている例が多い．新山里の海岸にはベンチ（bench）がよく発達していて，海岸近くの石垣の高さは180cm，集落の中では150〜160cmである．畑の境界を示す石垣は写真6に示すように，高さは1.2〜1.3mである．屋敷囲いの石垣より低くなるが，道路に沿って曲率を持った石垣が築かれている．特徴的なのは，道路も石垣も一定幅ではないことであり，極めて自然発生的な型を保っている事である．

5. まとめ

　済州島の屋敷囲いとしての石垣は，日本と似ている点と異なっている点がある（漆原・勝又，2007）．それらの特色を以下のようにまとめた．
1) 済州島は火山島であり，玄武岩の火山礫そのものや，海岸または河川で火山礫が水で研磨された亜角礫が多く分布する．このため，身近にある大量の礫を必要に応じて石垣として積むことができる．
2) 石垣は屋敷囲いばかりでなく，畑の防風石垣，土地の境界を決めるための石垣，烽燧台，砦の石垣，墓などにも用いられている．
3) 積み方は，野石乱層積みであるが，そのほとんどが曲率のある隅角を持つ．屋敷囲いや，畑では特に道路の曲がりにしたがって積む．畑の石垣は，重い石であるため，一列積みが多い．屋敷囲いの石垣は60〜70cmの幅を有する．
4) 海岸に近い集落や，山麓に位置する場合，ほとんどの土地が傾斜を持つ．したがって，道路は方形区を構成するようには敷設されていない．不規則な曲がりを有する道路が交差しているのが常であり，その道路に沿って民家が分布し，畑が分布する．このことが曲率を持つ石垣を作る原因の一つになっていると思われる．
5) 玄武岩の石垣は,日本で用いている例はほとんどない．硬くて加工しにくく，重い．このため，野石をかち割り，算木積みにすることが難しい．樵石で

石垣を作る例は城壁などに限られており，民家の屋敷囲いや，畑の石垣には用いられていない．

6) 海岸近くの集落に立地する民家では，海岸で屋敷囲いの石垣が高く，海岸から少し内陸へ入ると屋敷囲いの石垣の高さは低くなる．しかし，屋敷囲いは1.2～1.5m以上を有する．一方，冬の季節風が強い北海岸ばかりに石垣が分布しているわけではなく，島の四周に石垣が分布する．これは，強い季節風やまれに来る台風に対応する必要があることと，伝統的家屋が草葺き屋根であり，防風の必要性が高いことと関連していると思われる．

7) 日本の石垣との比較をすると，屋敷囲いの石積みの様式は，これまで琉球様式と呼んできたものに極めてよく似ている．ただし，その高さや幅は南西諸島のそれより小さい．これは防ごうとする風の風速や風力が弱いばかりではなく，石材の岩質に関連しているようである．南西諸島はサンゴ石灰岩の礫であり，軽いので石垣の幅が広く，高く築いている．しかし，済州島では石材そのものが重く，硬い．加工しにくいことも原因していると思われるが，石垣の幅が狭く，高さも南西諸島より低い．特に畑では一列積みが多く分布する．一列積みでも十分防風効果を上げることができる．また，一列積みでも石材が重いため，石垣が崩れない．

8) 日本の屋敷囲いとしての石垣の分布は極めて残存率が悪かったが，済州島には石垣はよく残っていて，石垣からブロック塀への近年の変化率が極めて低い．屋根の形式は草葺き屋根からトタン屋根に変わっている率が高いにもかかわらず，屋敷囲いとしての石垣を残している．伝統的石積みがよく残存していて，石垣が人々の生活と密着していることがよくわかる地域である．

参考文献

朝鮮総督府観測所（1936）：朝鮮気象三十年報．

張保雄（佐々木史郎訳）（1989）：韓国の民家．古今書院，296p．

李賢英（1988）：済州島の気候．『韓国済州島の地域研究』，立正大学地理学教室，56-68．

泉靖一（1966）：済州島．東京大学東洋文化研究所研究報告, 19, 東京大学出版会, 49p.
川崎繁太郎（1930）：済州島の地質学的観察．文教の朝鮮．
カン・ジョンヒョ（2003）：オルムの王国・生態系の宝庫　漢拏山．ドルベゲ，271p.
カン・ジョンヒョ（2000）：火山島、石物語．図書出版カク，159p.
キム・ヨンドン（2000）：済州道　済州の人々．民俗院，337p.
建設部国立地理院編（1986）：韓国地誌　地方篇四（光州・全北・全南・済州）．
洪始煥（1988）：済州島の洞窟．『韓国済州島の地域研究』，立正大学地理学教室，69-82.
Lautensach (1935)：Quelpart und Dagelet, Wiss. Veröff. Museums f. Länderkunde 2. Leipzig, N. F3.
Lautensach (1945)：Korea, Eine Landskunde auf Grund eigener Reisen und der Literatur. 542 Seiten, K. F. Köhler-Verlag, Leipzig.
中村新太郎（1925）：済州島火山雑記．地球，4-4, 325-336.
中村新太郎（1930）：朝鮮の平均高度に就いて．地球, 13, 3.
金文洪（1985）：漢拏山の植生概観．漢拏山天然保護区域学術調査報告書．
姜相培（1988）：済州島の地質と地形．『韓国済州島の地域研究』，立正大学地理学教室，14-18.
桝田一二（1934a）：済州島海女の地誌学的研究．大塚地理学会論文集，2下，141-162.
桝田一二（1934b）：済州島に於ける畜産の地理学的研究．大塚地理学会論文集，3, 81-102.
桝田一二（1935）：済州島人の内地出家に就て．大塚地理学会論文集，5, 1-38.
桝田一二（1939a）：済州島の聚落の地理学的研究（第1報）．地理，2 (1), 27-41.
桝田一二（1939b）：済州島の聚落の地理学的研究（第2報）．地理，2 (2), 159-170.
森為三（1928）：済州島所生植物分布について．文教の朝鮮．
立正大学日韓合同韓国済州島学術調査団編（1988）：韓国済州島の地域研究．立正大学地理学教室，155p.
高野史男（1988）：総説　済州島の地域性とその地理的・歴史的背景．『韓国済州島の地域研究』，立正大学地理学教室，1-3.
高野史男（1996）：韓国済州島　日韓をむすぶ東シナ海の要石．中公新書，207p.
崔茂雄（1988）：済州島の水理地質について．『韓国済州島の地域研究』，立正大学地理学教室，19-30.
済州市編（1985）：済州市三十年史．
済州道編（1982）：済州道誌上・下．
元学喜（1988）：済州島における海女漁業の変貌と生産形態．『韓国済州島の地域研究』，立正大学地理学教室，102-118.

金宗錫（1998）：済州道伝統社会の石文化―生活用具、防御施設及び社会的機能体としての用途を中心に―．済州大学校教育大学院社会教育専攻修士論文，133p.

宋成大（2001）：石から来て石に帰る人々．図書出版カク，245-264.

漆原和子・羽田麻美（2003）：屋敷囲いとしての石垣を作る文化―喜界島　阿伝集落の例―．国際日本学，1，139-168.

漆原和子（2005）：屋敷囲いとしての石垣を作る文化―喜界島小野津集落と阿伝集落の屋敷囲いとしての石垣の比較―．国際日本学，3，151-174.

漆原和子・勝又浩（2007）：済州島における石垣の屋敷囲い．法政大学文学部紀要，55，33-45.

13章　まとめ

漆原和子

　この章では，日本とその周辺における「屋敷囲いとしての石垣」の調査結果をまとめて，考察を加えた．

　防風のために屋敷囲いを用いる理由は，1）強風が吹く季節があること，2）母屋の強度を屋敷囲いで増すこと，の二つが主である．しかし，今日では母屋そのものが伝統的な建築でない場合が多い．特に，1950年代末から1960年代に急速に藁屋根から瓦屋根や，スレートに変わった．また，1960年代末から1970年代にかけて建物も単なる土壁や板壁から新建材を用いるようになった．1970年代末から全国的に窓が木枠からサッシになって，強風に対して急速に強度が増した．また，1960年代ごろからRC工法がとられてくるようになり，母屋の強風に対する強度が急速に増してきた．

　一方，1960年代後半から社会の変革が著しく，集落内の道路幅はかつての馬車を通す幅から，自動車を通す幅や，消防車を通す幅が必要とされるようになった．このことは急速に道路幅を広げることを促すことになった．しかし，家や屋敷内の面積を狭めずに道路幅を増すには，石垣をブロック塀にすることによって道路幅を広げる方法が最良である．道路の両側の家が70～90cmの石垣幅から25cm幅のブロック塀にすることによって，道路幅を1m以上広げることが容易にできた．また，ブロック塀は当時，時代の先端を行く，極めてファッショナブルなものと受けとられた．このため石垣から急速にコンクリート塀やブロック塀に変化した．

　このような時代の流れを経た後，屋敷囲いとしての石垣を今調査することは，わずかに残存している証拠から，過去の日本全域または日本の周辺の，風土と文化を詳しく推定できるのか問題があろう．しかし，自然環境に対する人々の知恵や技術は時代とともに変化し，伝統的な方法もまた，時代とともに変質を余儀な

図1 文献にもとづく石垣, 防風林の分布

13 まとめ

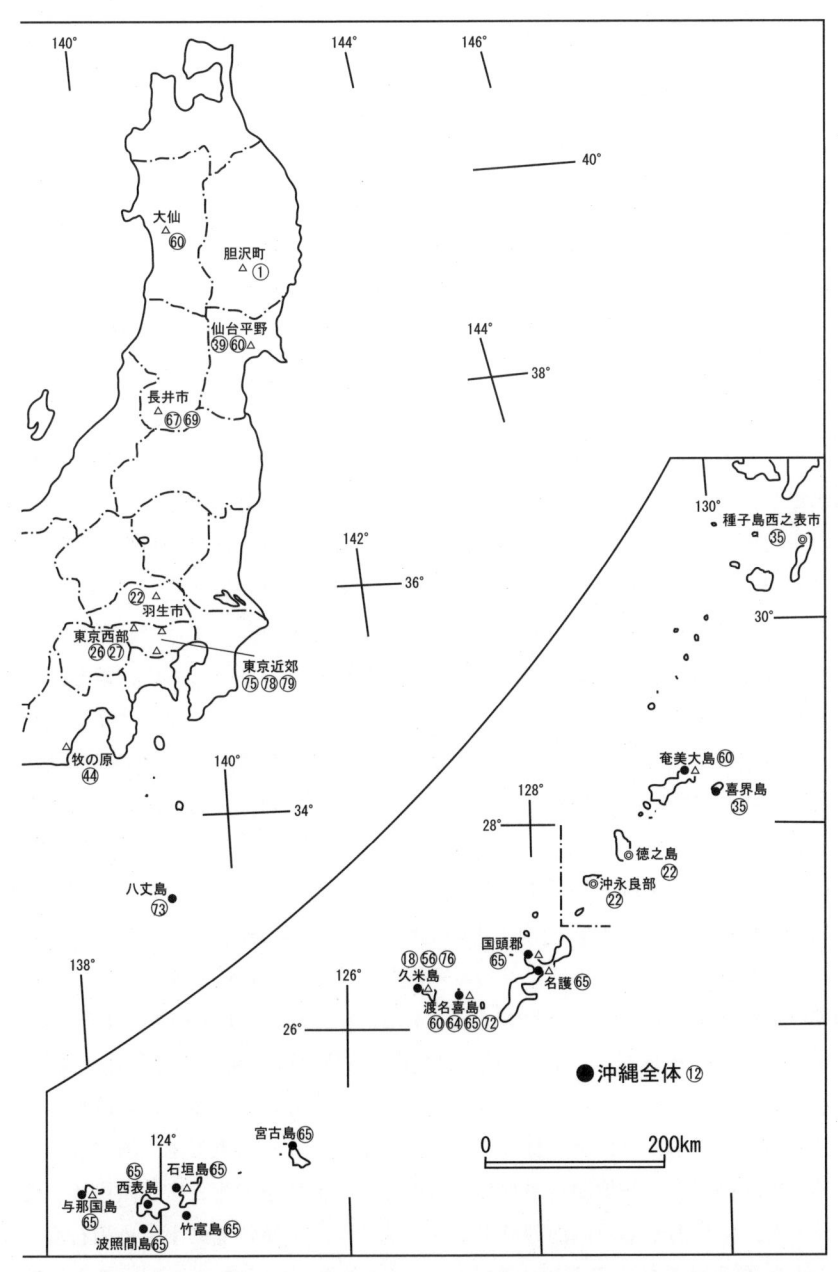

地図中の注記:

- 大仙 ㊀
- 胆沢町 ①
- 仙台平野 ㊴㊿
- 長井市 ㊺㊽
- 羽生市 ㉒
- 東京西部 ㉖㉗
- 東京近郊 ㊀㊆㊇
- 牧の原 ㊹
- 八丈島 ㊳
- 種子島西之表市 ㉟
- 奄美大島 ㊿
- 喜界島 ㉟
- 徳之島 ㉒
- 沖永良部 ㉒
- 国頭郡 ㊻
- 名護 ㊻
- 久米島 ⑱㊱㊶
- 渡名喜島 ㊿㊽㊻㊵
- 宮古島 ㊻
- 石垣島 ㊻
- 西表島 ㊻
- 与那国島 ㊻
- 竹富島 ㊻
- 波照間島 ㊻
- ●沖縄全体 ⑫

0 200km

丸数字は 227～231 頁の表 1 に対応

くされるものである．残存している石垣から現状を把握し，防風に対する人々の工夫を記録し，考察を加えておく必要が十分にあるものと考え，研究を行った．多くの文献と，現地調査の結果を2章〜12章にまとめた．これらの結果にもとづいて，以下のように考察を加え，まとめた．

1. 文献にもとづく防風石垣の分布

　防風のための石垣は，主として建築分野の研究者が，民家の一部として扱ってきた．写真や図面から，単なる土留めの石垣ではなく，明らかに屋敷囲いとしての石垣であり，防風のため家の周囲を取り囲むように，一定の高さの石積みを持つものを文献から選び出した．純粋に石垣ばかりでなく，石垣と生垣，または屋敷林を伴ったものも，図1にプロットをした．ただし，生垣のみ，または屋敷林のみの屋敷囲いは，今回の調査の対象ではないので，この分布図には主要な地域のみを示した．また，それぞれの文献は，照合できるように番号を付して一覧表（227頁の表1）にあげた．図中の番号と，表の文献番号は一致する．この分布図に示された凡例は1) 防風林，または屋敷林．樹種は単一か，または数種の組み合わせで高さの高いもの，2) 屋敷囲いとして石垣を用いているもの．但し，刈り込んだ生垣を併用している場合も含めて同一のマークとした．3) 武家屋敷として石垣を用いている場合．但し，武家屋敷の石垣は屋敷境や，防備のためばかりでなく，防風のためにも使用していると考えられる場合に，この図にプロットしてある．

　図1に示した日本全域の図の中で，防風のために石垣のみを用いている例は南西諸島の海岸部と，本州域の西南日本の島嶼部と，海岸部にほぼ限られている．例外は南九州の外城だった地域に残る武家屋敷と，琵琶湖岸の坂本における寺社仏閣の穴太積みで，両者とも内陸にある．防風のために石垣が用いられていて，今も密に残っている地域は，太平洋岸では紀伊半島の海岸部までである．また，日本海岸側は，島嶼部の隠岐島までである．中国地方の日本海岸は，隠岐島よりも東で石垣から生垣または屋敷林に変わる．紀伊半島よりも東では，海岸ばかりでなく，内陸側でも，石垣から屋敷林や生垣などの植生を主体とする防風林に変わる．また，宇和海や瀬戸内海の島々や海岸部では，急傾斜地に土留めの石垣を築く．冬の季節風のための石垣の高さは，1.5m前後までである．石垣の主目的

はむしろ傾斜地における平坦地の確保のための土留めである．

防風用石垣の分布上の特色は，防ごうとする風が台風なのか，冬の季節風なのかによって石垣の高さが変わる．季節風が積雪を伴う場合には，防風のための素材が石材から木材や竹に変わる．また，植生を利用し，屋敷林や生垣で対応している．強風の風速がどの程度かによっても防風の素材が異なっているようである．石垣はより強風の場合に用いられている．すなわち石垣は，台風の強風地域に多く用いられており，強い季節風が雪を伴わない場合も石垣が用いられている．日本海側の積雪地帯では，生垣や，防風林の他に竹囲いや板囲いも用いている．

また，高知県の旧土佐藩の地域では，水切り瓦を家の壁に何段もしつらえることで，壁の塩害を最小限にとどめる工夫をしている（9章参照）．高知県吉良川や紀伊半島南部では，屋根のすぐ下の妻側や平側に板で囲いを作り，対処している（10章参照）．吉良川ではこれをキリヨケ，またはキリガコイと呼び，紀伊半島南部ではウチオロシと呼んでいる．このように各地で防風の手段が工夫されている．

2．防風のための石垣の強度

石垣は高さを増し，厚さが増すことで防風効果は高まる．これまでの調査で，石垣の石材が重量のある玄武岩の場合，たとえば台湾の馬公島や済州島では，比較的薄く，基底の幅は50〜60cmである．南西諸島でサンゴ石灰岩を用いる時には，最低70〜80cm幅であり，石垣の高さが2.5mを超すと，その基底の幅は90cm幅を超える．また，海側からの強風を受けるところでは，地形的に10m以内の高度を持つ砂州や，完新世段丘上の集落で石垣を用いている場合が多い．このような地形条件の地域では，海岸線（中等潮位）からの距離によって，石垣の高さが変わり，その関係に規則性があるように思われた．そこで，その関係を図2にまとめてみた．

中等潮位を0mとして計測した地盤高が8m以内の集落に限って，計測した屋敷囲いの石垣の高さと，屋敷囲いまでの直線距離についてその関係をみた．石垣の高さと海岸からの距離について，図2にみるように明瞭な関係がみられた．横軸の対数スケールに距離をおとし，縦軸に石垣の高さを示し，片対数のグラフ上で表現した．屋敷囲いとしての石垣のある喜界島の阿伝集落では，極めて明瞭な直線の回帰式が求められた．すなわち，$y = -4.00 \log x + 11.45$である．一方，小

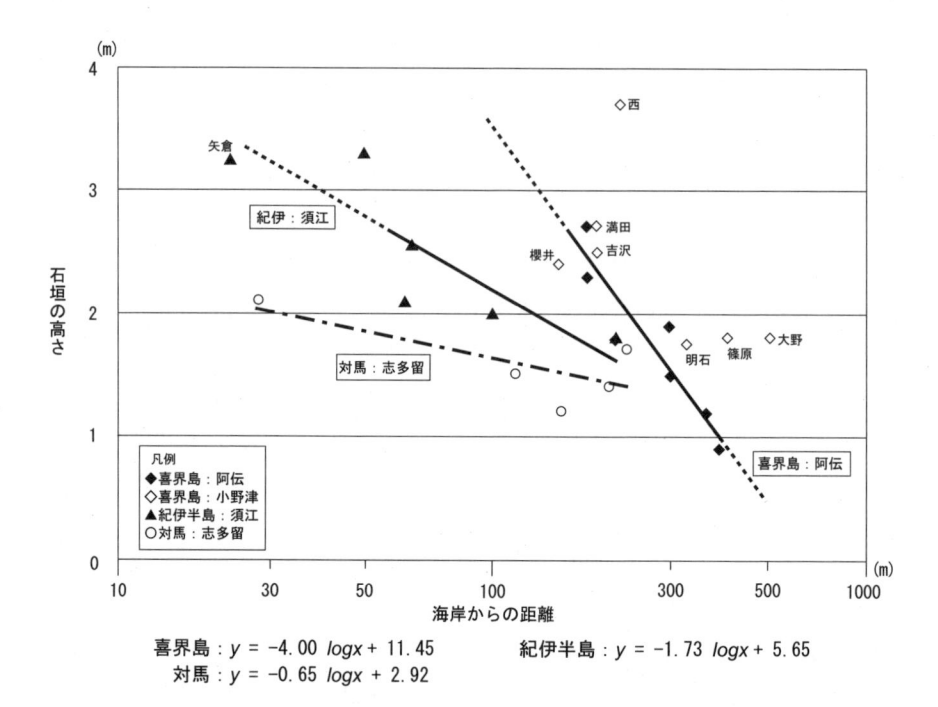

図2 屋敷囲いとしての石垣の高さと海岸からの距離の関係図

喜界島：$y = -4.00\ logx + 11.45$　　　紀伊半島：$y = -1.73\ logx + 5.65$
対馬：$y = -0.65\ logx + 2.92$

野津集落で同様に海岸からの距離と石垣の関係をみると，同じ島でありながら阿伝に比較すると海側に高く，陸側に低いという一定の傾向がみられるが，回帰式が描けるほど明瞭ではない．しかし，満田家や吉沢家は阿伝の回帰式の上にのる．すなわち，小野津では回帰式から大きくはずれる例も多くある．3章で述べたように海岸側から約200mの地点で石垣の高さは3.8m（西家）あり，阿伝の回帰式よりはるかに高い．また，山側でも1.8mを超える屋敷囲い（大野，篠原家）が存在する．この集落はカツオの1本釣りで潤った漁港であり，当時の各戸の経済性が石垣の高さに表れていると言っても過言ではない．また，海岸に近い位置には1戸のみであるが，屋敷を掘り下げた例（櫻井家）があり，これは掘り下げ量を石垣の高さに加算して表現する方法をとって同様にプロットした．同一の島においても，集落によって距離と石垣の高さの関係に一致がみられないのは，集落内の石垣に対する認識と，経済力の違いが表れていると考えた．人々の生活をと

おして経験してきたその場における風に対して，風力を弱めるためという大原則の他に，石垣を屋敷の一部とみなし，石垣をステータスシンボルとして扱ったり，石垣に対する各戸の嗜好を表すことがあるとみることができる．また，阿伝での聞き取りで，「馬上から家の中の食事内容を見られないための目隠しの手段でもあった．」という理由が石垣の高さを決める一つの要素であった．

　図2には，さらに北の紀伊半島の紀伊大島の須江と串本における集落の石垣の高さと，海岸からの距離をプロットした．回帰式は $y = -1.73 \log x + 5.65$ である．傾斜が喜界島より緩く，切片の数字も低い．この図から，喜界島と同様に両地域とも台風の強風を防ぐために石垣を築く地域であるが，紀伊半島の方が喜界島より台風の風は一般には弱い．喜界島では，瞬間風速はほとんどの台風が紀伊半島よりも強い風速のまま上陸する．両者の回帰式に傾きと切片の違いが生ずるのは，この台風の風速の違いを表していると考えた．この回帰式が成り立つ2地域においては，段丘または砂州の高さが8m以内の場合である．段丘面が高い場合には，この回帰式は同じ場所でも変わってくると思われる．

　図2中の対馬志多留は，冬の季節風の防風対策をする地域である．石垣の高さは，台風対策をする前2地域よりも約50cm低い．しかし，海岸からの距離と石垣の高さは，明瞭に反比例の関係にあり，$y = -0.65 \log x + 2.92$ である．季節風地域では台風よりも低い石垣でも十分に防風できることがわかった．

　段丘面が10m以下であり，海岸に接している場合で，背後に高い海岸段丘の段丘崖をかかえる高知県行当岬の新村のように150～250m以内に高い崖を有する場合は，崖に跳ね返って返る戻り風が強く，この風に対して山側の石垣の高さをむしろ高くせねばならない例があった．このような例は多くはないが，海岸に近接する位置に崖がある場合に，一般性がある現象であると思われる．段丘面が40mを超えると，石垣の高さを高くするのではなく，植生の助けを借りる例が多く表れる．これは喜界島の城久の集落でも，紀伊半島潮岬の上野でも生垣を高さ2m以上にし，石垣の高さをおさえるやり方をとり始める．この関係は，海岸からの距離ばかりでなく，地形の高度が高まることによってもみられ，台風の風の強度が母屋を脅かす度合いが減るためと考えられる．内陸へ入ると風の強度が減るばかりでなく，潮風の中の塩分濃度が減るために，生垣が赤く枯れずに済むという利点があると考えてよいであろう．

3. 日本文化としての石垣の様式の違い

　南西諸島と主として西南日本に残されている屋敷囲いとしての石垣から，積み方の様式に二つの違った文化領域があることがわかった．その一つを琉球様式と名づけた．南西諸島を中心に台湾や済州島への分布の広がりをみせる．もう一つは本州様式と名づけた．これは琵琶湖畔の穴太積みを踏まえた様式であり，その分布は本州域を中心とする．太平洋岸側では，紀伊半島，室戸岬，そして九州南端までである．日本海側では，対馬と隠岐島までである．しかし，両者がともに

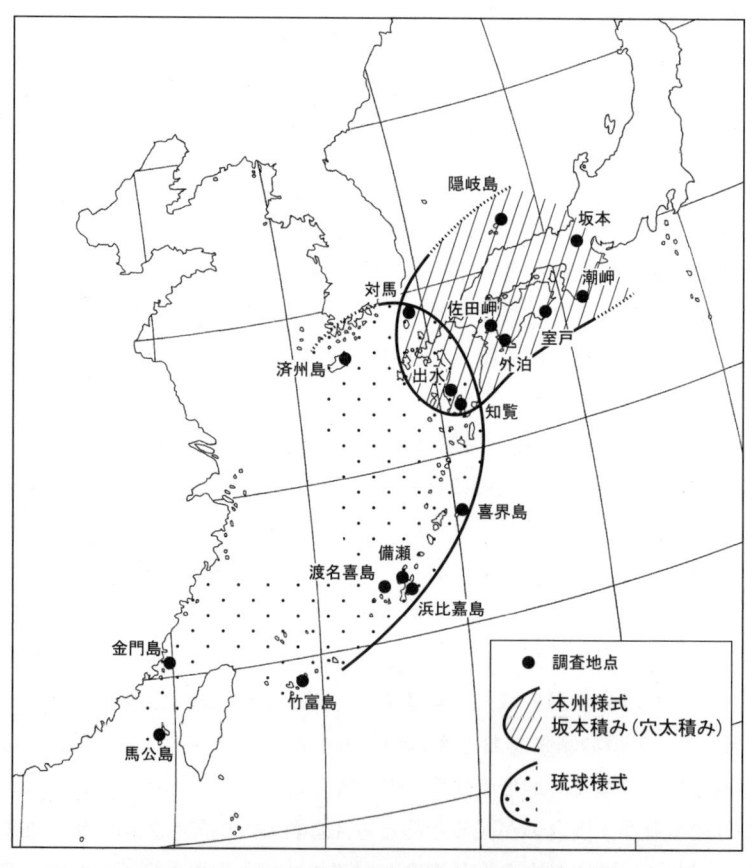

図3　屋敷囲いとしての石垣の調査地点と，琉球様式と本州様式の石垣の分布範囲

出現する地域は対馬である．対馬の厳原は主として本州様式であるが，北島の志多留や，木坂には済州島にみる琉球様式がみられる．

　どの地域の石垣も，どちらの様式の石垣であっても，屋敷囲いのほとんどが現地の石材を用いた野石積みである．両者の違いは，次の点に顕著に表れてくる．琉球様式は，隅角の石積みが算木積みではなく，ある一定の曲率を持つ曲面に沿って積まれている．稜線は石垣が高い場合はほぼ5分の傾斜を持つ．この傾斜は根石の角度が決める．城の石積みは反りを持つが，屋敷囲いの石垣は反りを持たない．また，屋敷が道路に沿って湾曲している場合は，石垣も道路の湾曲に沿って積んでいく．本州積みと名づけたものは，これまで穴太積みと呼ばれていたものと同じ様式である．その特色は，隅角は必ずシャープな稜線を持つ．たとえ玉石であっても稜線を持つように積む．隅角は曲率を持った曲面にならない．かち割った野石の場合は，必ず隅角は算木積みにする．高さが2mを超える場合は，強度を増すためと思われるが，反りをつける．それ以下の高度の場合は単に約5分の傾斜をつける．この傾斜は根石に傾きを持たせて決める．

　二つの様式の分布範囲を図3にまとめた．この二つの様式が生まれた背景は，風向や風速ばかりでなく，過去における政治的な境界や，人々の文化的，経済的な交流の頻度が多い地域の境界，住宅に対する考え方，素材の有無などがその境界を決定することに影響しているものと思われる．

　以上のように，屋敷囲いとしての石垣の積み方から二つの文化領域に分けられることがわかった．石垣に付随して石敢當の分布や風獅翁の分布，ヒンプンの設置，門の様式などを見ると，石垣の二つの様式の分布と必ずしもその境界は一致しないが，それぞれに分布の境界があることがわかった．ヒンプンの有無については図4にその境界を示した．すなわち，ヒンプンのある障子垣a型の門の形式は九州南部まであり，ヒンプンのない障子垣b型，c型は本州から九州をへて喜界島までを限界として分布する．ヒンプンは台湾の金門島で見た照壁によく似たものであり，主として南西諸島に分布している．しかし，ヒンプンは島津藩の外城であった知覧や出水にもあり，ほとんどは南西諸島と同様に石造りである．知覧にも出水にも比率は少ないが，生垣で代用する例があった．ヒンプンの目的は，目隠しや，魔除けであるとする説もあるが，強風が屋敷内に直接吹き入らないようにとの配慮もあると思われる．

224

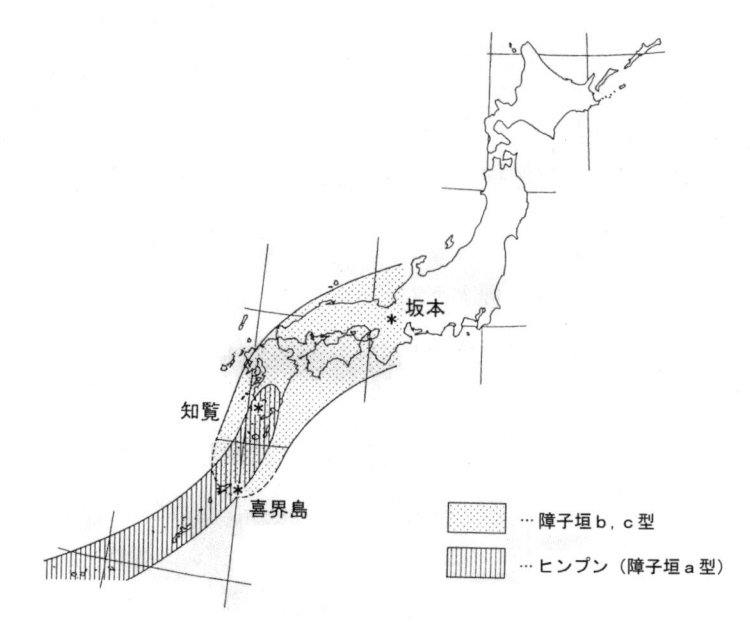

図4 西南日本と南西諸島におけるヒンプン（障子垣a型）
と障子垣b,c型（ます型門）

　集落のT字路や，カギ型の道路の突き当たりに石敢當があるのも南西諸島の大きな特色であり，一般には魔除けであるとされている．石敢當は馬公島，西貝島や金門島でも見られた．その北限はヒンプンと同様に，島津藩の外城であった地域まで及ぶ．このヒンプンの置かれる位置も，集落内を強風が吹きぬける風を弱める願いを込めたものであるとする見方もできる．「魔」とは「避けたいほどの強風」であり，防風を考慮せねばならないほどの強風のことをさすのかも知れない．この点を明らかにするには，さらに他の民俗学的な調査を重ねる必要がある．一方，喜界島に見られた障子垣b型，c型（ます型門）については，南限が喜界島まで及ぶことがわかった．これらの門の型式による境界は，石垣の積み方から分けた二つの様式の分布範囲と全く一致するものではない．しかし，緩やかに両地域と共通点を持つことがわかった．

4. 調査地における風

　2章から12章に述べた防風用の屋敷囲いとしての石垣の分布と，石垣の築か

れた方向と高さから，防風の風の種類と風向を推定し，図5を作成した．屋敷林は，今回の調査対象外としたが，筆者のこれまでの現地での観察から，風の方向がわかっている場合に，その風向を入れた．この分布図から，日本全域と台湾と，朝鮮半島をまとめて考察することができる．石垣を用いて防風しなければならない風を，1) 台風の領域と，2) 冬の季節風の領域に分けることができた．両方の境界が今回の調査では明確でない場合や，島嶼がなくてその境が明確でない場合に，その境界を粗い点線で表した．また，石垣の高さや，防風のための石垣の厚さや高さの分布から極めて強風であることがわかる場合に，長い矢印をつけた．相対的にそれほどの強風ではない場合には短い矢印をつけた．石垣の様式の範囲を示した図1と，この分布図（図5）を比較すると，冬の季節風が地形的に強調される台湾海峡や，冬の季節風が強い朝鮮半島や対馬や隠岐では石垣を用いている．これが先人の知恵であった．代替のコンクリートや，ブロックよりも，年間

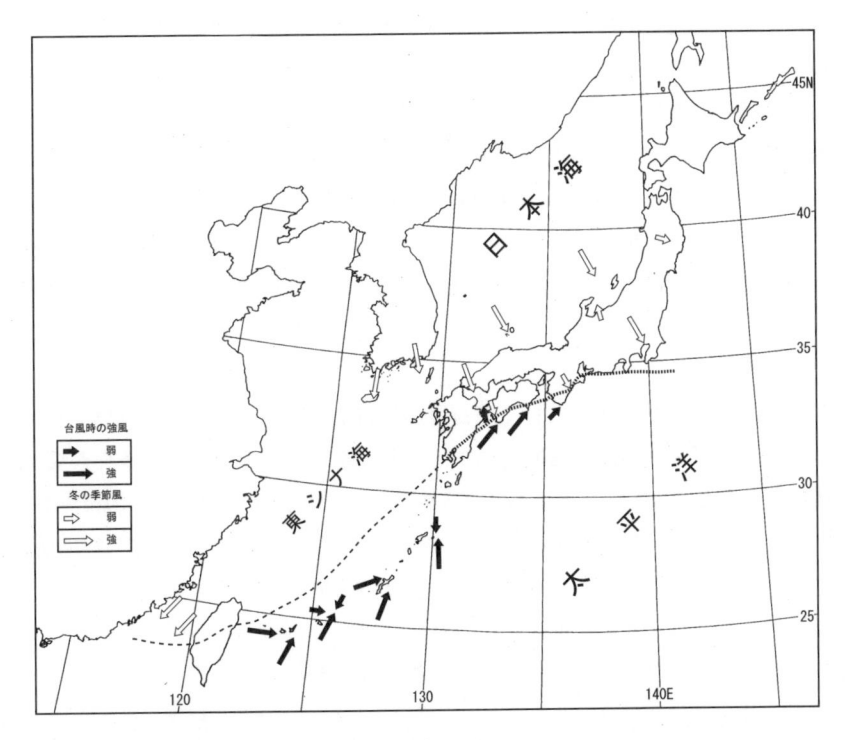

図5 屋敷囲いとしての石垣と屋敷林からみた強風の度合いと風向

を通じての住み心地がよいことが，石垣を今日まで残している原因と考えた．済州島は重量のある玄武岩の野石積みで冬の強い季節風を妨げ，台湾海峡の金門島と馬公島，西貝島では石垣を造り，さらに家屋を石壁にすることで，より一層強い風に対処していた．このことから，日本の隠岐島や，対馬や南西諸島をはるかに凌ぐほどの風速があることが推定できた．

　台風が強風のまま北上する太平洋岸は，石垣の残存している場所が多い．南西諸島から九州南部，四国の太平洋岸，紀伊半島までは台風の際の強風が石垣を必要とする風速であり，今もなお石垣を残存させている理由の一つであると考える．しかし，多くの海岸で防波堤を強固にし，防潮用のテトラポッドによる堰堤を二重，三重にめぐらすことで，家屋の受ける潮風は弱くなったと人々は語っている．

　また，どの地域でも屋敷囲いを石垣からブロックやコンクリートに変えた住宅では，平常時に風が通らない，暑苦しいなどの苦言が聞かれ，石垣からブロック塀等に変えたことに対する強い不満の声が聞かれた．南西諸島では，台風による強風がとりわけ強いため，海岸の最も海に近い場所では石垣のみの場合が多い．

　防風林は強い潮風を受けると赤く枯れて何年も生育障害を起こすため，石垣と並列して，その内側の屋敷内に樹木を入れるのが普通である．紀伊半島では海岸の最前線で石垣を用いるが，潮岬の上野で見るように，少し内陸側の段丘面上では低い石垣に厚い生垣を用いる．しかし，石垣の分布が紀伊半島で消滅し，伊豆半島や房総半島ではわずかに石垣が用いられている程度で，生垣や，屋敷林が主体となる．これは防ごうとする台風の風の強度が，台風の北上に伴って弱くなるためであろう．

　以上のように，屋敷囲いとしての石垣が分布する範囲と，その防風効果を示す石垣の高さや厚さのちがいをもとに，その要因を考察すると，自然条件が最も強く働いていることがわかる．しかし，3の項でまとめたように，石垣の積み方や，ヒンプンの有無，門の形式などから，政治的な境界や，交易を通じての経済活動，そして人々の美意識といったものを踏まえた，石垣の様式の違いがあることが浮かび上がってきた．文化の違いが，自然に対処する石垣の中の様式美をどう生み出しているのかという点にあらわれているようである．

表1　石垣・防風林文献

地図上の番号	著者（　　年）：論文名．出版社，ページ．	対象地域	区分
①	青山高義(2000):胆沢扇状地．青山高義・小川肇・岡秀一・梅本亨編,『日本の気候景観－風と樹　風と集落－』,古今書院, 104-106.	岩手県胆沢町	防風林
②	青山高義(2000):栃波平野-散村の屋敷林と南風．青山高義・小川肇・岡秀一・梅本亨編,『日本の気候景観－風と樹　風と集落－』,古今書院, 111-114.	富山県井波町	防風林
③	青山高義(2000):出雲平野-築地松がいろどる散村．青山高義・小川肇・岡秀一・梅本亨編,『日本の気候景観－風と樹　風と集落－』,古今書院, 135-138.	島根県斐川町	防風林
④	青山高義(2000):対馬．青山高義・小川肇・岡秀一・梅本亨編,『日本の気候景観－風と樹　風と集落－』,古今書院, 139-142.	長崎県厳原町	石垣
⑤	朝日新聞社編(1986):世界の地理．朝日新聞社, 280p.	愛媛県西海町	石垣
⑥	文化財建造物保存技術協会編(1998):厳原町石垣調査報告書．厳原町教育委員会, 31p.	長崎県厳原町	石垣
⑦	町誌編集委員会編（1979）：西海町誌．西海町, 598p.	愛媛県西海町	石垣
⑧	愛媛県(1993)：昭和を生き抜いた人々が語る宇和島　海と生活文化（平成4年度地域文化調査報告書）．愛媛県生涯学習センター, 414p.	愛媛県宇和島町・三崎町	石垣
⑨	藤井恵介・和田久士（2005）：日本の家4　風土・歴史・ひとが築いた町並みと住まい．講談社, 155p.	西日本全域	石垣
⑩	藤塚吉浩(1999):10. 室戸市吉良川町重要伝統的建造物群保存地区. 日本地理学会発表要旨集No.56, 276.	高知県室戸市吉良川町	石垣
⑪	藤塚吉浩(2005):安芸市と室戸市．山本正三編,『日本の地誌9 中国・四国』,朝倉書店, 605-606.	高知県室戸市吉良川町	石垣
⑫	福島駿介（1987）：沖縄の石造文化．沖縄出版, 202p.	沖縄県全体	石垣
⑬	古川修文・宮武直樹・中澤治重・山田水城・溝渕博彦（1998）：室戸の民家の外部空間構成と風・温熱環境に関する研究．民俗建築, 113, 29-37.	高知県室戸市	石垣
⑭	古川修文・宮武直樹・山田水城（1999）：愛媛県外泊の民家における石垣の形態と防風効果に関する研究．民族建築, 115, 52-57.	愛媛県西海町外泊	石垣
⑮	花岡利昌（1991）：伝統民家の生態学．海青社, 199p.	全国	石垣・防風林
⑯	原田大道・中尾考樹・屋久洋一郎・湯浅秀司（1979）：集落石垣調査報告（その3）（長崎県西彼杵郡西海町小迎集落）．長崎総合科学大学紀要, 20(2), 53-58.	長崎県西彼町	石垣
⑰	原田大道・田中稔・永田康博・橋川慎・平田耕一・樋渡洋三・宮森雅久(1980)：集落石垣調査報告（その4）（長崎県対馬　木坂 鹿見 志多留 伊奈集落）．長崎総合科学大学紀要, 21(2), 193-200.	長崎県対馬集落	石垣
⑱	原田大道・田中稔・樋渡洋三・宮森雅久（1980）：集落石垣調査報告（No-C）（高知県宿毛市沖ノ島母島集落）．長崎総合科学大学紀要, 21(2), 207-214.	高知県宿毛市沖の島	石垣
⑲	原田大道・永田康博・橋川慎・平田耕一（1980）：集落石垣調査報告（No-D）（高知県室戸市新村集落）．長崎総合科学大学紀要, 21(2), 215-222.	高知県室戸市新村	石垣
⑳	原田大道・秋浦裕・下川敦子・山下栄一・森川良成（1981）：集落石垣調査報告（その5）（長崎県下県郡厳原町武家屋敷群）．長崎総合科学大学紀要, 22(2), 157-171.	長崎県厳原町	石垣

㉑	原田大道・岩永信忠・波江昇平・宮村宏幸 (1981)：集落石垣調査報告（No-F）(山口県熊毛郡上関町祝島). 長崎総合科学大学紀要, 22(2), 181-189.	山口県上関町祝島	石垣
㉒	細田浩(2000):東京郊外-関東平野の季節風の指数. 青山高義・小川肇・岡秀一・梅本亨編, 『日本の気候景観 - 風と樹　風と集落 - 』, 古今書院, 122-125.	埼玉県羽生市	防風林
㉓	市川渡(1934):越中呉羽山以東の集落に就いて. 地理学評論, 10(4), 361-284.	富山県富山平野	防風林
㉔	石原憲次 (1954)：對馬の民家. 九学会連合對馬共同調査委員会編, 對馬の自然と文化. 古今書院 ,318-339.	長崎県対馬集落	石垣
㉕	伊藤菊之輔 (1969)：隠岐の石造美術　文化財と旅. 伊藤菊之輔, 137p.	島根県隠岐町	石垣ほか
㉖	伊藤隆吉 (1939)：東京市西部に於ける屋敷森の形態と機能 (1). 地理学評論, 15 (8), 624-642.	東京都西部	防風林
㉗	伊藤隆吉 (1939)：東京市西部に於ける屋敷森の形態と機能 (2). 地理学評論, 15 (9), 672-685.	東京都西部	防風
㉘	岩崎健吉 (1938)：土佐室戸岬付近海岸に於ける若干の地域的性質に就いて (南四国研究第一報). 地学雑誌, 589, 129-139.	高知県室戸市	石垣
㉙	岩崎健吉 (1938)：土佐室戸岬付近海岸に於ける防風林の分布に就いて (南四国の研究第 2 報). 地理学評論, 15, 110-133.	高知県室戸市	防風林
㉚	岩崎健吉 (1939)：紀伊半島南海岸に於ける景観の類型的調査. 地理学評論, 15, 476-478.	和歌山県串本町	防風林
㉛	岩崎健吉 (1940)：紀伊半島南海岸に於ける景観の類型的調査 (第 3 報). 地理学評論, 16, 61-62.	和歌山県串本町	防風林
㉜	岩崎健吉 (1941)：土佐室戸岬付近沿岸集落に関する形態計測の分布結果に就いて. 地理学評論, 17, 284-306.	高知県室戸岬	石垣
㉝	厳原町教育委員会編 (2000)：2000 厳原町の文化財. 厳原町教育委員会 ,32p.	長崎県厳原町	石垣
㉞	鹿児島県知覧町教育委員会 (1993)：知覧麓の武家屋敷群. 伝統的建築群保存地区保存対策調査報告書 (改訂版),287p.	鹿児島県知覧町	石垣
㉟	鹿児島県教育庁文化課 (1999) 鹿児島県の民家 (離島編). 鹿児島県文化財調査報告書第 36 集, 137p.	鹿児島県徳之島・喜界島・種子島・沖永良部島	石垣
㊱	兼子朋也・柴田宏司 (2005)：隠岐島後の集落における環境調節手法と住環境に関する調査研究　その1　久見集落の環境調節手法と夏季気候観測. 日本建築学会中国支部研究報告集, 28, 425-428.	島根県隠岐島	石垣
㊲	観光資源保護財団 (1978)：外泊の石垣集落　集落景観の保全と再生. 観光資源調査報告, 6, 47p	愛媛県西海町	石垣
㊳	川村善之 (2000)：日本民家の造形. 淡交社刊, 323p.	全国	石垣
㊴	菊池立 (1999)：屋敷林をもつ農家における冬季の気温と風速の日変化特性. 季刊地理学, 51, 306-315.	宮城県仙台平野	防風林
㊵	喜多野清一 (1951)：對馬村落の研究 (一) ―對馬西岸旧神社領村落の社会構造―. 九州大学九州文化史研究所紀要, 1, 43-64.	長崎県対馬	―
㊶	高知新聞社編集局編 (1997)：土佐の民家. 高知新聞社, 311p.	高知県	石垣
㊷	香月洋一郎 (2000)：景観のなかの暮らし：生産領域の民俗 (改訂新版). 未来社, 250p.	愛媛県三崎町	石垣
㊸	倉田伯桐　(1997)：強風地域における民家の屋敷囲いに関する比較研究：室戸市及び西海町の石垣を中心として. 法政大学院修士学位論文.	愛媛県西海町	石垣

㊹	栗林澤一 (1949)：牧の原付近の屋敷森 (1)．地理学評論，22，293-300.	静岡県牧の原	防風林
㊺	黒部川扇状地地域社会研究所編 (1986)：黒部川扇状地研究．古今書院，185p.	富山県井波町	防風林
㊻	黒部川扇状地研究所編 (1996)：目で見る黒部川扇状地物語．北日本新聞社，59p.	富山県井波町	防風林
㊼	草光繁 (1930)：簸川平野の村落景に関する形態学的研究 (予報)．地理学評論，6（8），1287-1303.	島根県斐川町	防風林
㊽	明治大学神代研究室（1973）：石で斜面に築いた集落（デザイン・サーヴェイ／高知・沖の島）．建築文化，316，129-152.	高知県宿毛市沖の島	石垣
㊾	三野与吉 (1973)：地理学者岩崎健吉　その生涯と学界活動．朝倉書店，276p.	和歌山県串本町	石垣
㊿	三崎町教育委員会（1985）：三崎町誌．三崎町，773p.	愛媛県三崎町	石垣
(51)	三崎町教育委員会（2004）：三崎の文化財．三崎町教育委員会，43p.	愛媛県三崎町	石垣
(52)	三浦修 (1995)：二次植生の保護と保全―屋敷林景観を保全するために―．季刊地理学，47，216-220.	全国	防風林
(53)	三浦修 (2003)：屋敷林調査ノート― 2001.9.10 広戸風体験記―．季刊地理学，55，35-39.	岡山県津山市	防風林
(54)	宮沢さとし編 (1980)：日本の美術 4　167 号　町家と町並み．至文堂，96p.	宮崎県日南市，鹿児島県知覧町	石垣
(55)	室戸市教育委員会 (1996)：伝統的建造物群保存対策調査報告書　吉良川の町並み．室戸市教育委員会，143p.	高知県室戸市吉良川町	石垣
(56)	武者英二 (1984)：久米島民家の空間構成．法政大学百周年記念久米島調査委員会編，『久米島の総合的研究』，445-565.	沖縄県久米島	石垣
(57)	長崎県教育委員会 (1972)：長崎県の民家（前編）長崎県緊急民家調査報告書．長崎県教育委員会．	長崎県対馬厳原町・福江市（五島）	石垣
(58)	長崎県教育委員会 (1974)：長崎県の民家（後編）長崎県緊急民家調査報告書．長崎県教育委員会．	長崎県島原市中ノ丁・下ノ丁	石垣
(59)	中林和郎 (1991)：雲と風を読む．岩波書店，152p.	富山県井波町	防風林
(60)	日本民俗建築学会編 (2005)：写真でみる民家大事典．柏書房，468p.	秋田県大仙，宮城県仙台平野，富山県砺波市，島根県斐川町，愛媛県西海町・三崎町，高知県室戸市，福岡県高田町，鹿児島県出水町・知覧町・奄美大島笠利町，沖縄県渡名喜島・竹富島・黒島	石垣・防風林
(61)	西島芳子編 (2002)：高知の住いと町並み．高知新聞社，261p.	高知県室戸市・奈半利町	石垣
(62)	西村幸夫監修 (2003)：別冊太陽　日本の町並みⅡ　中国・四国・九州・沖縄．平凡社，171p.	高知県室戸市吉良川町・宿毛市沖の島，香川県高松市女木島・男木島	石垣
(63)	西海町教育委員会（1975）：愛媛県西海町外泊石垣集落．伝統的建造物群保存調査報告書，31p.	愛媛県西海町外泊	石垣

⑥④	沖縄県渡名喜村教育委員会 (2000)：渡名喜村渡名喜島歴史的景観保存計画書及び関連資料．渡名喜村教育委員会，99p．	沖縄県渡名喜島	石垣・フクギ
⑥⑤	坂本磐雄(1989)：沖縄の集落景観．九州大学出版会，358p	沖縄県国頭郡・竹富島・波照間島・名護・渡名喜島・宮古島・多良間島・与那国島比川・西表島・石垣島	石垣・フクギ
⑥⑥	作野広和 (2005)：散村と築地松．山本正三編，『日本の地誌9 中国四国』，朝倉書店，182-184．	島根県斐川町	防風林
⑥⑦	澤木考耶(2004)：山形県長井市および飯豊町の散村地域における屋敷林の分布と風系．季刊地理学，56，205-206．	山形県長井市	防風林
⑥⑧	柴田宏司・兼子朋也 (2005)：隠岐島後の集落における環境調節手法と住環境に関する調査研究 その2 久見集落におけるアンケート調査．日本建築学会中国支部研究報告集，28，429-432．	鳥取県隠岐島	防風林
⑥⑨	柴田宏司 (2005)：隠岐久見集落における気候景観と住環境に関する調査研究．国立米子工専建築学科卒業論文，96p．	鳥取県隠岐島	防風林
⑦⓪	鈴木充(1990)：日本の美術6 289号 民家と町並み中国・四国．至文堂，98p．	愛媛県西海町	石垣
⑦①	竹内常行(1932)：黒部川扇状地の集落形態に関する二三の考察．地理学評論，8 (2)，96-109．	富山県黒部川扇状地(井波町)	防風林
⑦②	渡名喜島調査委員会(1991)：沖縄県と渡名喜島における言語・文化の総合的研究．法政大学沖縄文化研究所，196p．	沖縄県渡名喜島	石垣・フクギ
⑦③	東京都八丈町教育委員会 (2001)：大里地区伝統的建造物群保存対策調査報告書．東京都八丈町，171p．	東京都八丈島	石垣
⑦④	対馬の自然と文化を守る会(2001)：対馬の自然と文化(復刻版)．対馬の自然と文化を守る会，714p．	長崎県対馬	石垣
⑦⑤	梅本亨(2000)：利根川低地 - 空っ風と屋敷林．青山高義・小川肇・岡秀一・梅本亨編，『日本の気候景観 - 風と樹 風と集落 - 』，古今書院，119-121．	東京都	防風林
⑦⑥	山田水城・古川修文 (1984)：久米島における風環境と民家の建築構法．法政大学百周年記念久米島調査委員会編，沖縄久米島の総合的研究，411-443．	沖縄県久米島	防風林
⑦⑦	山﨑修 (1997)：土佐を歩く - 風景は語る - 下 郡部．飛鳥出版，117p．	高知県宿毛市沖の島	石垣
⑦⑧	矢澤大二 (1936)：東京近郊における防風林の分布に関する研究(Ⅰ)．地理学評論，12 (1)，47-66．	東京都	防風林
⑦⑨	矢澤大二 (1936)：東京近郊における防風林の分布に関する研究(Ⅱ)．地理学評論，12 (3)，248-267．	東京都	防風林
⑧⓪	矢澤大二 (1950)：景観に現われた気候の特性―わが国に於ける防風林の分布について―．地理学評論，23，1-9．	全国	防風林
⑧①	米田藤博(1974)：紀伊半島における防雨民家の分布と景観．地理学報，13，1-15．	和歌山県南東部	屋根形状
⑧②	米田藤博 (1976)：高知県における特異な民家景観 - 水切とトマについて．地理学報，15，1-11．	高知県室戸市吉良川町	屋根形状
⑧③	吉野正敏(1989)：風の世界．東京大学出版会，224p．	三重県南部	石垣
⑧④	Yoshino,Masatoshi.(1975) : Climate in a Small Area. Univ. of Tokyo Press, 549p.	愛媛県西海町外泊	石垣・局地風

漆原和子石垣・防風林関係文献

漆原和子・羽田麻美(2003)：屋敷囲いとしての石垣を作る文化－喜界島．阿伝集落の例－．国際日本学，1，139-168．
漆原和子(2004)：風土が作る文化－文化景観としての石垣－．国際日本学，2，127-150．
漆原和子(2005) 屋敷囲いとしての石垣を作る文化－喜界島小野津集落と阿伝集落の屋敷囲いとしての石垣の比較－．国際日本学，3，151-174．
漆原和子・藤塚義弘・羽田麻美・乙幡康之・宇野重久(2006)：室戸岬における屋敷囲いとしての石垣の分布と様式．法政地理，38，13-24．
漆原和子(2007)：対馬における屋敷囲いとしての石垣．国際日本学，4，77-103．
漆原和子・陳国彦(2007)：澎湖列島と金門島における防風のための石垣．国際日本学，5，127-150．
漆原和子・羽田麻美・乙幡康之(2007)：四国宇和海沿岸における石垣．法政地理，39，33-44．
漆原和子・島津俊之・乙幡康之(2007)：紀伊半島における屋敷囲いとしての石垣．法政地理，39，45-46．
漆原和子・乙幡康之(2007)：沖縄県渡名喜島における屋敷囲いの特色と変遷．季刊地理学，59(2)，99-110．
漆原和子・勝又浩(2007)：済州島における石垣の屋敷囲い．法政大学文学部紀要，55，33-46．

石垣・防風林についての全般的，概論的文献

甘粕健・紺野善彦・石井進・黒田日出男・田辺昭三・玉井哲雄・永原慶二・山口啓二・吉田孝(1984)：日本技術の社会史　第6巻 土木．日本評論社，363p．
額田巌　(1984)：ものと人間の文化史52　垣根．法政大学出版局，222p．
五味盛重　(1997)：城郭建築と石垣の保存修復について．月刊文化財9，8-13．
原田大道(1978)：集落石垣調査序論集．長崎総合科学大学紀要，19.193-197．
原田大道(1982)：集落石垣調査報告(まとめ)－石垣調査から石造り民家調査へのステップ－．長崎総合科学大学紀要，23(1)．9-28．
伊東太作　(1997)：石垣修理の工程．月刊文化財9，14-18．
北垣聰一郎(1987)：ものと人間の文化史58・石垣普請．法政大学出版局，419p．
北垣聰一郎(1997)：伝統的石垣積みから学べること―文献からみた石垣．月刊文化財9，19-23．
小林昌人　(1985)：民家と風土．岩崎美術社，421p．
窪田　祐(1980)：建築技術選書16・石垣と石積壁．学芸出版社，151p．
峰岸純夫・入間田宣夫編(2003)：城と石垣　その保存と活用．高志書院，165p．
四手井綱英 (1985)：ものと人間の文化史53-Ⅰ　森林Ⅰ．法政大学出版局，291p．
田淵実夫　(1975)：ものと人間の文化史15・石垣．法政大学出版局，214p．
田中哲雄　(1997)：石垣修理のための基礎調査．月刊文化財9，4-7．

用語解説

漆原和子

穴太積み
あのう

本書では本州様式として，穴太積みと呼ばれている方法を取りあげた．基本的に野石を用い，堅固な石垣を築くが，表面の大きな野石の他に小石（グリ石）を用い，空間を詰め，また背後にも多く詰め込む．特に隅角を算木積みにし，高度を高くする場合は，強度を増し，美的効果をあげるため隅角に反りを持たせる方式がとられている．琵琶湖南西岸の穴太の付近に住む石工が戦国時代に石積みの城を短期間のうちに多くを築くなかで，確立されていった石積みの仕方で，江戸時代に入ってから穴太衆が全国で土木工事，寺社仏閣の石積みをするなかで，全国に穴太積みが広がっていったと考えられる．

穴太衆
あのうのもの

琵琶湖の南西岸の地名，穴太に由来する石工ないしは石工集団の名称．穴太付近には石仏や，石の彫刻をする石工が多く住んでいたとされている．戦国時代，特に信長や他の武将が短期間に集中して城づくりをする必要が生じたことから，穴太の石工に依頼し，城の石垣を築かせたとされている．穴太の石工達は，石垣を多数築くうちに技術を磨き，石工の組織もできあがっていった．しかし，江戸時代には，もはや大規模な多くの石垣を構築する必要性がなくなり，多くの石工は全国に散り，土木事業を引き受けるようになった．そのため，彼らの優れた技術は全国に定着していったと考えられる．この石工または石工集団を穴太衆と呼んだ．

板倉

対馬の椎根に残るものが有名．対馬では，冬季の季節風による火災で母屋を焼失する例が，歴史的に記録に残る．庶民は瓦屋根にすることが許されず，藁屋根

であった．藁屋根は風にも火災にも弱かった．したがって，母屋から離れた河川沿いや低湿地に高床の小屋を作り，屋根が飛ばないように粘板岩で屋根を葺いたものが原型である．今日では，瓦屋根に変えた小屋が多い．集落によっては，板倉，小屋敷，小屋，木倉とも呼ぶ．重い粘板岩で屋根を葺く場合は，梁をアーチ型にして，重量に耐えられるようにする．板倉の中は，2〜3部屋に分かれていて，穀類を保管する俵もん小屋と，海草，味噌，醤油等を保管する雑小屋と家具や衣類を保管する衣裳小屋に分けて使用する．木坂の集落では，川向こうは不浄な所として，川の左岸側に小屋を設置した．母屋から離して小屋を設置するだけではなく，集落としてその設置場所を決めている場合もある．

内石垣・外石垣

母屋を台風の強風から守るため，渡名喜島では屋敷を掘り下げる工夫をした．しかし，砂質であるために，掘った砂を屋敷の周りに盛り上げる際，屋敷の内側と外側を石垣で固定した．この内側と外側の石垣を区別して呼ぶ時，屋敷側の石垣を内石垣，道路側の石垣を外石垣と呼んだ．

火山灰

火山放出物のうち粒径が2mmより細かいものをいう．火山灰をロームとも呼んだ．壤土の訳語ロームが誤って火山灰の意味に用いられている．しかし，火山灰の中に含めて用いている東京パミス（軽石で粒径は2mmよりも大きいものを含む）のように，必ずしも厳密に粒径によって火山灰とは呼ばない場合もある．カルデラを形成するような珪長質な火山の場合，軽石質の火山放出物を広域にわたって降下させる．軽石は明褐色〜淡褐色を示し，判別しやすく，埋没林や埋没土などの年代測定値によって放出年代が明らかにされたものもある．そのような火山灰は鍵層として用いられる．大型のカルデラは，火山放出物の量も多く，広域にわたって火山灰を放出している場合がある．爆発の規模が大な場合，偏西風によって火山灰が運ばれ，降下するので，火山灰は火口より東側に大量に降下する．南九州の始良カルデラは約2.6〜2.9万年前に大量の火山灰と軽石質の火砕流を放出したことで知られている．この火砕流の堆積物は一般にシラスとして知られている．また，当時の火山灰は日本全域に降下した．

カルスト地形

　スロベニアのクラス地方における石灰岩の台地を，ウィーン学派がカルストと呼んだことに由来する．二酸化炭素を含む雨水に石灰岩が溶けるため，地表には凹凸に富む地形ができあがる．地表下では浸透水によって溶かされた結果，地下に洞窟ができ，その中には圧力の変化に対応して再結晶した炭酸カルシウムによって鍾乳石が形成される．地表と地下は一定の系として，溶食地形を作る．これをカルスト地形と呼ぶ．人間の活動にとって，石灰岩地域に生活する際，次のような難点がある．地表では土壌の発達が遅いため薄く，地表の水は短時間で地下に流出してしまうので，地表は乾燥する．しかし，地下水系で流出しきれないほどの降水と融雪水があると，地表の凹地に水が溜まったまま，1ヶ月以上一時的に湖になってしまう．こうした現象とバランスを保つ生活を強いられるので，豊かな農牧畜の生産性をほこる地域にはなり得ない．しかし，洞窟の中には化石や人間活動の痕跡が，保存の良い状態で残されている．レバノンの洞窟で東京大学人類学教室がネアンデルタール人の子どもを発掘し，コンピューター上でシミュレーション歩行させるなどの成果があがっている．

完新世，完新世段丘

　完新世の定義は約1万年前から現在に至る地質時代最後の時代をいう．現世または後氷期ともいう．日本の完新世には，約6,000年前に現在より温暖で，海面が約3m上昇したことが知られている．その後，約2,500年前に冷涼化が進み，海面が若干低下したといわれている．地盤が隆起しない地域だとすれば，当時の海面高度を示す地形が，約6,000年前には約3mの高さに海成段丘が形成され，約2,500年前には，現在の海面下に当時の海面高度を示す証拠が残ることになる．この自然環境の変化に加えて，その地域が隆起傾向にあるなら，この二つの古海水準を示す地形は隆起して，その二つの時代の海面高度を示す証拠が海成段丘として存在することになる．その海面変動の途中の海面高度を示す証拠が段丘として残ることもある．特に2章と3章に示した喜界島には，完新世段丘が多数残る．または，古海水準の証拠が海成段丘ではなく，ノッチとして残る場合もある．

間氷期

氷期と氷期の間に挟まれた温暖な時期をいう．第四紀において，6回の氷期とその間に間氷期が存在したことがよく知られている．なかでも最も温暖だったとされているのがリス氷期とヴュルム氷期の間のリス・ヴュルム間氷期である．ステージ5eにあたり，約12.5万年前ごろである．この時は年平均気温が約2.5℃上昇し，大陸氷床が今より多く溶けて，全世界的に海水準が約6m上昇したとされている．日本で，下末吉期の海進があったといわれている現象はこの時期のものである．

グスク（城）

グシクともいう．7〜8世紀ごろから15世紀前後までに琉球において築かれた城をいう．大きな城壁は首里・中城・今帰仁などに残り，現在は修復されている．首里以外は城下町に相当する都市はない．山頂や丘陵の上に石垣で築いた城壁を持つ．しかし，石垣を持たないものを含めると200以上残っているとされている．

ケルンコル，ケルンバット

断層線に沿った風化と侵食の結果生ずる地形．断層は物質の破砕が進んでいるため，断層線に沿ってより風化や侵食が進んだ凹地形が生ずる．これをケルンコルという．反対に破砕の進んでいない風化や侵食の遅い部分は凸地形として残存する．これをケルンバットという．

更新世

第四紀の中の2つの世の1つ．第四紀の初めから最終氷期が終わり，完新世に至るまでの間を指す．この更新世には気候の変化が著しく，大きな6氷期があり，それぞれの氷期の間に間氷期があった．とりわけ，最終間氷期とされる酸素同位体ステージ5e（12.5万年B.P.頃）が最も温暖で，中緯度で平均気温が約2.5℃上昇し，海水準は約6m現在よりも高かったとされている．また，最も寒冷だった氷期はヴュルム氷期（ウィスコンシン氷期）の最終亜氷期であり，酸素同位体ステージ2（2万年B.P.頃）に相当する．中緯度で平均気温は約7〜8℃低下し，

海水準は約100m現在よりも低かったとされている．生物活動にとって，繰り返される氷期と，海水準の変動に伴う陸域の拡大と減少は，大きな環境の変化をもたらし，結果的に人類を含む多くの生物に進化をもたらした．

樵石(こりいし)

石切場から，立方体のほぼサイズのそろった石を切り出して用いる石を指す．長方体や，正方体を用いた布積みや，一定の大きさの正方体（間知石(けんち)）を用いた間知積みに利用される．屋敷囲いでは，隅角の算木積みに部分的に樵石を用いる例が多い．

残丘(ざんきゅう)

風化によって取り残され，丘陵状の形状をし，そそり立つ状態を残丘という．風化物質の運搬には，1）重力による移動，2）河川水による風化物質の移動と，3）風力による運搬作用によって風化物質が移送される．結果的に風化に取り残された丘陵が孤立した形をとる．河川水によって形成される場合は一般に湿潤地域で，風力によって形成される場合は半乾燥〜乾燥地域で見られる．風化に取り残される理由は，とりわけ硬質である岩質の岩石が塊状(かいじょう)，または脈状に入っている場合や，雨水による溶解作用に対して，容易に溶けない岩質であるなどの理由があげられる．とりわけ硬質で残った例としてオーストラリアのアリススプリング（エアズロック）がある．

サンゴ礁段丘

サンゴは最寒月の表面海水温18℃以上の暖海域で礁を形成する．サンゴの礁の形成は，光が透過する浅所に限られるため，形成時のおよその海面を示すものとして用いられる．

隆起地域に分布するサンゴ礁は，地盤の隆起とともに死滅したサンゴが，化石化して石灰岩となる．サンゴが生育していた年代は，^{14}C やウラニウムシリーズを用いて年代測定することが可能である．日本の更新世と完新世のサンゴ礁段丘は，南西諸島に分布する．隆起率の高い喜界島では，数多くのサンゴ礁段丘の存在が知られており，12.5万年前，10万年前，8万年前，6万年前，3.8万年前

の更新世のサンゴ礁段丘と，7,000〜6,000年前，4,500年前，約3,500年前，約2,400年前の完新世のサンゴ礁段丘の存在が知られている．

酸素同位体を用いた時代区分

エメリアニ Emiliani, C（1955年）は，第四紀の更新世後期から完新世に至る時代区分のために，大西洋の海底で海底堆積物中の酸素の同位体を用いた．^{18}Oと^{16}Oの同位体比を用いてステージ23からステージ1まで区分した．酸素同位体ステージ5はaからeまでさらに小区分した．海水温が高まった時期はそのうちの酸素同位体ステージ9とステージ5eである．とりわけ5eは，12.5万年前を前後する時期で温暖期であり，かつ高海水準期であることがわかっている．一方，最寒冷期は，約2万年前ごろの酸素同位体ステージ2である．

小氷期

little ice age の日本語訳．1650年頃から1850年頃までの冷涼な時期をさす．中緯度から高緯度のヨーロッパやニュージーランドの山岳氷河が現在よりも分布高度が低下している．この時期のアイルランドの成人男子の身長が，他の時代に比べて低かった．また，日本でもこの時期は特に東北地方の冷夏に悩まされていた．江戸時代の三大飢饉は，この小氷期の期間に相当する．

第四紀

新生代は二つの紀，第三紀と第四紀に分けられる．第四紀は別名人類紀ともいう．第四紀の始まりは，古人類の出現をもって地質時代を決める．一般には，東アフリカの古人類を産出する地層の下部の岩石が180〜200万年前であることから，古人類のさらに古い化石が発見されれば，この年代はさかのぼるであろう．第四紀は気候変化が著しく，繰り返される氷期は北半球の中緯度地域では，山岳氷河や，大陸氷河が拡大した．また，氷期と氷期の間には間氷期の繰り返しがあった．最終氷期の2万年前は最も冷涼で，日本の中緯度で7〜8℃年平均気温が低下したとされている．最終間氷期は最も高温で，日本の中緯度地域では2〜2.5℃上昇したと考えられている．

ドレライト

粗粒玄武岩ともいう．カルシウムに富む斜長石や輝石を主とし，完晶質で結晶がより粗粒であり，ガラスを含まない．岩床や岩脈として存在する．日本では山形県温海など，東北日本に分布する．

トンボロ（陸繋砂州）

海岸と沖にある島の間に，沿岸流によって運ばれた砂や礫の堆積物が砂州をつくり，島と陸が砂州で繋がった地形を作る．トンボロとは，海岸と島との間の砂州部分を指す．トンボロで繋がった島は，陸繋島という．まれに，地震を伴う隆起によって同様の地形が形成されることもある．

野石

天然石を用いて，その周囲をノミとハンマーを用いてかち割り，多少の整形をすることで，石垣用の石を作ったもの．かち割った石を積む場合は，石積みの石の組み合わせが，石工の腕の見せ所となる．ノミやハンマーで整形しないままの天然石を用いる場合もあり，天然石を石垣に用いる場合も野石と呼ぶ．亜円〜円礫を石垣として高く積むことは困難であり，小石を詰めるばかりでなく，礫間に粘土と泥を混ぜたもので埋めたり，石灰を粘土と混ぜたもので間を詰めたりする場合がある．

ヒンジライン

隆起量が0になる線をヒンジライン（hinge-line）という．氷河性アイソスタシーの場合はフェノスカンジアのヒンジラインはデンマークのコペンハーゲン付近とされている．また，プレートのもぐり込みに伴って発生する地震性隆起は海溝よりも内陸側で次第に小さくなる．室戸岬や足摺岬ではこの規則性が明確で内陸側にヒンジラインがあることが吉川（1968）によって示された．

浜堤

ビーチリッジともいう．砂礫質の海岸において，とりわけ高い波があった時に打ち寄せられた砂礫や砂が，平常時の引き波では再度海に戻らなくなってしまい，

堆積したままとなる．こうした高波や台風時の堆積物が累積し，微高地を作る．嶺部分が数10cm～数mに達するものもある．砂浜海岸の場合この浜堤に乾いた飛砂が累積し，砂丘を作る場合がある．長期にわたって形成される条件を備えた地域では，浜堤が数列に及ぶ場合もある．十分に成長した古い浜堤がより内陸に分布するようになると，浜堤と浜堤の間に湿地が分布するようになり，湿地の有機物の年代測定により，浜堤の形成年代を推定することも可能である．

ヒンプン

南西諸島の琉球王国だった地域に多く残る．母屋の玄関に入る前に，玄関が直接外から見えない位置に立つ衝立状の建造物．琉球ではほとんどが石造りであり，一部生垣の場合もある．地域によっては，ソーンジャキとも呼ばれる．旧薩摩藩の地域にもあるが，石に生垣を組み合わせたり，生垣のみの場合が多い．本書で扱った金門島では，よく似た形の照壁が見られる．

付加体

動きの早いプレートが海溝部で潜り込む時，海底に堆積した堆積物質を載せたまま，プレートが大陸側の動きの遅いプレートの下部に潜り込む．この時，プレートとその上に乗る堆積物の密度が著しく違うため，堆積物はプレートと共に動くことができず，物質がこそげ落とされたように陸側のプレートに付加してしまう．このような動きによって，二次的に陸側のプレートに付加したものを付加体という．その堆積物は，乱泥流状を示す場合をメランジェという．また，二次的に重力流によって移動した堆積物をタービダイトという．

フクギ

ラテンネームは *Garcinia subelliptica* Merr. 常緑の小，中，高木で，葉は対生，厚革質である．雌雄異株，フィリピン原産とされる．南西諸島では，街路樹や，防風林として用いる．成長は遅いが，強風にも強いとされ，葉は密で防風効果は高い．果実はコウモリなど鳥が好んで食べる．南西諸島の強風域では屋敷林として，また防風林として集落の周りに植える．琉球では絹を金色に染める染料として，この木の幹の皮を用いた．

フクギ属は，約200種あり，主として熱帯に分布する．その分布は熱帯から亜熱帯で，アジアを中心に南アフリカに及ぶとされている．

防風林

渡名喜島ではフクギの防風林を用いているが，ハブ対策のためと，かつて薪炭を得るため枝おろしをしたのが，今日でも道路側の枝をおろす慣わしになっている．この点から防風生垣とも考えられるが，樹高は5mを超え，樹冠部を切り落としてはいないので，本書では防風林という用語を用いた．

枕状熔岩

枕状溶岩とも書く．火山放出物で熔岩岩塊が枕のような形をしているものをいう．別名を俵状熔岩ともいう．玄武岩質の粘性の小さい熔岩にみられ，海中や水中に流れた熔岩が団塊状の塊になることがある．石材としてこれを用いる場合は，河川の礫と似た形状を示すので，そのままの形で積み上げて，石垣を築く場合がある．台湾の澎湖列島でその例をみることができる．

屋敷林

屋敷防風林ともいう．本州の強風が長期にわたる地域では，防風のために屋敷の周りに樹林を植えて残すのが普通である．冬の季節風が強く，雪を伴う地域で一般的に分布する．外観を保つ目的や，木材薪炭を入手する，または腐葉土を得る手立てとしても屋敷の周りに林を残している場合がある．今日では，母屋が風に対して強度を増したため，また林の管理のための人手が確保できないなどの理由で，屋敷林が減少しつつある．

ラテライト (Laterite)

もともとの言葉の由来はインドで作る日干しレンガをいう．熱帯で作る日干しレンガのことである．熱帯で，強い日射に粘土で作ったブロックをさらして乾燥させると，固結度の高い日干しレンガになる．熱帯の土壌は風化が進行しており，1:1型の粘土鉱物を多く含む．また，アルミニウムや鉄の含有量が高い．したがって，日にさらすことによって，土に多く含まれる珪酸や，鉄や，アルミニウ

ムは不可逆的に酸化をして結晶する．固い日干しレンガは土地の建造物に多く用いられてきた．植民地化した時も，ポルトガルは港湾施設の建設にあたってラテライトを用いた．今日でも，熱帯では低湿地や田の粘土をブロック状にして，積み上げ，わずかの熱量を加えるために，米の籾殻をブロックの上に山積みにして火をつける．東南アジアの熱帯低地では，このような方法でレンガを大量に作っている光景をよく目にする．日本では熱帯よりも風化が進行していないので，土壌を用いて壁を作る時に，つなぎに藁を切って混ぜ，油を加えて練って土壁を作る．また，日干しレンガは作れないので，高い温度を加えて，レンガを焼いて作る．

ラパキビ花崗岩

　角閃石や，黒雲母などを斑状の塊として含む花崗岩．もともとバルト楯状地のスウェーデン，フィンランドからウクライナに分布する花崗岩をいい，1,700〜1,300Maの年代を示す．ラパ（rapa）はフィン語で崩れやすい，キビ（kivi）は岩石を示す．フィンランドのラパキビマグマの温度は800℃前後と考えられている．フィンランドでは卵状にカリ長石を含むことがある．日本ではその分布はまれで，足摺岬に分布することが知られている．特異な紋様を持つことから，建材として好まれ，利用される．

隆起サンゴ礁

　現成のサンゴ礁は18℃以上の高海水温期に，太陽光線がよく到達する深さに多種のサンゴ群が礁を作る．長期に渡り，海水温が高く，安定した地殻変動期には，厚いサンゴ礁が形成される．日本の南西諸島は，海溝に近い位置にある島ほど，地震性の隆起をしてきた．更新世から完新世に至る数段の隆起サンゴ礁の存在が知られており，段丘状に分布している．しかし，サンゴ石灰岩は雨水に溶かされ，地表面は凹凸のあるカルスト地形が形成され，地表からの水は地下に浸透し，洞窟をなして海底下に地下水が流失する．これを陸域の地下で止めて，地下ダムを作り，揚水利用することが宮古島や喜界島等で行われている．

あとがき

漆原和子

　石垣を切り口として，日本の文化を見つめようと思ったきっかけは，1970年代末，博士論文作成のため，「石灰岩由来の土壌生成」の調査の時に見た喜界島阿伝集落の石垣の美しさである．石垣に囲まれる集落で，人々がゆったり住む風景は脳裏に残るものであった．度々調査に入った喜界島では，瞬間最大風速50m/sという台風に遭遇した．そこで一週間に及ぶ足止めの結果，当時導入されたばかりのアルミサッシのガラス窓から台風を観察する機会を得た．根元をゆっさゆっさと強風にゆすぶられるうちにガジュマルの大木が根こそぎ風に持っていかれる様に，すっかり圧倒されてしまった．この時，ガラス入りのアルミサッシの窓がたわむのだということを知った．これほどの厳しい自然にさらされるからこそ，石垣が必要なのだと思い知らされた．

　台風の強風域にさらされることがあるかないかが，人々の住まい方の決め手になるのではないかというひそかな期待から，『屋敷囲いとしての石垣』の地域的広がりを見ようと試みた．調査の際出会った現地の多くの人々との出会いは忘れがたいものがある．喜界島での婦人会の運動会で，石垣調査の協力を呼びかけたところ，「私の村にも来て下さい，たくさんあります」，「当たり前すぎて，やっかいなものとしか思っていなかったのに，石垣が文化遺産だと聞いて，もっと大事にしておかなければ」などの意見をいただいた．阿伝では法政大学地理学科の現地研究で，学生達が2～3人一組で，石垣の計測をしてまわった．「おじいさん，どうして息子さん達はこんな立派な石垣があり，素敵な住まいがあるのに帰ってこないの」という学生達に，「ここでは食べていけるような仕事がないから，子供達は帰ってこんよ．あんたほしかったら，この家あげるヨ」と言われたという．学生達は島の生活の一端を知り，風景と裏腹な現実の生活の困難を思い知り，ショックを隠せないでいた．

私が訪ねた多くの地域は1960年代末から1970年代の高度経済成長期に石垣をすでにブロックに変えていったなかで，かろうじて残った村々の石垣のごく断片にしかすぎないとの思いを新たにした．そして，時代のブームにも流されず，残った石垣にいとおしささえ覚えた．

　喜界島では，一軒一軒の石垣を，どのような思いで作ったのかを教えて下さった石工さんの守内悦造さんと，ベッドにふせておいででしたが，石の積み方一つ一つを教えて下さった保科三蔵さんの訃報に接し，この本をお見せできなかった事が心より悔やまれる．縁の下から石工の道具を出して見せて下さった吉沢成典さん．そして，グミの枝が石を叩くハンマーに最適であることを語って下さった．遠く離れた四国の沖の島でも義父が使っていたという道具を出して見せて下さった岡崎力男さんが，グミの枝をオヤジも使っていたという．共通する人々の工夫に驚き，身の回りにあるもので工夫するという文化や技術の原点をみた思いがした．そして，台風のための屋敷囲いとしては最も東であろう，と見当をつけた潮岬の先端で，神主の潮崎勝之さんに出会い，石垣を見せていただいた．海岸の巨大な円礫を用いた野石積みの見事さに，江戸末期から明治初期ごろの石工の技術の確かさと，美的な感覚に驚かされ，文字でも数値でも示すことのできない素晴らしさを見た．

　20年前だったら，もう少し石垣は残っていたのかも知れない，いや30年前だったら，分布図が違っていたかも知れないと思う．渡名喜島では，デイケアのために集まっていた御老人達が戦前の村の様子を口々に語って下さった．防風のためのフクギをタキギの足しにしたこと，瓦屋根は裕福な家だけだったこと．口々に御自分の古い記憶をもとに語って下さり，当時の風景が目の前に浮かぶような思いで，聞かせていただいた．コンクリートの建物で，コンクリートブロックに囲まれて台風にはびくともしない家よりも，台風や季節風が早くおさまることに願いをこめて，日本古来の材料をもとに住居を構え，工夫し，生活する様が，まさに「日本の風土」を物語っていると思われる．

　多くの人々との出会いを楽しみ，目まいがするほどの暑さのなか，石垣の計測をし，フクギの高さを測って歩いたことなどを思い返しつつ，協力していただいた，そして多くのことを教えていただいた方々に感謝し，筆をおきたい．

謝　辞

　本書をまとめるにあたって，現地での多くの方々の御協力と，学生諸君の現地調査補助と，データ整理の補助があったことを記して感謝します．各章では次の方々に御協力いただきました．

2章：喜界島阿伝
　　この研究のために各集落の方々との連絡をとって下さり，便宜をはかって下さった喜界町観光課課長嶺田一成氏に御礼を申し上げます．また，阿伝の皆様には，御自宅の石垣や母屋の計測などに御協力いただき，深く感謝いたします．特に石垣の基礎知識から戦後の変遷まで多くのことを教えていただいた故保科三蔵氏に感謝申し上げます．この本をまとめるにあたり，故人になられたことを知り，御冥福をお祈り申し上げます．石工の道具を見せていただいた吉沢成典氏，戦前戦後の阿伝の様子を御教示いただいた政井平進氏に深く感謝申し上げます．また，調査のため温かい声援を送って下さった喜界島の「明日を担う女性の集い」に集まっておられた皆様にも感謝申し上げます．
　　なお，この章の一部には，平成14年度現地研究"喜界島"に参加した，地理学科3年生，4年生諸君の計測したデータも一部使用した．断面図作成や風配図の作成には，大学院生羽田麻美君，学生廣井真理子君，岩永博之君の協力があった．

3章：喜界島小野津
　　喜界島小野津の石垣の調査にあたって，喜界町観光課課長嶺田一成氏には，我々の便宜をはかっていただいた．宮前地区の班長には，集落での各戸の調査のために，便宜をはかっていただいた．また，小野津の石積みの歴史や技術的なことに関して，故守内悦造氏には何度もの質問に丁寧に答えていただき，現地の案内をしていただいた．この原稿の執筆中に訃報に接し，御教示いただい

たことを感謝申し上げるとともに，御冥福をお祈り申し上げます．

　この章に，平成14年度現地研究に参加した学生諸君の計測データを一部使用した．現地調査の補助にあたった大学院生羽田麻美君と地理学科学生諸君に感謝する．

4章：渡名喜島

　渡名喜島の調査にあたって，渡名喜村教育委員会課長又吉守氏，社会教育指導員桃原又一氏には，丁寧にソンジャキ，母屋の間取り，ブタ小屋（フル）などの御説明をいただいた．また，渡名喜老人福祉センターでは，宮平博氏にお世話していただき，島の御老人の皆様にデイケアの貴重な時間を割いて，戦前，戦後の事柄についてお話していただいたことを深く感謝します．現地の方々からの聞き取りなしにはこの島の特性を正しく把握できなかったとの思いを新たにし，感謝します．現地調査には大学院生乙幡康之君の協力があった．

5章：九州南部と坂本

　知覧武家屋敷庭園保存会，事務局長，江平美潮様と知覧町教育委員会文化保存課，指定文化財係　若松重弘様には知覧町の武家屋敷の説明と歴史についての御説明をいただき，また資料の提供をいただいた．大津市教育委員会埋蔵文化財調査センター所長 吉水眞彦様には穴太衆についての資料の提供をいただいた．穴太積みについては，穴太積み14代目の栗田純司氏に詳細な技術についてお話をうかがうことができたことを記して感謝します．現地調査には大学院生羽田麻美君の協力があった．

6章：対馬

　厳原の調査では対馬市厳原町教育委員会課長補佐小磯嘉文氏に貴重な情報を提供していただいた．また，現地調査には大学院生の乙幡康之君の補助があった．

7章：四国宇和海沿岸

　外泊と遊子と佐田岬の調査にあたって，愛南町（旧西海町）社会教育課西海

公民館主事の清水宏一さんには，西海町誌や貴重な文献のコピーをいただいた．また，佐田岬では伊方町教育委員会地域教育科の金森一臣氏に詳しくお話を聞かせていただいた．外泊の民宿石垣荘の吉田清一さん，吉田さとみさんには，貴重な資料のコピーをいただいた．現地の調査には，大学院生羽田麻美君と乙幡康之君の協力があった．

8章：沖の島

現地の調査協力と案内は，沖の島小中学校教諭谷口誠一氏の御協力をいただき，種々の便宜をはかっていただいた．母島の望洋館の澤近成範氏や，徳法寺の住職杉本隆憲氏，集落の案内をかって出て下さった市川芳政氏，また，3集落から離れたところで，昔ながらの塩を煮詰めて作っておられる中平節子氏には，御多忙ななか，聞き取りに応じていただき，感謝申し上げます．この島が，イノシシの被害と戦いながら，昔ながらの手法で我々が失ってしまった本物の味を求めて，沖の島の特産品として売り出している姿勢に拍手を送りたい．

9章：室戸岬

室戸市高岡の小笠原孝子氏宅，新村の井上正孝氏宅では，石垣や母屋の計測に御協力いただき，聞き取りの折には台風時や石垣建築に関わる貴重なお話を聞かせていただいた．また，三津の杉本建設では，防波堤建設の話をうかがった．室戸市役所建設課では，高岡，新村，吉良川の都市計画図の提供をいただき，室戸市生涯学習課には資料の借用をさせていただいた．現地調査には，大学院生羽田麻美君と乙幡康之君の協力があった．

10章：紀伊半島

この調査は和歌山大学島津俊之准教授の御協力のもとに行った．串本町の石垣調査にあたり，串本町教育委員会生涯学習課の芝利幸氏には，現地での御案内をいただき，30～40年前の様子をお聞きすることができた．また，芝氏の御協力により，短時間に効率の良い調査を行うことができた．矢倉甚平衛氏には，かつて網元として，浜のすぐそばの家屋でかつお節の生産にあたり，石垣で防風したことをお聞かせいただいた．また，潮岬では潮御崎神社宮司潮崎勝

之氏より，数少ない石積みの年代がわかる石垣について御説明いただき，社殿の石垣についても調査させていただいた．また，須江で聞き取りに応じて下さった住民の多くの方々にお礼申しあげます．現地調査には，和歌山大学教育学部准教授島津俊之氏の他に，大学院生乙幡康之君に協力いただき，各種の図作成には学生石黒敬介君に協力いただいた．

11章：台湾澎湖列島・金門島

　気象データの収集は，台湾師範大学地理学教室の林炯明氏の助力を得た．また，澎湖列島では馬公在住の郭金龍氏の案内をうけ，金門島は許志傑氏の案内をうけた．金門島では陳国彦先生の教え子多数から，歓迎をうけ，防風に対する御意見をうかがう機会を得た．ここに記して上記の方々にお礼を申しあげます．気象データの図化は，学生石黒敬介君の協力を得た．

12章：済州島

　済州島の石垣の調査にあたって，済州大学校宋成大教授から多くの石垣に関する事柄を御教示いただいた．歴史的な石垣の変遷などについても私見をうかがう事ができた．また，済州教育大学校鄭光中副教授には，参考文献，石積みのビデオなどの提供をいただいた．二教授の御教示なしに短期間のうちに成果をあげることはできなかった．また当時大学院国際日本学に在学中だった金福姫さんには現地での通訳をいただき，成果があげられたことを記して感謝いたします．岡山大学の金科哲准教授にはハングルを漢字，カタカナに直していただいたことを記して感謝いたします．

13章：まとめ

　文献整理と，屋敷囲いの日本の分布図作成には，元通信教育生宇野重久氏の補助があったことを記して感謝します．

　この本をまとめるにあたって，建築学の立場から，種々の意見をいただき，既存の研究等の紹介をいただいた法政大学工学部古川修文教授と，文献などの御教示をいただいた文学部の中俣均教授に感謝します．この調査結果については，文

部科学省私立大学学術研究高度化推進事業（学術フロンティア部門）「日本学の総合的研究」のメンバーの方々による討論をふまえ，種々のアドバイスをいただいたことを感謝します．

事項索引

^{14}C 年代測定　12, 147
Ah 火山灰　164
AT 火山灰　164
Formosa　177
K-Ar 法　184
RC 工法　215
RC 造（鉄筋コンクリート）　58
RC 造（鉄筋コンクリート造）　61
RC 造スラブ　56
S 瓦　56

ア行

アーチ型　97
アイカタ積み　66, 70
アカガシ　90
赤瓦　56
赤瓦貫木屋　56, 58
アカテツ　17, 27, 36, 38, 44, 90
上り潮　168
アコウ　148
アデク　18
アナジ　93, 100
穴太積み　81, 82, 88, 92, 102, 108, 109, 125, 138, 143, 149, 152, 158, 159, 218, 221, 232
穴太衆　21, 80, 82, 232
アマンジャキ（海岸の石積みの道路）　59
アメダス観測データ　49
生垣　17, 72, 74, 79, 82, 104, 161, 162, 171, 175, 176, 210, 218, 221, 226
石置き屋根　96
石屋根　109
石垣　1, 3-6, 217, 218, 221, 225, 226
石垣景観　73

石垣の形式　4
石垣の屋敷囲い　8, 30
石壁　99, 109
石敢當　34, 42, 44, 59, 60, 69, 78, 193
石組み　79
いしぐろ　149, 150, 157
石積みの方法　197
石の文化　71
石塀　189
石屋根　97, 101
イジュ　34
イスノキ　28
板倉　96-98, 100, 101, 104, 109, 232, 233
イチイガシ　90
一列積み　212
イヌマキ　74, 148, 171
イモグラ　120
居屋敷　99
ウィスコンシン氷期　→ヴュルム氷期
内石垣　48, 58, 64, 68, 70, 233
ウチオロシ　167, 168, 218
うつぎ石　167, 170
腕木門　75, 78, 83
ウバメガシ　148, 171
ヴュルム氷期（ウィスコンシン氷期）　235
ウラン系列年代測定　12
エコシステム　29
塩害　11
延喜式　98
甌穴岩　79
オウルロ　→寄り合い
オウンダ　→寄り合う
大刈込　79

おもろそうし 53
オンドル房 205

カ行

海岸線（中等潮位） 219
海岸段丘崖 159
回帰式 219, 220
海食洞 188
外城 45, 73, 224
海進 235
海水飛沫 11, 33, 41, 151, 167, 178
海賊窓 119
外帯 112
海底地形 89
貝採り（真珠貝採取）漁民 162
海面低下期 90
海面変動 12, 147
垣根 75
華僑 190
角閃石 241
花崗岩 90, 127, 128, 133, 138, 163, 193, 195, 200, 241
風待港 162, 171
火山灰 233
カシ 148
ガジュマル 17, 25, 27, 36, 38, 44
カツオ 168
カツオ漁 54, 56, 63
壁土 195
カヤ 141
茅葺き 22
カリフォルニア型風車 186, 187
カルスト地形 19, 234, 241
カルデラ 233
瓦産業 151
瓦屋根 56, 58, 68, 75, 97, 104, 109, 129, 176, 195, 215, 232
鹹雨 178
官営牧場 203

韓国様式 103
完新世 7, 113, 164, 234, 235, 237
完新世高海面期 12
完新世サンゴ礁段丘 46
完新世段丘 12, 16, 36, 49, 145, 158, 234
カンデーイシ 60, 69
間氷期 235, 237
切石積み 79
ギーチチンギー 65
木倉（コヤ） 99, 233
気候区分 179
気候景観 149
木の文化 71, 73
九学会連合 17
旧汀線高度測定値 148
凝灰岩 74, 77
裾礁 12
巨大地震 164
キリガコイ 218
輝緑岩 163, 169
輝緑玢岩 90
キリヨケ 218
木割矢 141
ギンネム 187
クサビ 141
くさび石 22
草葺き屋根 205, 208, 212
草屋根 204
グシク →グスク
グスク（城） 53, 235
下り潮 168
グリ石 →小石
グレ（黒ダイ） 168
黒雲母 241
黒雲母花崗岩 80
黒雲母閃緑岩 48, 49
クロキ 65
黒ダイ 168
クロボク土 164

クロマツ　145
頁岩　80, 90, 128
結晶質石灰岩　48, 49
結晶片岩　123, 126
ケヤキ　97
ケルンコル　89, 235
ケルンバット　89, 235
元寇　91
元寇防塁　108
ケンサキイカ　120
遣新羅使船　91
間知石　→正方体
間知積み　15, 44, 236
遣唐使船　91
玄武岩　184, 188, 194, 199, 200, 202, 211, 219, 225
小石（グリ石）　232
高海水準期　237
耕作放棄地　130
更新世　113, 235, 237
更新世段丘　12, 145
更新世段丘面　22
後氷期　234
コウリャン　190
コチゲ　131
コナラ　90
小屋　96, 233
小屋敷　98, 101, 233
樵石　4, 15, 41, 68, 77, 91, 149, 166, 189, 211, 236
樵石積み　4, 44
コンクリート塀　7, 23, 29, 35, 88, 102, 149, 150, 158, 173, 174

サ行

サーフベンチ　188
済州馬（ジョラン馬）　203
最終間氷期　237
最終間氷期最盛期　128
最終間氷期の高海面期　147
最終氷期　235, 237
菜宅　→ツァイツァイ
坂本積み　91, 149, 152, 158, 159
砂岩　74, 80, 90, 107, 109, 112, 120, 125, 128, 147, 158, 167, 174, 239
砂丘列　157
ザクロ石　47
笹垣　145
砂州　54, 164, 238
雑石　15
雑石（乱石）　4
算木積み　77, 88, 120, 134, 149, 167, 189, 211, 221, 232, 236
残丘　236
サンゴ礁　236, 241
サンゴ礁前面急傾斜面　13
サンゴ礁段丘　236
サンゴ石灰岩　14, 16, 29, 41, 64, 69, 187, 188-190, 194, 208, 212, 219, 241
酸素同位体　237
酸素同位体ステージ　147
酸素同位体ステージ2　235, 237
酸素同位体ステージ5e　128, 235, 237
酸素同位体ステージ9　237
三波川帯　147
シイ　90, 148
シーサー　66
鹿垣　133
地震性隆起　12, 19, 238
自然保護区　14
自然保護条例　14
紫蘇輝石石英安山岩　162
湿地　239
地百姓　98
しまき　116
四万十帯南帯　147
下末吉期　235
シャオピン（照壁）　239

社人　98
シャリンバイ　187
重要伝統的建造物群保存地区　157
重要伝統的建造物群保存地区保存事業　72
シュロ　85, 210
瞬間風速　220
城郭石垣　22
障子垣　16, 82
小スケール　43
消石灰　151
鍾乳石　234
小氷期　20, 237
照葉樹　90
常緑樹　176
植生破壊　193
植林　186
ジョラン馬　203
白木造　129
シラス　233
シロダモ　211
鎮風塔　188
真珠貝採取漁民　162
人類紀　237
垂直成帯性　200
スーフー（石㊥）　188
スカルン　48
スギ　97
ステータスシンボル　220
隅角　37, 78, 80, 81, 82, 85, 88, 102, 109, 120, 123, 125, 126, 134, 136, 138, 143, 149, 152, 158, 167, 170, 173, 174, 189, 198, 209, 211, 221, 222, 232, 236
スラブ　56
生石灰　14, 84
正方体（間知石）　236
石英斑岩　163
石英玢岩　90
石灰岩　49, 79, 113, 118
セットウハンマー　22
千枚岩　48, 49

閃緑岩　163
閃緑玢岩　90
草梁倭館　91
外石垣　48, 64, 68, 233
粗面安山岩　200
反り　82, 88, 109, 125, 149, 167, 171, 232
ソーンジャキ　239
ソンジャキ　68
ソンジャキ（ヒンプン）　65, 66

タ行

タービダイト　147, 239
第三紀　237
大スケール　43
第四紀　237
大陸氷河　237
高倉　34, 44
竹垣　145
竹囲い　135
整層積み　4
整層乱石積み　15
整層樵石積み　23
棚田　72, 84
タブ　148
俵状熔岩　→枕状熔岩
暖温帯林　148
炭酸カルシウム　234
段々畑のある丘陵　177
段畑　141
断面図　171
地域スケール　43
地下川　17, 18, 19
地殻変動　163
地下水流　16
地下ダム　241
地形断面図　152, 158
秩父帯　147
地表面効果　183
チャート　74, 147

チャオピ（照壁） 192, 193, 223
チャネル効果 183
中央構造線 112
中山間部 203, 204
中スケール 43
中等潮位 219
チュゴン（烽燧台） 202
朝鮮通信使 91
朝鮮様式 109
知覧麓庭園 79
沈水サンゴ礁 47, 48
ツァイツァイ（菜宅） 190
ツツジ 75
ツンフンター（鎮風塔） 187, 188
泥岩 107, 147
テーブルサンゴ 48
テリハボク 187
天水 198
伝統的家屋 191
東京パミス 233
洞窟 234, 241
等速隆起 147, 148
東南海地震 171
土佐漆喰 151
土壌流出 201
トタン屋根 33, 212
トベラ 104, 171
ドレライト 184, 238
ドロマイト 49
ドロマイト質石灰岩 48, 49
トンボロ 49, 161, 163, 164, 167, 174
トンボロ →陸繋砂州

ナ行

内帯 112
波けし堤防 152
波除け石垣 122, 123, 125, 126
南海道地震 171
南海トラフ 164

二酸化炭素 234
二重ノッチ 48
二次林 90
布積み 91, 100
根石 22, 80, 81, 120
ネズサ（発酵処理したワラスサ） 151
熱帯土壌 195
粘板岩 90, 96, 97, 109, 109, 233
野石 4, 74, 109, 150, 152, 158, 169, 173, 174, 189, 206, 208, 211, 238
野石積み 15, 29, 70, 88, 88, 91, 100, 124, 134, 166, 170, 171, 174, 202, 206, 208, 221, 225
野石乱層積み 211
農村景観 72
ノッチ 234
野面積み 118
ノミ 141, 238
烽燧台 211, 202

ハ行

拝所 47
ハエ 99
白色石英玢岩 90
ハタラチー（働き者） 55
蜂の巣状の畑 190
ハツリノミ 22
ハツリノミ（尖頭型） 22
ハツリノミ（ヒラ型） 22
花崗閃緑岩 128
ハマチ 117
ハマヒサカキ 171
早町層群（第三紀泥岩層） 12
ハンマー 238
斑糲岩 163
ビーチリッジ 238
東シナ海文化圏 2, 6, 87
東山 119
干棚 134, 136, 141, 143
ヒノキ 97

日干しレンガ　240, 241
氷河性アイソスタシー　238
氷期　90, 235, 237
表層流　176
屏風石　75, 79
平積み　118
平積み（布積み）　126
平見　164
ビロウ　148
玢岩　90, 109
ヒンジライン　129, 238
備長炭　148
浜堤　103, 173, 238, 239
閩南建築　190
ヒンプン　5, 41, 42, 44, 48, 61, 68, 75, 77, 223, 224, 226, 239
風害　93
風水　191
風土　43
風配図　94, 114, 132, 146, 165, 166, 179, 180
フォンスーヤ（風獅爺）　192, 193, 194
付加体　239
付加体堆積物　147
吹き返しの風　121
フクギ　50, 51, 55, 56, 64, 66, 69, 239
武家屋敷　16, 19, 72-74, 108, 218
武家屋敷群　75, 105
フズリナ　47
豚小屋　205, 206, 208
ブタ小屋（フル）　65
仏像構造線　147
舟状盆地　89
麓庭園　79
部落共同牧場　204
ブロック塀　7, 33, 56, 85, 88, 120, 149, 173, 206, 215
文化景観　72, 80
文化圏　1
文化領域　1, 109, 221

塀　72
へいかさ　118
紅殻　129
偏西風　233
ベンチ　163, 164, 211
防火壁　93, 108
防潮堤　101, 103, 108, 109, 116, 145, 152
防波堤　116, 157, 158, 225
防風石垣　142, 162, 175, 206, 207, 211
防風垣　64, 65, 69, 145, 171
防風効果　206
防風用石垣　137
防風林　13, 25, 65, 93, 118, 145, 149, 150, 161, 162, 218, 239, 240
放牧　198, 202
牧場　203
牧野　203
保全地区（コンサヴェーション・エリア）　73
本州積み　222
本州様式　103, 109, 125, 126, 174, 175, 197, 221

マ行

マーラン船　63
埋没土　233
埋没林　233
枕状熔岩　240
マサキ　171
マジ　131
ます型　75, 82
町並み　72
マツ　50
魔除け　44, 61
ミーニシ（冬の北風）　55
御荷鉾構造線　113
水過剰量　179
水切り瓦　149, 151, 157
水不足量　179

メソスケール　→リージョナルスケール
メランジュ　239
モクマオウ　13, 25, 38, 50, 51, 187
木蝋　129
藻小屋　99, 109
モッコク　90
モミ　90

ヤ行

矢　141
ヤシ　85
屋敷囲い　1, 217, 218, 225, 226
屋敷林　56, 72, 82, 84, 174, 176, 217, 218, 225, 239, 240
野生在来種　203
ヤッコカンザシ　164
矢羽根積み　118, 126
ヤマゼ　131, 133
大和文化圏　2, 6, 87
ユイ　17, 22, 29, 74, 85
湧水　17, 18
熔岩洞　200
寄棟　129
ヨムサン事件　203
寄り合い（オウルロ）　205
寄り合う（オウンダ）　205

ラ行

落葉樹　90
ラテライト　240
ラテライト（日干しレンガ）　84
ラトソル（熱帯土壌）　84
ラパキビ花崗岩　128, 241
乱石積み　4
乱層樵石積み　23
乱層積み　15, 44
乱層野石積み　23
乱層乱石積み　15
リアス式海岸　89, 90, 112, 113

リージョナルスケール　43
陸繋砂州（トンボロ）　46, 63, 161, 238
陸繋島　238
リス・ヴュルム間氷期　235
隆起サンゴ礁　7, 241
隆起サンゴ礁段丘　13, 49
琉球海溝　49
琉球庭園　79
琉球文化圏　2, 6, 78, 87
琉球様式　41, 88, 91, 103, 109, 197, 212, 221
流線図　156
梁　97
領家帯　147
緑色片岩　113, 118
緑簾石　47
礫岩　90
歴史的港湾環境創造事業　72
歴史的地区環境整備街路事業　72
ローコーチョウー（咾沽石屋）　189

ワ行

倭寇　91
倭城　91
藁葺き屋根　85
藁屋根　14, 16, 33, 84, 97, 109, 176, 195, 215, 232

地名索引

ア行

安芸　147, 150, 151
粟国（あぐに）　46
浅茅湾　89
足摺岬　113, 128
阿伝　7, 15, 23, 25, 28-30, 32, 44, 218, 219
奄美大島　7, 85
宜蘭（イーラン）　177, 179
伊方（いかた）　117
石垣島　7, 77
入砂島（いすなじま）　46, 47, 53
厳原　90-94, 105-109, 221, 222
伊豆半島　225
出水（いずみ）　16, 42, 45, 88, 222
井野浦　112-114, 116-118, 124
内の浦　112-114, 116, 118, 122
宇和海　112, 114, 116, 118, 122, 124, 125, 142, 216
宇和島　112, 117, 118, 127, 129
上野（うわの）　162, 171, 174, 220, 225
沖縄　16, 18, 77, 79, 85, 88
沖の島　112, 125, 127-132, 134, 141-143
隠岐島　13, 21, 22, 88, 109, 110, 216, 221, 225
小野津　9-11, 21, 22, 32-35, 44, 218, 219

カ行

海南島　84
高雄（カオシュン）　177, 179, 190
鹿児島　16, 21, 29, 41, 42, 73, 75, 79
樫野　162
華南　51, 183
紀伊大島　161, 162, 164, 171, 174, 219
紀伊半島　161-163, 165, 174, 216, 218, 219, 225

基隆（キールン）　179
喜界島　5, 7-9, 12, 15, 17, 32, 44, 45, 85, 219, 222, 223
木坂　98, 99, 101, 103, 109, 221
行当岬（ぎょうどうみさき）　148, 149, 155, 220
吉良川　146, 148-151, 155-158, 218
金門島　176, 179, 183, 190, 191, 193-195, 222
串本　161-166, 168, 174, 219
城久（ぐすく）　19, 220
久米島　46, 51
慶良間諸島　46
神戸　21, 29, 30
古座　166, 167, 170
古屋野　127, 129, 131, 133, 134, 138

サ行

坂本　5, 71, 73, 80, 82, 83, 86, 159, 216
佐喜浜　151
佐須浦　91
佐田岬　88, 112-114, 116, 122, 123, 125
薩摩　7, 16, 19, 28, 29, 45, 73, 77, 78, 85, 86
椎根　96, 97, 109
潮岬　161, 162, 164, 166, 168, 171, 179, 220, 225
志多留　103, 104, 219, 221
新村（しむら）　146, 148, 150, 153-156, 158, 220
中屯嶼（ジュンユエンユ）　183
正野（しょうの）　112-114, 116, 118, 122, 123, 125
新竹（シンチュー）　179
須江　162, 166, 171, 173, 174, 219
宿毛（すくも）　127, 129, 130, 132, 133
住吉　91
瀬戸内　91, 149, 216
瀬戸内海　216

瀬戸　91, 114, 117
ソウル　91

タ行

外泊（そとどまり）　112-118, 120, 121, 125, 142
台南（タイナン）　179, 185
台北（タイペイ）　179, 190
台湾　176, 177, 179, 194, 195, 222, 224
台湾海峡　51, 176, 177, 181-183, 185, 194, 225
高岡　145, 146, 148-150, 152, 153, 158
竹富島　7
淡水（タンスウェイ）　179, 186
吉貝（チーペイ）　178, 184, 186, 188-190
吉貝（チーペイ）島　184, 186, 188
済州（チェジュ）島　197-204, 211, 212, 221
嘉義（チヤイー）　179
中華民国　185, 186
朝鮮半島　2, 6, 85, 87, 88, 90, 91, 197, 199, 201, 225
知覧　16, 45, 73-75, 77, 79, 82, 83, 85, 86, 222
津軽海峡　95
対馬　89-96, 108-110, 219, 221
対馬海峡　90
渡嘉敷　49-51
土佐湾　150, 151, 155, 158
渡名喜島　7, 46, 48, 49, 51, 53, 56, 205
東菜（トンツァイ）　91

ナ行

中泊　116, 117
名取　112-114, 118
那覇　46, 53, 54
南西諸島　2, 7, 32, 46, 84-86, 194, 221-223
西泊浦（にしどまりうら）　91
寧波（ニンポウ）　79

ハ行

白沙（バイシャ）島　183, 186
八丈島　161

東シナ海　2, 6, 32-34, 51, 84, 87
弘瀬　112, 125, 127, 129, 131, 133, 137, 141, 142
琵琶湖　80, 82, 216, 221
釜山（プサン）　91
福建省　99, 176, 179, 190
風櫃尾（フンクイウェイ）　185
澎湖島　179, 184, 185, 195
澎湖列島　176, 177-179, 183, 185, 194, 195
房総半島　225
恒春（ホンチュン）　179

マ行

馬公（マーコン）島　178-184, 186, 187, 218, 223, 225
馬公湾　185
媽宮（マクン）　185-187
三崎　114, 117, 118, 122, 124
三崎灘　114
御荘（みしょう）　114, 115
苗栗（ミヤオリー）　179
室津　151
室戸岬　145-149, 158, 159
母島（もしま）　112, 125, 127-134, 137, 142

ヤ行

八重山　21, 86
屋久島　7, 84
漁翁（ユーウェン）島　183, 186, 187
遊子（ゆす）　112, 124, 126
与論島　7

ラ行

琉球　4, 5, 34, 44, 45, 78, 79, 85, 86
鰐浦　91, 94, 96
湾貝塚　17

分担著者者紹介（掲載順）

勝又　浩　（かつまた ひろし）

1938 年，神奈川県生まれ．文芸評論家．法政大学文学部卒，同大学院博士課程中退．大正大学教授などを経て 1992 年から法政大学文学部教授．昭和文学会，日本近代文学会，日本文藝家協会会員．神奈川近代文学館評議員，野口冨士男記念文庫運営委員．著書に『我を求めて』(1978，講談社)，『引用する精神』(2003，筑摩書房)，『中島敦の遍歴』(2004，筑摩書房，2005 年度「やまなし文学賞」)，『作家たちの往還』(2005，鳥影社) など．

藤塚吉浩　（ふじつか よしひろ）

1964 年生まれ．関西学院大学大学院文学研究科博士課程後期課程単位取得退学．高知大学教育学部准教授．専門は都市地理学．Yoshihiro Fujitsuka, 2005, Gentrification and neighbourhood dynamics in Japan. Rowland, A. and G. Bridge eds., Gentrification in a Global Context, Routledge など．

陳　国彦　（CHEN Kuo-yen）

1931 年生まれ．東京教育大学大学院地学研究科博士課程修了．理学博士．シンガポール南洋大学副教授を経て，1979 年国立台湾師範大学教授．2001 年台湾師範大学名誉教授．著書『中国の雨と気候』(1974，大明堂，共著)，『氣候興災害』(2000，固地文化事業) など．

編者紹介

漆原和子 （うるしばら かずこ）

1943年，岩手県生まれ．法政大学文学部卒，同大学院博士課程単位取得満期退学．1974～1975年ユーゴスラビア連邦共和国，リュブリアナ大学にて研究．1983年筑波大学理学博士．足利工業大学，駒澤大学を経て，1999年法政大学文学部教授．2006年ブカレスト大学名誉教授．ルーマニア地理学会賞受賞．著書『カルスト その環境と人びとのかかわり』（1996，大明堂），Edits "Karst in a changing world" Zeitschrift für Geomorphologie, Supplement vol.131, (2003) など．

書　名	**石垣が語る風土と文化** ―屋敷囲いとしての石垣―
コード	ISBN978-4-7722-2003-3　C3039
発行日	2008（平成20）年3月17日　初版第1刷発行
編　者	**漆原和子** 　　　　Copyright ⓒ 2008　K. Urushibara-Yoshino
発行者	株式会社 古今書院　橋本寿資
印刷所	株式会社 カシヨ
製本所	株式会社 カシヨ
発行所	**古今書院**　　〒101-0062　東京都千代田区神田駿河台2-10
電　話	03-3291-2757
ＦＡＸ	03-3233-0303
振　替	00100-8-35340
ホームページ	http://www.kokon.co.jp/

検印省略・Printed in Japan

いろんな本をご覧ください
古今書院のホームページ

http://www.kokon.co.jp/

★ 500点以上の**新刊・既刊書**の内容・目次を写真入りでくわしく紹介
★ 環境や都市, GIS, 教育など**ジャンル別**のおすすめ本をラインナップ
★ 月刊『**地理**』最新号・バックナンバーの目次&ページ見本を掲載
★ **大学テキストにおすすめ**の本を専用ページでご覧いただけます
★ いろんな分野の関連学会・団体のページへ**リンク**しています

古 今 書 院

〒101-0062　東京都千代田区神田駿河台 2-10
TEL 03-3291-2757　FAX 03-3233-0303
☆メールでのご注文は　order@kokon.co.jp　へ